高等职业教育汽车类专业规划教材

汽车维护与保养

QICHE WEIHU YU BAOYANG

尹力卉　薛庆文　王玉萍　主　编
左晨旭　杨　峰　修丽娜　副主编

中国铁道出版社
CHINA RAILWAY PUBLISHING HOUSE

内 容 简 介

本书从高等职业教育的特点出发，结合汽车维护与保养工作的岗位能力要求，将汽车真实维护与保养操作项目的主要内容进行了归纳和整合。书中重点介绍了汽车维护与保养主要工作任务的工艺过程及操作方法，由浅入深、层次分明，具有较强的实用性和可操作性。

全书共分六个模块，主要内容包括：汽车维护与保养概述，汽车用品的选择，汽车发动机的维护与保养，汽车底盘的检查与保养，自动变速器油的选择、更换及液面检查，汽车电气系统的检查与保养。

本书适合作为高职院校汽车运用、汽车检测专业相关课程的教材，也可作为汽车维修行业从业人员的岗位培训用书。

图书在版编目（CIP）数据

汽车维护与保养 / 尹力卉，薛庆文，王玉萍主编. —北京：中国铁道出版社，2015.8
高等职业教育汽车类专业规划教材
ISBN 978-7-113-20681-9

Ⅰ. ①汽… Ⅱ. ①尹… ②薛… ③王… Ⅲ. ①汽车－车辆修理－高等职业教育－教材②汽车－车辆保养－高等职业教育－教材 Ⅳ. ①U472

中国版本图书馆 CIP 数据核字(2015)第 153078 号

书　　名：汽车维护与保养
作　　者：尹力卉　薛庆文　王玉萍　主编

策　　划：何红艳　　　**读者热线**：400-668-0820
责任编辑：何红艳
编辑助理：绳　超
封面制作：白　雪
责任校对：汤淑梅
责任印制：李　佳

出版发行：中国铁道出版社（100054，北京市西城区右安门西街 8 号）
网　　址：http://www.51eds.com
印　　刷：北京米开朗优威印刷有限责任公司
版　　次：2015 年 8 月第 1 版　　2015 年 8 月第 1 次印刷
开　　本：787 mm×1 092 mm　1/16　**印张**：14.75　**字数**：362 千
印　　数：1～3 000 册
书　　号：ISBN 978-7-113-20681-9
定　　价：45.00 元

前言

“汽车维护与保养”是汽车运用、汽车检测专业的核心课程。其教学目标是使学生掌握企业中70%以上的汽车保养作业规范，并帮助学生掌握汽车修理职业中入门的职业技能和知识。

本书以科学发展观为指导，以服务为宗旨，以就业为导向，以能力为本位，以岗位需要和职业标准为依据，体现职业和职业教育发展趋势，满足学生职业生涯发展和适应社会经济发展的需要。

本书的特色有以下几点：

1. 突出实践在课程中的主体地位，用工作任务来引领理论，以相应职业活动为模块组织教学，使理论从属于实践。

2. 根据专业职业能力，分析设计学习模块。将汽车维护与保养作业分解成若干个任务，形成各个教学活动，以利于教学的组织。以实际维护与保养任务训练学生综合运用知识的能力，检验其知识掌握的情况。

3. 以典型汽车维护与保养服务为载体来设计模块、任务，组织教学，建立工作任务与知识、技能的联系，以增强学生的直观体验，激发学生的学习兴趣。

4. 书中每个任务的设计都基于企业的真实工作过程，且与人力资源和社会保障部的职业资格认证有机结合，技能项目的操作步骤详尽，并配有图示，可操作性强。

本书结合我国现行汽车“七分养护，三分修理”的维护理念，以现代汽车维护与保养的清洁、检查、紧固、调整、润滑和补给等六大维护作业为主线，讲述了汽车定期维护的作业项目、操作要领和技术要求等内容，以及汽车维护润滑等汽车维护作业所需的通、专用工量器具和保养设备的使用操作技术。

本书由尹力卉、薛庆文、王玉萍任主编，左晨旭、杨峰、修丽娜任副主编。参加编写的还有包头职业技术学院于洪兵，昆山登云科技职业学院陈小虎、程训峰，长春职业技术学院范茜、张彩萍、毕然、李楠舟、刘云峰。

由于时间仓促，加之编者水平有限，书中疏漏之处在所难免，恳请读者批评指正。

编　者

2015年6月

目 录

Contents

模块一

汽车维护与保养概述

1

本模块学习重点

汽车维护与保养概述模块的主要任务有：

任务一　汽车的维护制度和规范

任务二　厂家要求的维护保养

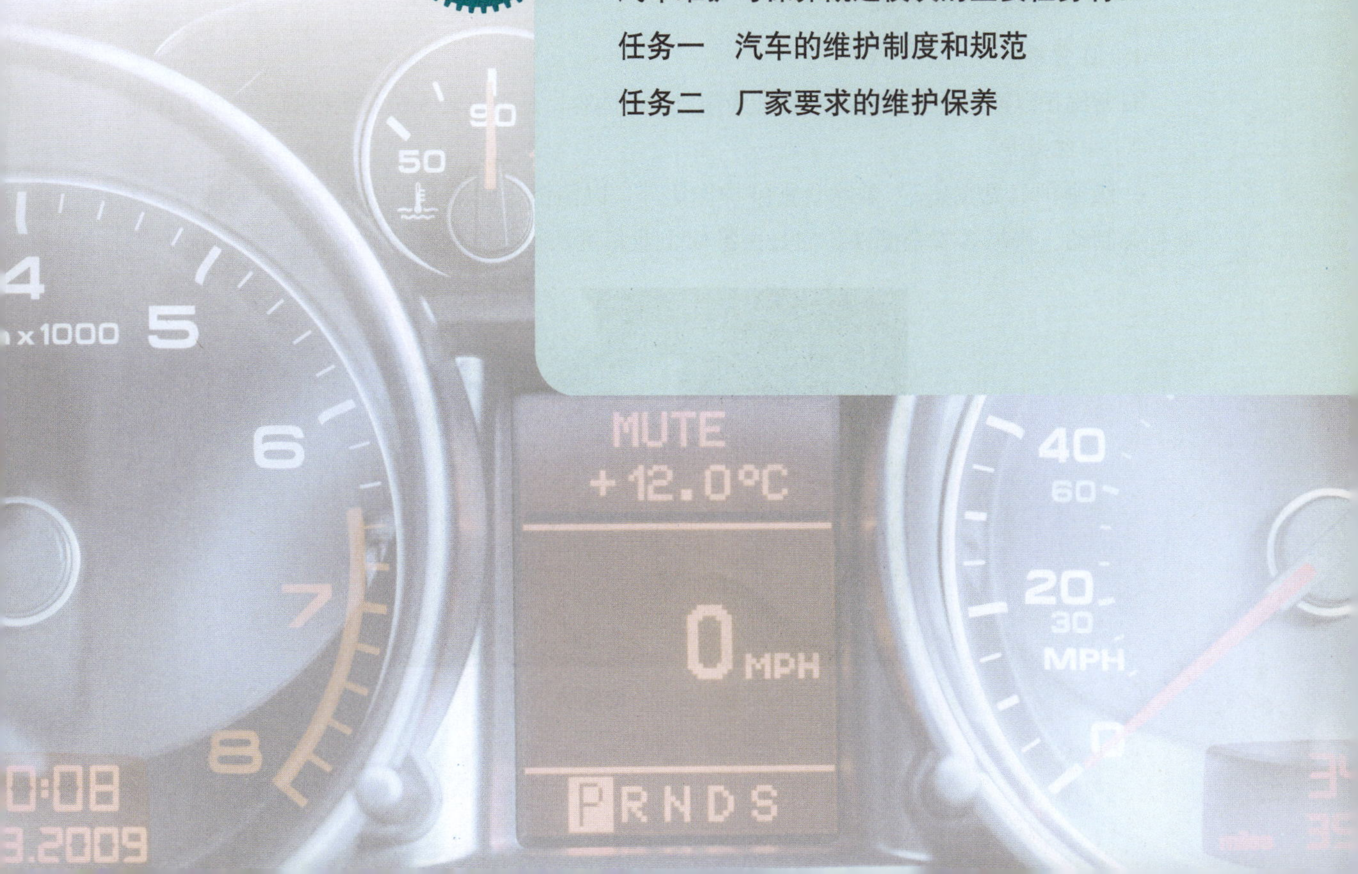

汽车保养是指根据车辆各部位不同材料所需的保养条件，采用不同性质的专用护理材料和产品，对汽车进行全新的保养护理的工艺过程。

现代的汽车保养主要包含对发动机系统、变速器系统、空调系统、冷却系统、燃油系统、动力转向系统等的保养。

通过对汽车的维护与保养，能及时发现车辆故障和问题，以便快速解决（见图1-1）。

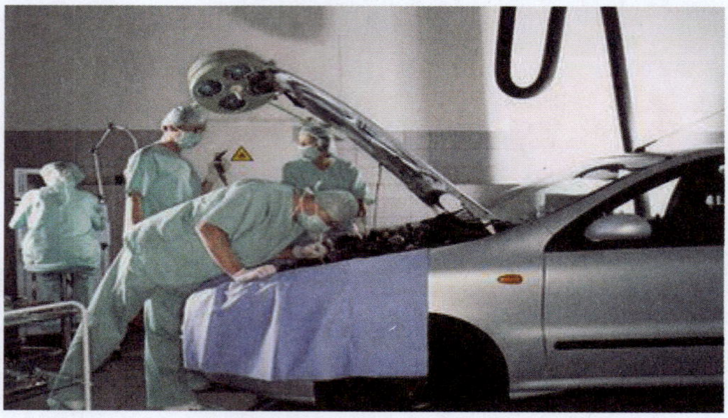

图1-1　汽车维护与保养

任务一　汽车的维护制度和规范

相关知识

一、汽车维护的种类

1. 日常维护

日常维护以清洁、补给和安全检视为作业中心内容，是由驾驶人负责执行的车辆维护作业。

2. 一级维护

一级维护（见图1-2）是除日常维护作业外，以清洁、润滑、紧固为作业中心内容，并检查有关制动、操纵等安全部件。它是由维修企业负责执行的车辆维护作业。

图1-2　一级维护

3. 二级维护

二级维护（见图1-3）是除一级维护作业外，以检查、调整转向节、转向摇臂、制动蹄片、悬架等经过一定时间的使用容易磨损或变形的安全部件为主，并拆检轮胎，进行轮胎换位，检查调整发动机工作状况和排气污染控制装置等。它是由维修企业负责执行的车辆维护作业。

图1-3　二级维护

二、汽车维护的周期

（1）日常维护的周期包括出车前、行车中、收车后。

（2）一级维护、二级维护的周期：

① 一、二级维护周期的确定，应以汽车行驶里程为基本依据。一、二级维护行驶里程依据车辆使用说明书的有关规定，同时依据汽车使用条件的不同，由省级交通行政主管部门决定。

② 对于不便用行驶里程统计、考核的汽车，可用行驶时间间隔确定一、二级维护周期。其时间（天）间隔可依据汽车使用强度和条件的不同参照汽车一、二级维护里程周期确定。

技能项目

实习名称	汽车各类维护的作业项目	实习目标	（1）了解汽车维护作业内容。 （2）掌握汽车维护与保养的国家标准
使用器材	实习车辆、举升机		

操作步骤

一、日常维护

（1）对汽车外观、发动机外表进行清洁，保持车容整洁。

（2）对汽车各部机油（脂）、燃油、冷却液、制动液、各种工作介质、轮胎气压进行检视补给。

（3）对汽车制动、转向、传动、悬架、灯光、信号等安全部位和位置以及发动机运转状态进行检视、校紧，确保行程安全（见图1-4）。

图1-4　日常检查

二、一级维护

一级维护项目、作业内容及技术要求如下：

1. 点火系统

作业内容：检查、调整。如火花塞间隙大小检查；导线连接可靠性检查（见图1-5）。

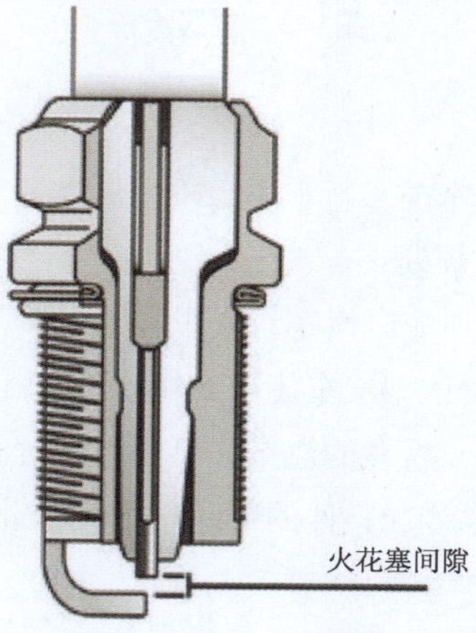

图1-5　检查火花塞间隙

技术要求：能正常工作。

2. 各种滤清器

作业内容：发动机空气滤清器、空调空气滤清器、曲轴箱通风系统空气滤清器、机油滤清器和汽油滤清器等清洁或更换（见图1-6）。

（a）发动机空气滤清器　（b）机油滤清器　（c）汽油滤清器

图1-6　滤清器

技术要求：各滤芯应清洁无破损，上下衬垫无残缺，密封良好，安装牢固。

3. 液面

作业内容：曲轴箱油面、化油器油面、冷却液液面、制动液液面、转向器液面、变速器液面、差速器液面、蓄电池电解液液面高度等检查（见图1-7）。

技术要求：符合使用规定。

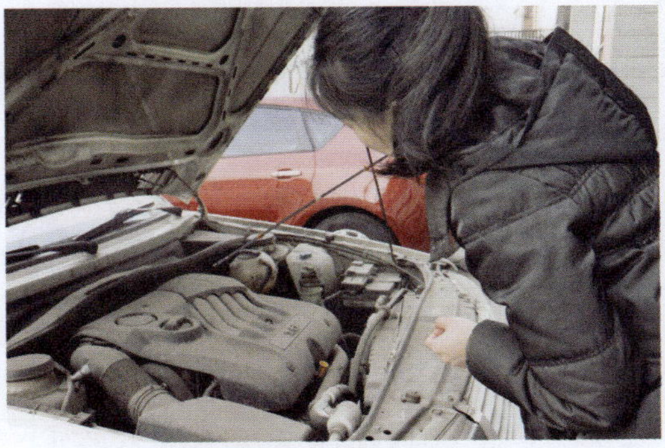

图1-7　液面检查

三、二级维护

1. 二级维护作业过程

汽车二级维护首先要进行检测，二级维护过程中要进行过程检验，过程检验项目的技术要求应满足有关的技术标准或规范；二级维护作业完成后，应经维护企业进行竣工检验，竣工检验合格的车辆，由维护企业填写汽车技术维护档案后方可出厂。

2. 二级维护工艺过程图

二级维护工艺过程图如图1-8所示。

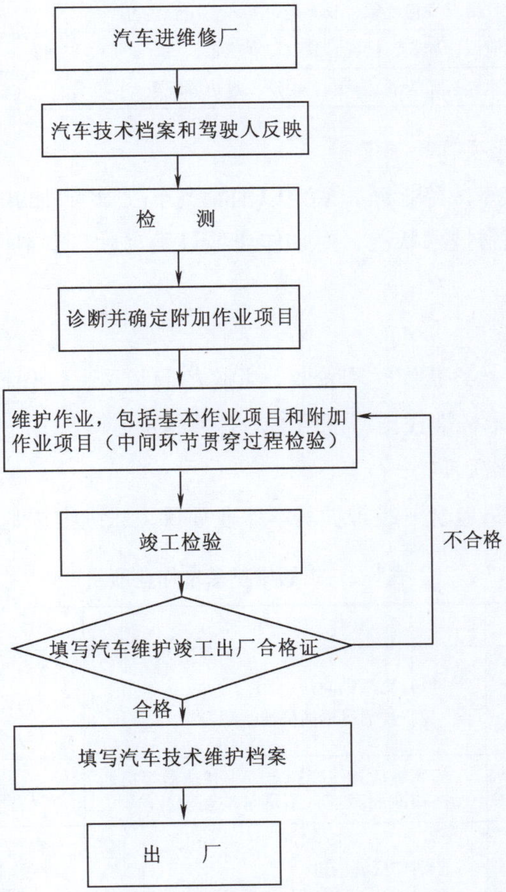

图1-8　二级维护工艺过程图

3. 二级维护检测、诊断

（1）对汽车二级维护检测项目进行检测时，应用该检测项目的专用检测仪器，仪器精度须满足有关规定。

（2）二级维护检测项目的技术要求应参照国家有关的技术标准，或参照原厂要求。

（3）二级维护检测项目见表1-1。

表1-1　二级维护检测项目

序　号	检　测　项　目
1	发动机功率，三气缸压力
2	汽车排气污染物，三效催化装置的作用
3	电子控制燃油喷射系统
4	柴油车检查供油提前角、供油间隔角和喷油泵供油压力
5	制动性能（检查制动力）
6	转向轮定位（主要检查前轮定位角和转向盘自由转动量）
7	车轮动平衡
8	前照灯
9	操纵稳定性，有无跑偏、发抖、摆头等现象
10	变速器有无泄漏、异响、松脱、裂纹等现象，换挡是否轻便灵活
11	离合器有无打滑、发抖现象，分离是否彻底，接合是否平稳
12	传动轴有无泄漏、异响、松脱、裂纹等现象
13	后桥及主减速器有无泄漏、异响、松动、过热等现象

4. 二级维护附加作业项目的确定

根据检测结果进行汽车故障诊断，确定以消除汽车故障为目的的二级维护附加作业项目和作业内容，恢复汽车的正常技术状况。附加作业项目确定后与基本作业项目一并进行二级维护作业。

5. 二级维护过程检验

二级维护过程中，要始终贯穿过程检验，并作检验记录。过程检验中各维护项目的技术要求，须满足相应的有关技术标准或出厂说明书的有关规定。

6. 二级维护基本作业项目

二级维护基本作业项目包含一级维护基本作业项目，二级维护基本作业项目见表1-2。

表1-2　二级维护基本作业项目

序 号	维 护 项 目	作 业 内 容	技 术 要 求
1	发动机机油、机油滤清器	（1）更换机油； （2）视情况更换机油滤清器	（1）机油规格性能指标符合规定； （2）液面高度符合规定； （3）机油滤清器应密封良好，无堵塞
2	检查机油油面高度	检查转向器、变速器、主减速器等机油规格和液面高度，不足时按要求补给	符合出厂规定
3	空气滤清器	清洁空气滤清器	空气滤清器清洁有效，恒温进气装置真空软管安装可靠。进气转换阀工作灵敏、准确

续表

序号	维护项目	作业内容	技术要求
4	（1）油箱及油管； （2）汽油滤清器； （3）燃油泵	（1）检查接头及密封情况； （2）清洁燃油滤器，并视情况更换； （3）检查燃油泵，必要时更换	（1）接头无破损、渗漏，紧固可靠； （2）汽油滤清器工作正常； （3）燃油泵工作正常、油压符合规定
5	燃油蒸发控制装置	检查、清洁，必要时更换	工作正常
6	曲轴箱通风装置	检查、清洁	清洁畅通，连接可靠，不漏气，各阀门无堵塞、卡滞现象，灵敏有效，符合规定
7	散热器、膨胀箱、百叶窗、水泵、节温器、传动带	（1）检查密封情况、箱盖压力阀、液面高度、水泵； （2）检视传动带外观，调整传动带松紧度	（1）散热器及软管无变形、破损及渗漏；箱盖接合表面良好；胶垫不老化；箱盖压力阀开启压力符合要求；水泵不漏水，无异响；节温器工作性能符合规定。 （2）传动带应无裂痕和过量磨损，表面无油污、传动带松紧度符合规定
8	（1）进、排气歧管，消声器，排气管 （2）气缸盖	（1）检查、紧固，视情况补焊或更换 （2）按规定次序和扭紧力矩校紧气缸盖	（1）无裂痕、漏气，消声器性能良好； （2）扭紧力矩符合规定
9	增压器、中冷器	检查、清洁	符合规定
10	发动机支架	检查、紧固	连接牢固，无变形和裂缝
11	联动机构	清洁、检查、紧固	清洁，联动机构运动灵活，连接牢固。无漏油、漏气现象，工作系统和附加装置工作正常
12	喷油器	检查喷油器和喷油泵的作用，必要时检测喷油压力和喷油状况，视情况调整供油提前角	（1）喷油器雾化良好，无滴油、漏油现象，喷油压力符合规定； （2）供油提前角符合规定
13	分电器、高压线	清洁、检查	（1）分电器无油污，调整触点间隙在规定范围内，无松旷、漏电现象； （2）高压线性能符合规定
14	火花塞	清洁、检查或更换火花塞，调整电极间隙	电极表面清洁，电极间隙符合规定
15	气门间隙	检查、调整	符合规定
16	电控燃油喷射系统供油管路	检查密封状况	密封良好，作用正常
17	三效催化装置	检查三效催化装置的作用，必要时更换	作用正常
18	离合器	检查、调整离合器踏板自由行程	离合器踏板自由行程符合规定
19	前轮制动	检查前轮制动器调整臂的作用	作用正常
		拆卸前轮毂总成、制动蹄片、支承销；销铣转向节、轴承、支承销；清洁制动底板等零件	清洁、无油污
		检查制动圆盘、制动凸轮轴，校紧装置螺栓	（1）检查制动圆盘是否变形，按规定力矩扭紧装置的紧固螺栓； （2）制动凸轮轴转动灵活，无卡滞，转向间隙符合规定
		检查转向节及螺母、油封、转向节臂，校紧装置的螺栓	（1）转向节无裂纹，螺纹完好，与螺母配合应无径向松旷；油封完好不漏油。 （2）转向节轴径与轴承的配合间隙符合要求，转向节臂装置螺栓扭紧力矩符合规定

续表

序号	维护项目	作业内容	技术要求
19	前轮制动	检查制动蹄片及支承销	（1）制动蹄片无裂损及明显变形，摩擦片不破裂，铆接可靠，摩擦片厚度符合规定； （2）支承销无过量磨损，支承销与制动蹄片的承孔衬套配合间隙符合规定
		检查制动蹄片复位弹簧	复位弹簧应无明显变形，自由长度、拉力符合规定
		检查前轮毂、制动鼓及轴承外座圈，校紧轮胎螺栓内螺母	（1）前轮毂无裂损； （2）轴承外座圈无裂纹、麻点、烧蚀； （3）制动鼓无裂纹，外边缘不得高出工作表面，检视孔完整，内径尺寸、圆度误差、左右内径差符合规定； （4）轮胎螺栓齐全完好，规格一致、按规定力矩扭紧
		装复前轮毂，调整前轮轴承松紧度及制动间隙	（1）装复支承销，制动蹄片、支承销孔均应涂润滑脂，开口销或卡簧齐全有效； （2）润滑轴承； （3）制动鼓、制动蹄片表面清洁，无油污； （4）制动蹄片与制动鼓的间隙应符合规定，转动无碰擦现象或声响，检视孔挡板齐全； （5）前轮毂转动灵活，用拉力计测量时可转动，且无轴向间隙； （6）防尘罩、衬垫完好，螺栓垫圈齐全紧固（螺栓规格一致）
20	后轮制动	拆半轴、轮毂总成、制动蹄片、支承销，清洗各零件及制动底板、后桥半轴套管	（1）轮毂通气孔畅通； （2）各零件及后桥半轴套管清洁无油污
		检查制动底板、制动凸轮轴，校紧连接螺栓	（1）制动底板不变形，连接螺栓按规定力矩紧固； （2）凸轮轴转动灵活，无卡滞，轴向间隙和径向间隙符合规定
		检查后桥半轴套管、螺母及油封	（1）套管无裂纹及明显松动，与螺母配合无径向松旷； （2）油封完好，无损坏和漏油； （3）套管颈与轴承配合间隙符合规定
		检查内外轴承	（1）轴承保持架无断裂，滚柱不脱落，无裂损和烧蚀； （2）轴承内座圈无裂纹和烧蚀
		检查制动蹄片及支承销	（1）制动蹄片无裂纹及变形，摩擦片不破损，铆接可靠，摩擦片厚度符合规定； （2）支承销与制动蹄片承孔衬套配合间隙符合规定； （3）支承销无过量磨损
		检查制动蹄片复位弹簧	复位弹簧无变形，自由长度符合规定，拉力良好
		检查半轴	半轴无明显变曲，不磨套管，无裂纹，花键无过量磨损或扭曲变形

续表

序号	维护项目	作业内容	技术要求
20	后轮制动	装复后轮毂，调整制动间隙	（1）装复支承销、制动蹄片时，承孔均应涂润滑脂，开口销或卡簧齐全可靠； （2）润滑轴承； （3）套管轴颈表面应涂机油后再装上轴承； （4）制动蹄片、制动鼓面应清洁，无油污； （5）制动蹄片与制动鼓的间隙应符合规定，转动无碰擦现象和声响，检视孔挡板齐全； （6）后轮毂转动灵活，拉力符合规定； （7）锁紧螺母按规定力矩扭紧
21	转向器、转向传动机构	（1）检查转向器、转向传动机构的工作状况和密封性，校紧各部位的螺栓； （2）检查调整转向盘自由转动量	转向盘自由转动量符合规定，转向轻便、灵活，无卡滞和漏油现象。垂臂及转向节臂无弯曲及裂损，各部螺栓连接可靠
22	前束	调整	符合规定
23	变速器、差速器	检查密封状况和操纵机构，清洁通气孔	密封良好、通气孔畅通，操纵机构作用正常，无异响、跳动、乱挡现象
24	传动轴、传动轴承支架、中间轴承	（1）检查防尘罩； （2）检查传动轴万向节工作状况； （3）检查传动轴承支架； （4）检查中间轴承间隙	（1）防尘罩不得有裂纹、损坏，卡箍可靠，支架无松动； （2）万向节不松旷，无卡滞和异响； （3）传动轴承支架无松动； （4）中间轴承间隙符合规定
25	空气压缩机、储气筒	清洁，校紧	清洁，连接可靠，无漏气，安全阀工作正常
26	制动阀、制动管路、制动踏板	（1）检查制动踏板自由行程； （2）检查制动阀和管路接头； （3）检查制动管路内是否有气	（1）制动踏板自由行程符合规定； （2）制动阀和制动管路接头连接可靠，无漏气； （3）制动管路内无气
27	驻车制动	（1）检查驻车制动性能； （2）检查驻车制动器自由行程	符合规定，作用正常
28	悬架	检查、紧固、视情补焊、校正	不松动，无裂纹和断片，按规定扭紧力矩紧固螺栓
29	轮胎（包括备胎）	检查、紧固、补气、换位；磨损严重时更换轮胎	气压符合规定，清洁，无裂损、老化、变形，气门嘴完好，轮胎螺栓紧固，轮胎的装用符合规定
30	发电机、发电机调节器、起动机	清洁、润滑	符合规定
	蓄电池	检查、清洁、补给	清洁、安装牢固，电解液液面符合规定
31	前照灯、仪表、喇叭、刮水器、全车电气线路	检查、调整，必要时修理或更换	（1）前照灯、喇叭、各仪表及信号装置等功能齐全、有效，符合规定； （2）刮水电动机运转无异常，联动杆连接可靠； （3）全车电器线路整齐，连接可靠，绝缘良好
32	车身、车架、安全带	检查、紧固	性能可靠，工作良好，无变形、断裂、脱焊
33	内装饰	检查、紧固	设备完好，无松动

续表

序号	维护项目	作业内容	技术要求
34	空调装置	检查空调系统工作状况、密封状态	(1) 制冷系统密封，制冷效果良好； (2) 暖气装置工作正常
35	润滑	全车加注润滑脂的部位全部润滑	润滑脂嘴齐全有效，润滑良好

注：技术要求栏中的“符合规定”指符合实际应用中有关技术规定或技术要求。

7. 二级维护竣工检验

汽车在维修企业进行二级维护后，必须进行竣工检验，各项目参数应符合国家或行业及地方标准，竣工检验合格的车辆须填写汽车维护竣工出厂合格证后方可出厂；竣工检验不合格的车辆应进行进一步检验、诊断和维护，直到达到维护竣工检验技术要求为止。

二级维护竣工检验技术要求见表1-3。

表1-3　二级维护竣工检验技术要求

序号	检测部位	检测项目	技术要求	备注
1	整车	清洁	汽车外部、各总成外部应清洁	检视
		面漆	车身面漆、腻子无脱落现象，补漆颜色应与原色基本一致	检视
		对称	车体应周正，左右对称	汽车平置检查
		紧固	各总成外部螺栓、螺母按规定力矩扭紧，锁销齐全有效	检查
		润滑	发动机、变速器、转向器、减速器润滑符合规定，各通气孔畅通。各部润滑点润滑脂加注符合要求。润滑脂嘴齐全有效，安装位置正确	检视
		密封及电器	全车无油、水、气泄漏，密封良好，电气装置工作可靠，绝缘良好	检视
		前照灯、信号、仪表、刮水器、后视镜等装置	稳固、齐全有效，符合有关规定	检视
2	发动机	发动机工作状况	发动机能正常启动，低、中、高速运转均匀及稳定；水温正常，加速性能良好，无断裂、回火、放炮等现象，发动机运转稳定后应无异响	路试
		发动机功率	无负荷功率不小于额定值的80%	检测
		发动机装置	齐全有效	检视
3	离合器	离合器踏板自由行程	符合原厂规定	检测
		离合情况	接合平稳，分离彻底，无打滑、抖动及异响	路试
4	转向系统	转向盘最大转动量	符合规定	检查
		横直拉杆装置	球头销不松旷，各部螺栓、螺母紧固，锁止可靠	检查
		转向机构	操作轻便、转动灵活，无摆振、跑偏等现象。车轮转到极限位置时，不得与其他部件有碰擦现象	检测
		前束及最大转向角	符合规定	—
		侧滑	符合规定	检测

续表

序号	检测部位	检　测　项　目	技　术　要　求	备　注
5	传动系统	变速器、传动轴、主减速器	变速器操纵灵活、不跳挡、不乱挡。变速器传动轴、主减速器各部无异响，传动轴装配正确	路试
6	行驶系统	轮胎	轮胎磨损应在规定范围内，同轴轮胎应为相同的规格和花纹，转向轮不得使用翻新轮胎，轮胎气压符合规定，后轮辋孔与制动鼓观察孔对齐	检查
		钢板弹簧	钢板弹簧无断裂、位移、缺片，U形螺栓紧固，前后钢板支架无裂纹及变形	检查
		减振器	稳固有效	路试
		车架	车架无变形，纵横梁无裂纹，铆钉无松动，拖车钩、备胎架齐全，无裂损和变形，连接牢固	检查
		前后轴	无变形和裂纹	检查
7	制动系统	制动性能	符合规定	路试或检测
		制动踏板自由行程	符合规定	测量制动踏板自由行程
		驻车制动性能	符合规定	路试和检测
8	滑行	滑行性能	符合规定	路试或检测
9	车身、车厢	车身	驾驶室装置紧固，门锁链灵活无松旷，限动装置齐全有效，驾驶室门关闭牢靠，无松动，风窗玻璃完好，窗框严密，门把、门锁、玻璃升降器齐全有效。发动机罩锁扣有效，暖风装置工作正常	检查
10	排放	尾气排放测量	符合规定	检测

技能鉴定

判断题

(1) 二级维护是除一级维护作业外，以检查、调整转向节、转向摇臂、制动蹄片、悬架等经过一定时间的使用容易磨损或变形的安全部件为主，并拆检轮胎，进行轮胎换位，检查调整发动机工作状况和排气污染控制装置等。它是由驾驶人自行负责执行的车辆维护作业。(　　)

(2) 厂家对自己所生产的车辆维护保养都有自己的标准和要求。(　　)

(3) 一级维护是除日常维护作业外，以清洁、润滑、紧固为作业中心内容，并检查有关制动、操纵等安全部件。它是由维修企业负责执行的车辆维护作业。(　　)

课堂思考

汽车日常维护内容主要有哪些？

随堂练习

填空题

（1）汽车的维护分为________、________、________和________。

（2）汽车一、二级维护周期的确定，应以________为基本依据。汽车一、二级维护行驶里程依据________，同时依据汽车使用条件的不同，由________决定。

（3）一级维护点火系统作业内容：________、________、________和________。

（4）一级维护各种滤清器作业内容：________、________、________、机油滤清器和________等清洁或更换。

（5）二级维护作业过程：汽车二级维护首先要进行检测，二级维护过程中要进行________，过程检验项目的技术要求应满足有关的________；二级维护作业完成后，应经________，竣工检验合格的车辆，由维护企业填写________后方可出厂。

判断题

（1）二级维护竣工检验。汽车在维修企业进行二级维护后，必须进行竣工检验，各项目参数符合国家或行业及地方标准，竣工检验合格的车辆后方可出厂。（　　）

（2）检验不合格的车辆应进行进一步检验、诊断和维护，直到达到维护竣工检验技术要求为止。（　　）

（3）液面作业内容时就检查化油器油面、冷却液液面、蓄电池电解液液面高度等。（　　）

任务二　厂家要求的维护保养

相关知识

按厂家要求，在维护保养中分新车PDI（售前检查）、5 000 km或7 500 km保养、10 000 km或15 000 km保养、20 000 km或25 000 km保养、30 000 km或35 000 km保养、40 000 km或45 000 km保养、50 000 km或55 000 km保养、60 000 km或65 000 km保养等，厂家根据车辆类型的不同所进行的保养的项目和时间也不同。

技能项目

实习名称	厂家要求维护保养	实习目标	（1）了解厂家要求维护保养内容。 （2）掌握厂家要求维护保养的标准
使用器材	实习车辆、举升机		

操作步骤

一、新车PDI检查

新车PDI检查（见图1-9）是一项售前检测证明，是新车交车前必须通过的检查。因为新车从生产厂到达经销商处经历了约1 000 km的运输路途和长时间的停放，为了向顾客保证新车的安全性和原厂性能，PDI检查必不可少。越是高档车辆，其电子自动化程度越高，PDI检查的项目也就越多。例如，未做PDI检查的新车，会始终在运输模式运行。这种模式只能简单行驶，很多系统没有被激活；若强行使用，会导致功能不全，甚至会严重损害车辆，给车辆及驾驶人的安全造成极大的危害。正常情况下，各种车辆在使用过程中都要进行正规的维护保养。PDI检查项目范围很广，其中一些细微的检查也许车主都没有想过，如电池是否充放电正常，钥匙记忆功能是否匹配，舒适系统是否激活，仪表灯光功能是否设置到原厂要求，等等。技术人员所做的一切，为的是向顾客确保车辆的安全性和驾驶的舒适性。

图1-9　新车PDI检查

PDI检查项目：删除运输模式，检查蓄电池，检查发动机机油，检查轮胎，检查安全件及车内后视镜，检查所有用电设备，检查所有灯光，检查视频设备及导航设备，检查空调设备，检查中央门锁及电动玻璃，检查内外后视镜，检查刮水器功能，查询各控制单元故障记忆并清除故障码，目视检查发动机、底盘、电器及附属部件，检查油箱盖的开启功能，检查完毕后进行试车检查。

技术要求：符合使用规定，确保车辆的安全性和驾驶的舒适性。

二、5 000 km或7 500 km维护保养

为了防止机件磨损而造成行驶中的安全隐患，因而厂家制订了维护保养项目。建议每行驶5 000 km或7 500 km进行一次保养维护。

5 000 km或7 500 km维护保养项目：

（1）更换发动机机油及机油滤清器（见图1-10）。

图1-10　更换发动机机油及机油滤清器

（2）目测检查发动机及机舱内的其他部件是否有泄漏或损坏（见图1-11）。

图1-11　目测检查发动机及机舱内的其他部件

（3）检查冷却液液面高度和浓度，如必要，添加冷却液或调整浓度（见图1-12、图1-13）。

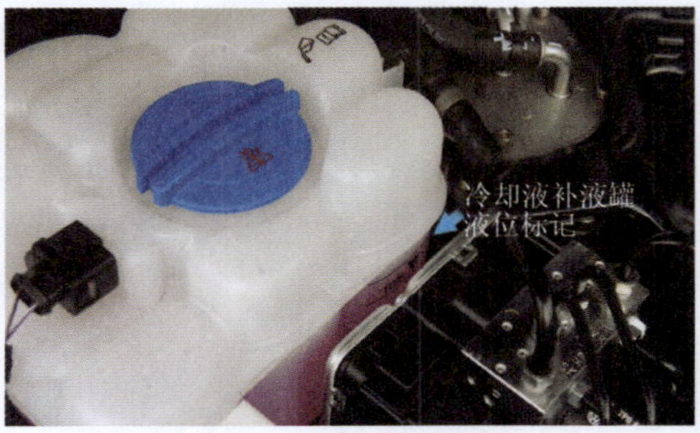

图1-12　检查冷却液液面高度

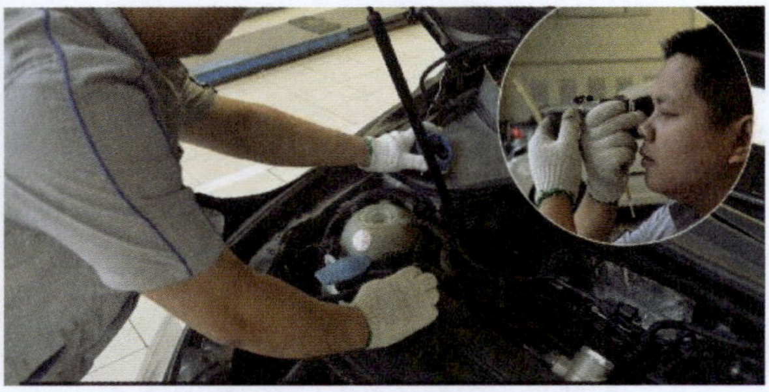

图1-13　检查冷却液浓度

（4）查询自诊断系统故障存储器（见图1-14）。

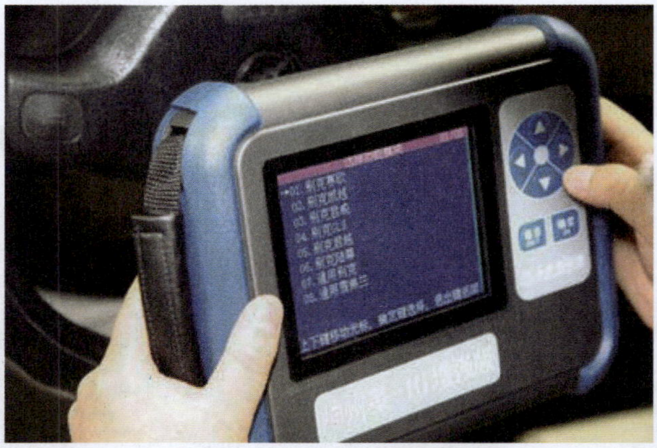

图1-14　查询自诊断系统故障存储器

（5）目测检查制动系统是否有泄漏和损坏（见图1-15）。

（6）检查制动液液位（见图1-16）。定期检查制动液高度，使之保持在最高和最低刻度之间制动液一般情况下每行驶50 000 km需更换，若环境潮湿，更换周期要缩短。

图1-15　目测检查制动系统

图1-16　检查制动液液位

（7）检查手动变速器内的齿轮油油位，如必要，添加齿轮油（见图1-17）。

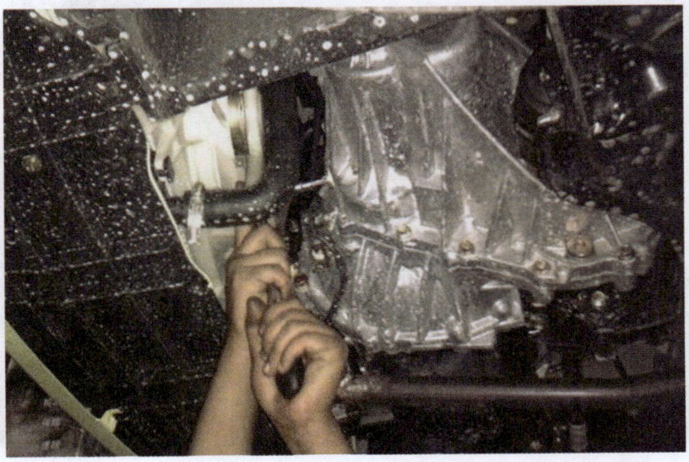

图1-17　检查手动变速器齿轮油油位

（8）目测检查变速器、主减速器及等速万向节防护套有无泄漏或损坏（见图1-18）。

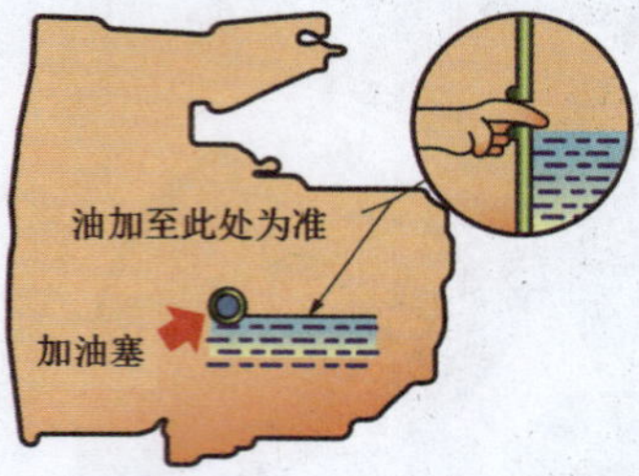

图1-18 目测检查变速器、主减速器及等速万向节防护套

（9）检查转向球头节防尘套有无泄漏或损坏（见图1-19）。

图1-19 检查转向球头节防尘套

（10）检查转向横拉杆球头的间隙、紧固程度及防尘套状况（见图1-20）。

图1-20 检查转向横拉杆球头

（11）检查蓄电池固定情况，电解液液面（非免维护蓄电池），如图1-21所示。

图1-21　检查蓄电池固定和电解液液面

（12）检查蓄电池固定情况，电眼颜色（免维护蓄电池），如图1-22所示。

如果觉得去4S店检查蓄电池太麻烦，可以自己动手检查。方法是观察“小视窗”，绿色表示状态正常。

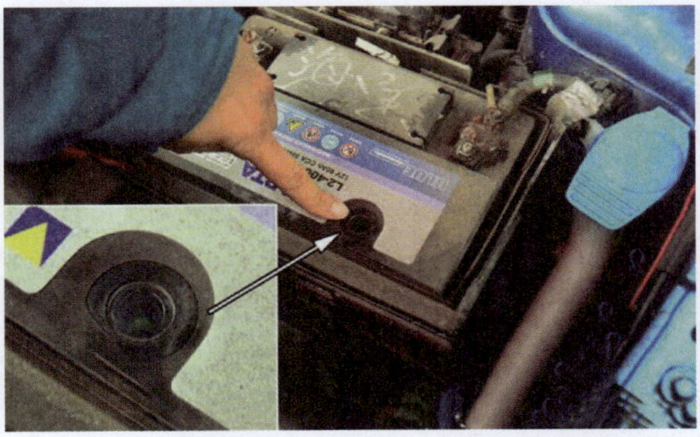

图1-22　检查蓄电池固定情况和电眼颜色

（13）检查所有轮胎（包括备胎）的花纹深度及磨损形态（见图1-23），按要求检查轮胎气压，必要时校正（见图1-24）。

图1-23　检查所有轮胎（包括备胎）的花纹深度及磨损形态

图1-24　检查轮胎气压

（14）进行轮胎换位（见图1-25）。

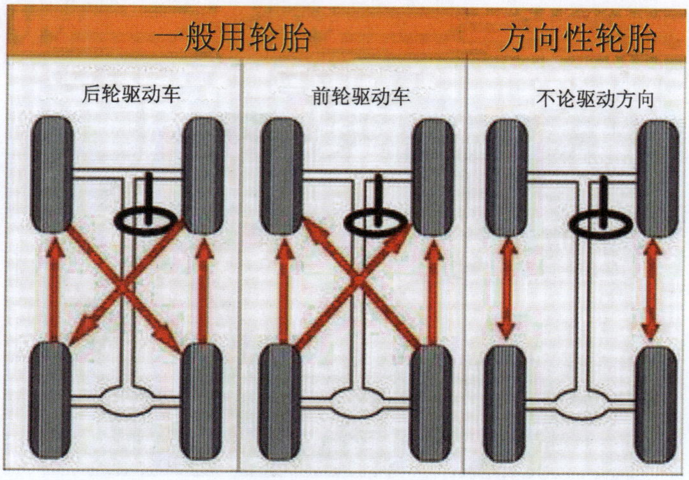

图1-25　轮胎换位

（15）润滑车门限位器及车门铰链（见图1-26）。

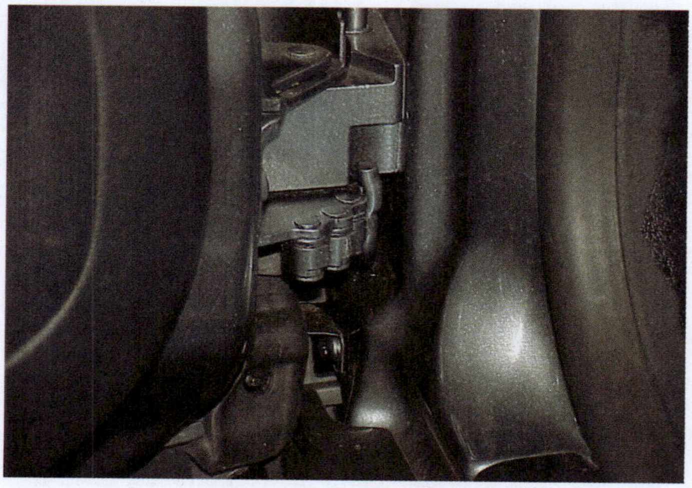

图1-26　润滑车门限位器及车门铰链

（16）试车，检查脚制动器、驻车制动器、变速器、离合器、转向、空调等功能（见图1-27）。

图1-27　试车

（17）还要结合车辆所行驶道路的灰尘情况，每行驶5 000 km更换空气滤清器，也可以用气枪吹一吹空气滤清器。如果没有气枪，可以考虑手持空气滤清器敲打地面以敲出灰尘（见图1-28）。

图1-28　用气枪吹空气滤清器

三、12个月或10 000 km或15 000 km维护保养

12个月或10 000km或15 000 km维护保养项目：

（1）更换发动机机油及机油滤清器。

（2）检查排气系统是否有泄漏或损坏（见图1-29）。

（3）目测检查发动机及机舱内的其他部件是否有泄漏或损坏。

（4）清洗空气滤清器壳体，必要时，更换滤芯（见图1-30）。

图1-29　检查排气系统

图1-30　清洗空气滤清器壳体

（5）检查清洗火花塞（电极呈铁锈色，说明燃烧得很理想，发动机工作正常），如必要，更换火花塞（见图1-31）。

图1-31　检查火花塞

（6）检查正时齿带状态及张紧度（见图1-32）。

图1-32　检查正时齿带状态及张紧度

（7）检查冷却液浓度，必要时，添加冷却液或调整浓度。

（8）查询自诊断系统故障存储器。

（9）检查制动摩擦衬块厚度（见图1-33）。

图1-33　检查制动摩擦衬块厚度

（10）目测检查制动系统是否有泄漏和损坏。

（11）检查制动液液位。

（12）检查助力油油位。

（13）若油质太差，更换汽油滤清器（见图1-34）。

图1-34　更换汽油滤清器

（14）检查前照灯光束，必要时，调整前照灯光束（见图1-35）。

图1-35　检查前照灯光束

（15）更换粉尘滤清器（见图1-36）。

图1-36　更换粉尘滤清器

（16）检查手动变速器内的齿轮油油位，必要时，添加齿轮油。

（17）目测检查车身底部防护层是否破损（见图1-37）。

图1-37　目测检查车身底部防护层

（18）目测检查变速器、主减速器及等速万向节防护套有无泄漏或损坏。

（19）检查转向球头节防尘套有无泄漏或损坏。

（20）检查转向横拉杆球头的间隙，紧固程度及防尘套状况。

（21）检查蓄电池固定情况，电解液液面（非免维护蓄电池）。

（22）检查蓄电池固定情况，电眼颜色（免维护蓄电池）。

（23）检查所有轮胎（包括备胎）的花纹深度及磨损形态，按要求检查轮胎气压，必要时校正。

（24）进行轮胎换位。

（25）润滑车门限位器及车门铰链。

（26）检查车外照明灯、转向信号灯、警报灯及行李舱照明灯的工作状态（见图1-38）。

图1-38　检查车外照明灯

（27）检查车内照明灯、杂物箱照明灯、点烟器、喇叭及警报指示灯的工作状态（见图1-39）。

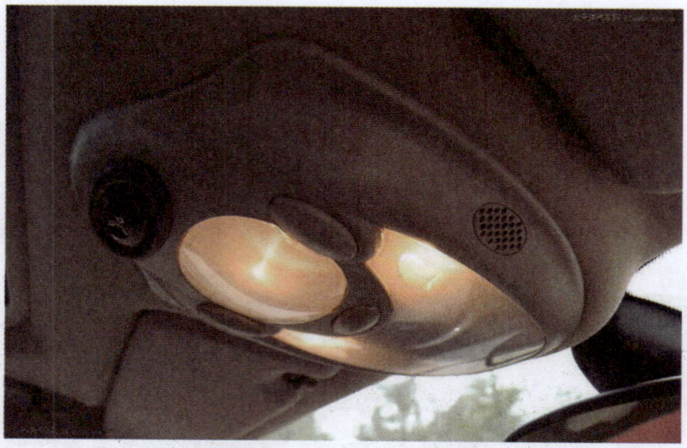

图1-39　检查车内照明灯

（28）检查安全气囊罩壳是否损坏（见图1-40）。

图1-40　检查安全气囊罩壳

（29）检查风窗刮水器及清洗器、清洗液喷嘴的功能及刮水器的停止位置，必要时，调整喷嘴和添加清洗液（见图1-41）。

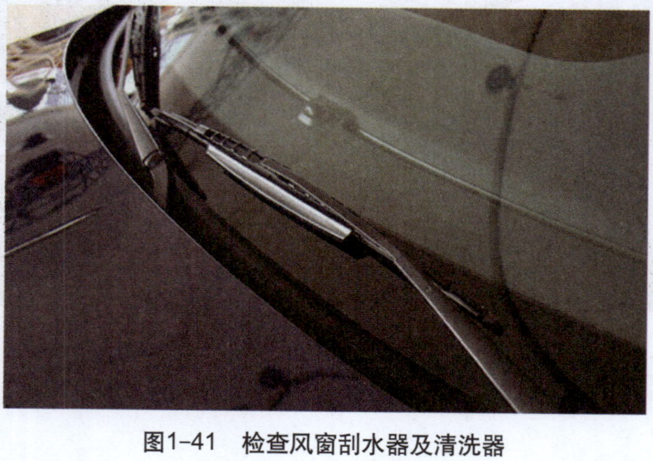

图1-41　检查风窗刮水器及清洗器

（30）保养周期指示器复位（见图1-42）。

图1-42 保养周期指示器复位

（31）检查轮胎动平衡（见图1-43）。

图1-43 检查轮胎动平衡

（32）试车，检查脚制动器、驻车制动器、变速器、离合器、转向、空调等功能。

技能鉴定

填空题

（1）PDI检查项目：________，蓄电池检查，________，轮胎检查，安全件及车内后视镜处的说明条，检查所有用电设备，________，检查视频设备及导航设备，检查空调设备，检查中央门锁及电动玻璃，检查内外后视镜，检查刮水器功能，________，目视检查发动机、底盘、电器及附属部件，________，检查完毕后进行试车检查。

（2）按厂家要求，在维护保养中分________、5 000 km或________保养、10 000 km或

15 000 km保养、________或25 000 km保养、30 000 km或________、40 000 km或45 000 km保养、________或55 000 km保养、________或65 000 km保养等。

课堂思考

汽车制造厂维护保养的标准和国家标准有什么不同？

随堂练习

判断题

（1）奥迪车在2014年以后要进行5 000 km或7 500 km保养。（　　）

（2）汽车进行5 000 km或7 500 km维护和保养项目有：

① 更换发动机机油及机油滤清器。

② 目测检查发动机及机舱内的其他部件是否有泄漏或损坏。

③ 检查冷却液液面高度和浓度，必要时，添加冷却液或调整浓度。

④ 查询自诊断系统故障存储器。

⑤ 目测检查制动系统是否有泄漏和损坏。

⑥ 检查制动液液位。

⑦ 检查手动变速器内的齿轮油油位，必要时，添加齿轮油。

⑧ 目测检查变速器主减速器及等速万向节防护套有无泄漏或损坏。

⑨ 检查转向球头节防尘套有无泄漏或损坏。

⑩ 检查转向横拉杆球头的间隙，紧固程度及防尘套状况。

⑪ 检查蓄电池固定情况，电解液液面（非免维护蓄电池）。

⑫ 检查蓄电池固定情况，电眼颜色（免维护蓄电池）。

⑬ 检查所有轮胎（包括备胎）的花纹深度及磨损形态，按要求检查轮胎气压，必要时，校正。

⑭ 进行轮胎换位。

⑮ 润滑车门限位器及车门铰链。

⑯ 试车，检查脚制动器、驻车制动器、变速器、离合器、转向、空调等功能。

⑰ 还要结合车辆所行驶道路的灰尘情况，每行驶5000 km 更换空气滤清器（也可以用气枪吹一吹空气滤清器）。（　　）

模块二

汽车用品的选择

本模块学习重点

汽车用品的选择模块的主要任务有：

任务一　发动机机油的选择

任务二　变速器油的选择

任务三　转向助力油的选择

任务四　制动液的选择

任务五　防冻液的选择

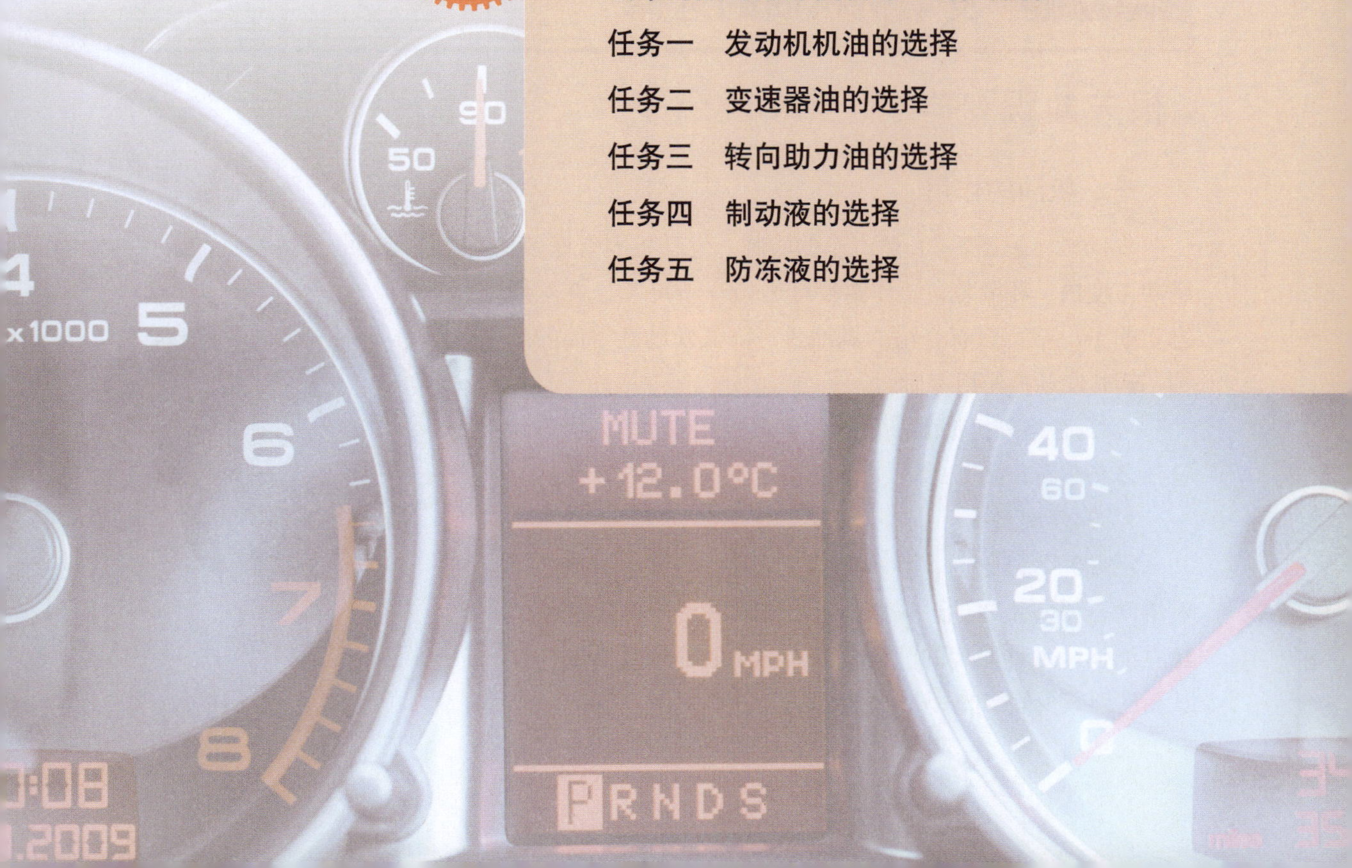

汽车用品（见图2-1）是汽车后市场的三大板块之一，汽车用品市场也是目前发展最快、前景最好的行业之一。伴随着我国汽车工业的井喷式发展，汽车用品行业发展速度一日千里。

自由自在的驾车生活是很多人向往的，对于购买汽车用品美化自己的爱车和延长爱车的使用寿命，很多人也是乐此不疲。那么，市面上的汽车用品种类繁多，品质参差不齐，价格跨度更是从几百元到上万元不等，到底应该怎样选择呢？其实，选择汽车用品美化爱车并不是最关键的，安全和使用寿命才是人们最关心的问题。让爱车时刻处于零风险状态是车主的期望。

图2-1　汽车用品的选择

任务一　发动机机油的选择

相关知识

一、机油的作用

发动机（见图2-2）是汽车的心脏，发动机内有许多相互摩擦运动的金属表面，这些部件运动速度快、环境差，工作温度可达400～600 ℃。在这样恶劣的工况下，只有合格的机油才可降低发动机零件的磨损，延长发动机使用寿命。

图2-2　发动机

那么合格的机油要满足哪些要求呢？机油的六大作用是什么呢？简介如下：

1. 润滑减磨

活塞和气缸之间，主轴和轴瓦之间均存在着快速的相对滑动，要防止零件过快磨损，则需要在两个滑动表面间建立油膜。足够厚度的油膜将相对滑动的零件表面隔开，从而达到减少磨损的目的（见图2-3）。

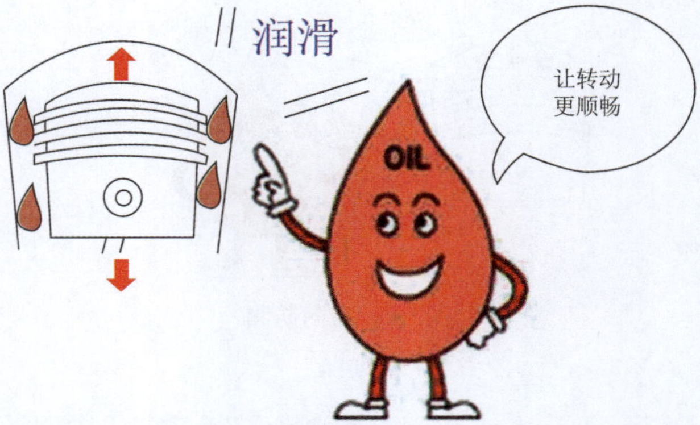

图2-3　润滑减磨

2. 冷却降温

能够将热量带回油箱再散发至空气中，帮助散热器冷却发动机（见图2-4）。

图2-4　冷却降温

3. 清洗清洁

发动机零件上的碳化物、油泥、磨损金属颗粒等通过循环带回油箱；通过机油的流动，冲洗零件工作面上产生的脏污（见图2-5）。

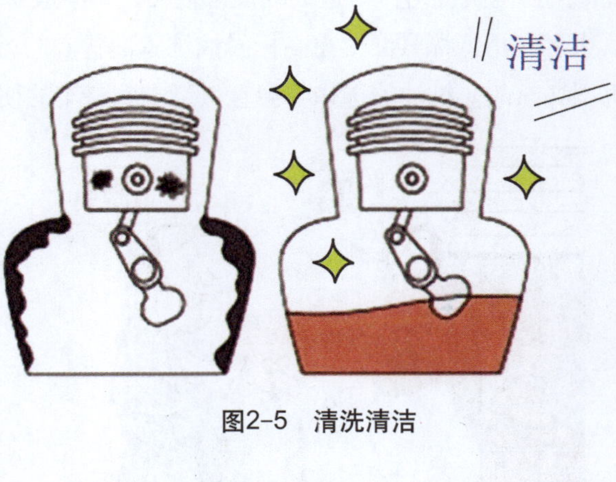

图2-5　清洗清洁

4. 密封防漏

机油可以在环之间形成一个密封圈，减少气体的泄漏和防止外界污染物的进入（见图2-6）。

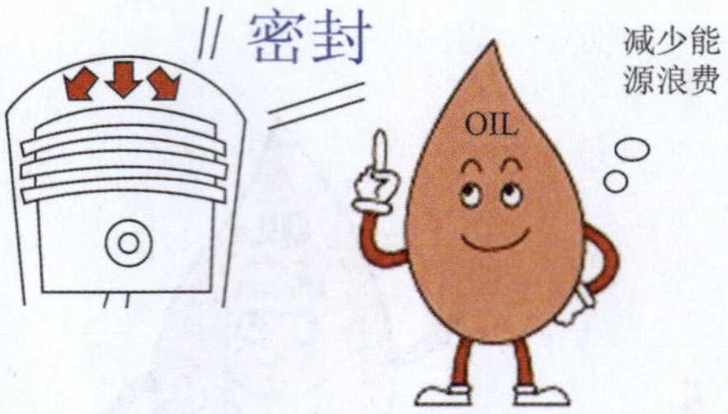

图2-6　密封防漏

5. 防锈防蚀

机油能吸附在零件表面，可防止水、空气、酸性物质及有害气体与零件的接触（见图2-7）。

图2-7　防锈防蚀

6. 传递作用力

机油还具有传递作用力的功能。例如，凸轮轴调整装置就是通过机油压力进行调整的。液压气门间隙补偿器（HVA）内也充有发动机油，HVA 桶状挺杆内的机油可将作用力从凸轮轴处传至气门处。

二、选择假机油的危害

机油是汽车不可缺少的，充当着汽车“血液”的角色，是保证发动机正常运转的必需润滑剂。假机油特别是含有机械杂质的机油对汽车造成的危害很大，其中最易受损的就是汽油泵。一些在机油中掺杂、掺水，或者利用低标号油冒充高标号油坑骗消费者的行为（见图2-8），会导致汽车半路抛锚、发动机损坏事故。机油的选择将会直接影响到整车的使用寿命。

图2-8　生产假机油

1. 经处理后灌装上市——回收废油

不法商贩为了获得更大的利润，将修理厂或者4S店回收的机油通过沉淀、过滤、热沸腾等手段多次提炼，再从废品收购站收购用过的旧机油桶进行灌装，坑害车友们（见图2-9）。

图2-9 回收废油

这种“再生”机油易造成机油灯经常点亮，对轴瓦有伤害；缩短发动机和活塞的使用寿命（见图2-10），不易将炭、金属泥溶解在机油里；润滑不良，会缩短发动机使用寿命；达不到相应机油的里程标准，不能节省燃油。

图2-10 缩短发动机和活塞的使用寿命

2. 不加任何添加剂——单纯的基础油混合

将最原始的基础油（见图2-11）灌装出售。

图2-11　基础油

虽然该机油要比上面提到的回收机油稍好一些，但是原始机油中没有添加任何抗磨剂、金属保护剂及一些稳定机油品质的化学制剂，在长时间高温作用下，机油黏稠度会发生很大变化，仍可对发动机造成破坏（见图2-12）。

图2-12　原始机油中没有添加任何抗磨剂、金属保护剂等

3. 以次充好——低档油灌装

目前，市场上高端的知名品牌机油被假冒得最多，因为知名品牌机油的市场价格一般都比较高，而仿冒品的成本很低，所以利润空间可观。

以低廉的价格买进普通油料，经过包装，摇身一变，就成了上百元的多效合成机油，这样做不但坑害了车友，同时也损坏了一个品牌在车友心中的地位。

假冒品牌的机油生产条件差，原材料不合格，添加剂量不够，偷工减料严重，没有产品质量检测手段，产品质量根本达不到标准要求（见图2-13）。

图2-13　机油以次充好

原装机油外包装的特点：一次性油封口盖，缺口处有封口锡纸，高档机油锡纸上有凸起logo标，油桶精致，图案字码边缘清晰、整齐。原装机油液体特点：色浅透明，无杂质、悬浮物或沉淀物，无刺激性气味，晃动时流动性较好（见图2-14）。

图2-14　原装机油

技能项目

实习名称	发动机机油的选择	实习目标	掌握选择机油的方法
使用器材	实习车辆、举升机、机油、机油滤清器、机油回收器		

操作步骤

一般的驾驶人在选择机油时，经常只考虑价格，而忽略其性能，认为机油都具有相似的品质。造成这种误解的原因是大家对机油的分类及各类机油的不同特性了解较少。

在机油的外包装上，经常会看到SAE和API。其中SAE是美国汽车工程学会的简称，API是美国石油学会的简称。

API分类方法是由美国石油学会、美国汽车工程师学会和美国材料试验学会共同研究而得出的分类方法。该分类方法可以正确反映除黏度特性以外所有性能的综合要求，所以又称质量分类或性能分类（见图2-15）。

一、根据黏度级别选择

5W-20、5W-40的标号表明机油的黏度值。5W-40就是它的SAE标准黏度值，这个黏度值首先表示该机油是多级机油，W代表冬季（Winter），W前面的数字5代表低温情况下的黏度，数字越小，代表低温时流动性越强，耐寒的能力也越强；W后面的数字代表机油在100 ℃时的运动黏度，数字越大说明黏度越大。

四冲程机油的黏度等级分类适用API分类及SAE分类。

SAE机油黏度分类的冬季用油牌号分别为0W、5W、10W、15W、20W、25W，符号W代表冬季，W前的数字越小，其低温黏度越小，低温流动性越好，适用的最低温度越低（见图2-16）。

图2-15　SAE分类

图2-16　0W-40冬季用油

SAE机油黏度分类的夏季用油牌号分别为20、30、40、50，数字越大，其黏度越大，适用的最高温度越高（见图2-17）。

SAE机油黏度分类的冬夏通用油牌号分别为5W-20、5W-30、5W-40、5W-50、10W-20、10W-30、10W-40、10W-50、15W-20、15W-30、15W-40、15W-50、20W-20、20W-30、20W-40、20W-50，代表冬季部分的数字越小（适用最低温度越低），代表夏季部分的数字越大（适用的最高温度越高），适用的温度范围越大（见图2-18）。

图2-17　20W-50夏季用油

图2-18　冬夏通用油

5W耐外部低温-30℃，10W耐外部低温-25 ℃，15W耐外部低温-20 ℃，20W耐外部低温-15℃；30耐外部高温30℃；40耐外部高温40℃；50耐外部高温50℃。因而，5W-40机油适用外部温度范围为-30～40℃；而10W-30机油适用外部温度范围为-25～30℃。如果温度低于-18℃，建议用5W-30机油；但5W-30机油有高温限制，适用在30℃以下。10W-30机油和10W-40机油都能适用-18℃以上的温度，但在-5～10℃以下，确实已能感觉10W-40机油比10W-30机油要明显“稠”些。10W-40机油比较适合夏季使用，在温带气候为主的城市中通常在夏季换10W-40机油，而在冬季换10W-30机油。

二、根据机油质量选择

根据机油的性能和使用场合的不同，机油分为S系列（汽油机油系列）和C系列（柴油机油系列）。S系列有SE、SF、SG、SH、SJ、SL、SM、SN等级别的机油；C系列有CD、CE、CF、CF-4、CG-4、CH-4、CI-4等级别的机油。

在S或C后面的字母表示的意义：从“SA”一直到“SM”,每递增一个字母，机油的性能就会增加，机油中会有更多用来保护发动机的添加剂。字母越靠后，质量等级越高，国际品牌中机油级别多是SF级别以上的（见图2-19）。

三、根据机油的特性选择

在机油的特性中，最重要的一点是它的黏度。其中又分为单式黏度和复式黏度，如SAE 30即为单式黏度，SAE 5W-30即为复式黏度。目前市场上的机油分为矿物油和合成油，最高档的油属于合成油（见图2-20）。

图2-19　SN级别机油

图2-20　合成油

一般高档车都选择合成油。合成油比一般的矿物油具有较高的黏度指数，随温度转变而产生的黏度变化很小，因此在高温及严寒情况下，仍能维持适当的黏度，而提供合适的保护。另外，合成油因氧化而产生酸质、杂质小，在各种恶劣操作条件下，都能对发动机提供适当的润滑和有效保护，因而具有更长的使用寿命。

四、根据使用环境的温度选择

任何一家汽车厂几乎都会在车主手册中建议最合适的机油黏度。但是最基本的，还是要求车主依使用环境的温度来决定用何种机油。某地区气温最低不低于-25℃，最高不曾高过40℃，在这个范围内，5W-40、10W-40机油较适合。以用车环境的温度来决定机油黏度，再以预算来考虑用矿物油或合成油（见图2-21）。

五、上班族用车的机油选择

如果你的汽车只是一种代步工具，而且只有上下班时才会用到，10W-40的一般矿物油就够用了（见图2-22）。如果你想节省汽油费用，全合成的5W-40机油可以满足要求，因为它的流动快，还可减少启动时发动机的磨损。

图2-21　环境的温度决定机油黏度

图2-22　10W-40机油

六、根据发动机转速选择机油

发动机转速越高，相对的温度也会越高，因此就应该用黏度大一些的机油。如5W-50、10W-50、15W-50。但是前面提过黏度越高，相对的阻力就越大，发动机性能多少会削弱一点，因此合成油就可弥补这个缺点。因为合成油可以用较低的黏度，来满足相对于矿物油必须用高黏度才能符合的工作条件。但此时需要考虑车辆本身的发动机容积输出，如2 L以下的四缸车，发动机转速达到最高转速，或许稍浓一点的机油（例如10W-40机油相对于5W-40机油），会比较合适。因为气缸和活塞环之间的空隙是由机油来密封的，黏度高的密封效果当然比较好，3 L以上的，六缸以上的，这类车辆发动机转速通常不会上到"红线"（当然也有例外），因此就不必讲究。另一种决定黏度的方式是，汽车行驶一段时间以后注意听发动机气门声，如果"嗒嗒"声很明显，那就应该将黏度增加（见图2-23）。

七、根据压缩比选择机油

高压缩比的发动机要选择黏度高的合成油，这是唯一的选择。如5W-40（见图2-24）、10W-50或15W-50。如果经常使发动机处于高转速，则应该选择10W-60合成油。

图2-23　10W-60赛车用机油

图2-24　5W-40合成油

八、真假机油辨别

（1）看包装外观。名牌油封盖是一次性盖子，缺口处有封口锡纸，锡纸上均有厂家特殊标记，无这些特点，有可能是假机油。

另外，名牌油为防假冒，标签贴纸、罐底、罐盖内侧、把手等不显眼处均有特殊标记，如果不法分子自订包装造假，只要对比真假两个外包装就可分辨。

（2）观察油品。真油色浅、透明，无杂质、悬浮物、沉淀物，晃动时流动性较好。假机油或油色较深，或有杂质、沉淀物，或味浓有刺激性，晃动时流动性较差，或用手摸有拉丝现象。

九、更换机油常见误区

误区一：什么时候机油变黑了就该换油了。

这种理解并不全面。对于没有加清静分散剂的机油来说，颜色变黑的确是油品已严重变质的表现，但现代汽车使用的机油一般都加有清静分散剂。这种清静分散剂将黏附在活塞上的胶膜和黑色积炭洗涤下来，并分散在油中，减少发动机高温沉淀物的生成，故机油使用一段时间后颜色容易变黑，但这时的油品并未完全变质。

误区二：机油能多加就多加。

机油量应该控制在机油尺的上、下刻度线之间为好。因为机油过多就会从气缸与活塞的间隙中窜入燃烧室燃烧形成积炭。这些积炭会提高发动机压缩比，增加产生爆燃的倾向；积炭在气缸内呈红热状态还容易引起早燃，如落入气缸会加剧气缸和活塞的磨损，还会加速污染机油。其次，机油过多增加了曲轴连杆的搅拌阻力，使燃油消耗增大。

误区三：添加剂用处大。

真正优质的机油是具备多种发动机保护功能的成品，配方中已含有多种添加剂，其中包括抗磨剂，而且机油最讲究配方的均衡，以保障各种性能的充分发挥。自行添加其他添加剂不仅不能给车辆带来额外保护，反而易与机油中的化学物质发生反应，造成机油综合性能的下降。

误区四：机油经常添，不用换。

经常检查机油是正确的，但只补充不更换只能弥补机油数量上的不足，却无法完全补偿机油性能的损失。机油在使用过程中，会有一些消耗，使其数量减少，同时由于污染、氧化等原因，质量会逐渐下降。

技能鉴定

实习记录表如表2-1所示。

表2-1　实习记录表

实习名称	发动机机油的选择	
需准备设备与工具材料等		
实习步骤	内　容	注 意 事 项
准备工作		
具体步骤		
反思		
教师评价	教师评分： 教师建议：	

课堂思考

简述怎样选择机油？

随堂练习

作为一名汽车修理工，根据什么条件对所维修的车辆发动机机油进行更换？

任务二　变速器油的选择

相关知识

变速器油是保持排挡系统清洁的油类用品，起到润滑、延长传动装置使用寿命的作用，在低温时也能进行极有效的润滑，在严苛操作条件下可减少油品损失。根据变速器结构的不同，变速器油又分为自动变速器油和手动变速器油（见图2-25）。

（a）自动变速器油　　（b）手动变速器油

图2-25　变速器油

一、自动变速器油

自动变速器油（Automatic Transmission Fluid，ATF）是专门用于自动变速器的油液（见图2-26）。早期的自动变速器没有专用油液，而是用发动机油代替。由于二者工作状况和技术要求差异很大，所以发动机油作为自动变速器油液的方法很快被淘汰。如今使用的自动变速器专用油液既是液力变矩器的传动油，又是行星齿轮结构的润滑油和换挡装置的液压油。自动变速器油一般正常行驶情况下每120 000 km更换一次，恶劣行驶情况下每60 000 km更换一次。

二、手动变速器油

手动变速器油一般称为齿轮油，按其质量水平，美国石油学会将其分五档（GL-1～GL-5）。

GL-1～GL-3的性能要求较低，用于一般负荷下的主动锥齿轮、从动锥齿轮，以及变速器和转向器等齿轮的润滑（见图2-27）；GL-4用于高速低扭矩和低速高扭矩条件下，汽车双曲线齿轮传动轴和手动变速器的润滑；GL-5的性能最强，用于运转条件苛刻的高冲击负荷的双曲线齿轮传动轴和手动变速器的润滑。手动变速器齿轮油一般正常情况下每2年或者每行驶60 000 km更换一次。

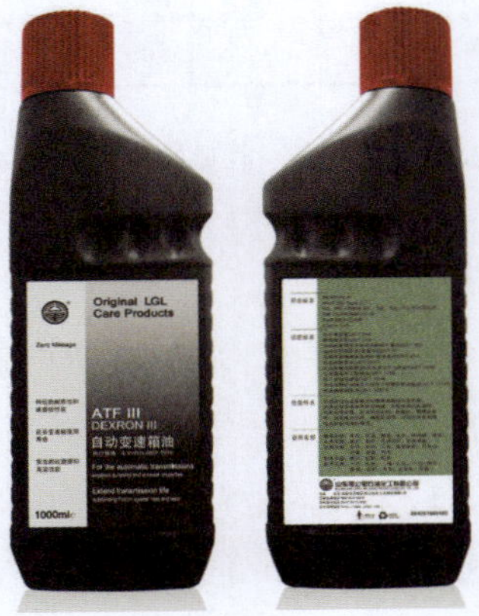

图2-26　自动变速器油

图2-27　手动变速器油

技能项目

实习名称	手动变速器油的选择	实习目标	掌握选择手动变速器油的方法
使用器材	实习车辆、举升机、常用工具、手动变速器油、机油回收器		

操作步骤

一、选择手动变速器油

（1）核实这些车辆用户手册上对手动变速器用油的推荐品种、黏度、牌号。

（2）如果手动变速器是带同步器的，建议不要使用普通的API GL-4齿轮油，应该选用手动变速器专用油（MTF）。

（3）不要把API GL-5齿轮油用在带同步器的手动变速器中。

新一代的手动挡车辆普遍采用带同步器的手动变速器，通过同步器使将要啮合的齿轮达到一致的转速而顺利啮合。

同步器的使用虽然提高了手动变速器的换挡质量，但对机油的黏温特性、摩擦特性、抗氧化安定性、防腐性，以及对诸如：钼、铝合金、黄铜、烧结青铜等同步器材料的相容性提出了很高的要求。加上用户对车辆的动力性、经济性、舒适性和社会对环境保护等要求不断提升，车辆手动变速器若还使用API GL-4等级的齿轮油已经难以满足客户的要求，适合新一代手动挡车辆变速器的手动变速器专用油（MTF）应运而生。

也就是说，新型手动变速器应该使用手动变速器专用油（MTF），尽量不要使用API GL-4齿轮油；其次是确定油品黏度等级，黏度等级主要依据车辆行驶的环境温度来确定。表2-2中的数据可为用户选择油品黏度等级提供参考。

表2-2　手动变速器油黏度等级选择

环境温度/℃	黏度级别	环境温度/℃	黏度级别
−57～+10	75W	−12～+49	90
−25～+49	80W-90	−15～+49	85W-140（重载）
−15～+49	85W-90	−7～+49	140

近年来，根据新型手动变速器的构造特点和润滑要求，研发了满足厂家规格要求的手动变速器油。该类油除满足API GL-4规格外，还满足不同规格汽车的需要。专门适用于带同步器的乘用车手动变速器及带同步器的商用车手动变速器的润滑。

为什么说“后桥上用的API GL-5齿轮油不能用在手动变速器中”呢？虽然个别车辆制造商为了简化传动系统用油品种，在用油手册中曾明文规定后桥和变速器均使用API GL-5齿轮油，但这对大多数手动变速器不适用。不但在成本上不合算，最主要的是API GL-5齿轮油中高含量的活性物质会对手动变速器，尤其是带同步器的手动变速器中的金属部件造成腐蚀。

二、真假手动变速器油的辨别

（1）看颜色：正品油呈黑色至黑绿色；

（2）闻油味：正品油有一股焦煳味；

（3）看油的流动性：正品油“挂瓶”后，很长时间不净；

（4）看油的气泡：正品油摇动后，很少见气泡；

（5）看油的黏稠度：正品油沾手不易去掉，能拉丝。

如不具备上述特征，建议还是慎重选择，换了假冒伪劣的油，对变速器的损害是很严重的，得不偿失。

技能鉴定

实习记录表如表2-3所示。

表2-3　实习记录表

实习名称	手动变速器油的选择	
需准备设备与工具材料等		
实习步骤	内　容	注意事项
准备工作		
具体步骤		
反思		
教师评价	教师评分： 教师建议：	

课堂思考

简述怎样选择手动变速器油？？

随堂练习

在维修过程中，根据什么条件来选择手动变速器油?

任务三　转向助力油的选择

相关知识

助力转向是汽车上的一种增加舒适性的新技术，可以在驾驶人进行转向的时候自动提供转向力，从而减轻驾驶人的转向劳动强度，而转向助力油就是加注在助力转向系统（见图2-28）中的一种介质油，起到传递转向力和缓冲的作用。

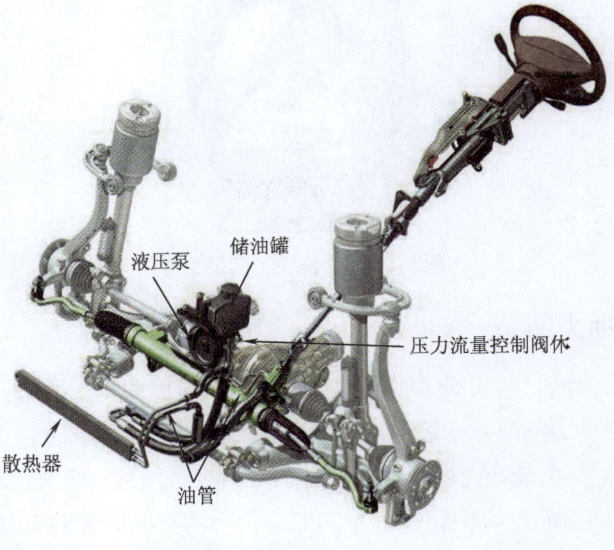

图2-28　助力转向系统

转向助力油（见图2-29）是汽车助力转向泵里面用的一种特殊液体，通过液压作用，可以使转向盘变得非常轻巧。转向助力油与自动变速器油、制动液以及减振油类似。通常，转向助力油可以使用与自动变速器油相同的油。

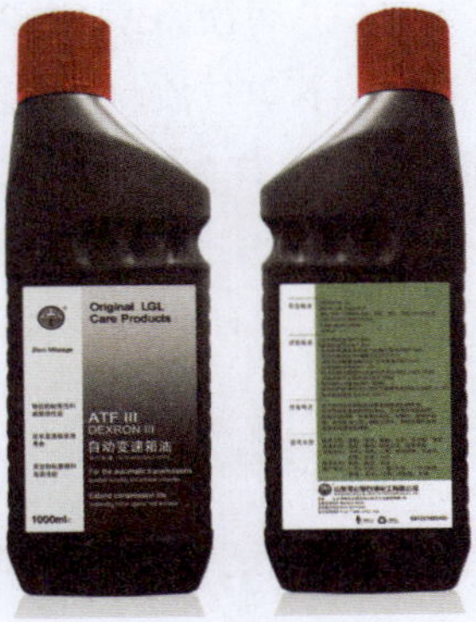

图2-29　转向助力油

一般汽车厂家并不严格规定转向助力油的更换周期。大多数汽车保养维修店会参考其他同行业的服务企业，互相借鉴、取长补短。也有比较规范的企业会参考国外汽车公司的汽车保养要求，并结合目前我国的道路状况、空气质量和使用人员的技术水平等因素作出比较合理的规定。

为防止转向助力油过脏或变质，建议每3年或每行驶60 000 km更换一次转向助力油。

技能项目

实习名称	转向助力油的选择	实习目标	掌握选择转向助力油的方法
使用器材	实习车辆、举升机、常用工具、自动变速器油（ATF）、机油回收器		

操作步骤

一、选择转向助力油

转向助力油一般都可以通用，在选购时只要注意选择优质的产品即可（见图2-30）。劣质的产品不仅不能帮助轻松转向，可能还会施加反向力，使转向更加吃力，给行车带来很大的不便，对行车安全也是一种很大的隐患，所以，一定要加强检查，及时更换优质油品。

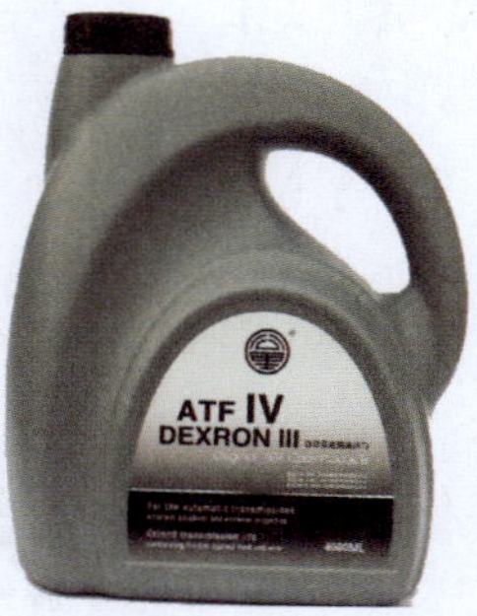

图2-30　零公里转向助力油

二、更换转向助力油

（1）更换转向助力油时，先将汽车启动，用抽油器将旧油吸干净。

（2）将新的转向助力油注入，然后来回转动转向盘，让新油渗透，这样也能起到清洗的作用。为了渗透得彻底，车主最好大幅度地左右转动转向盘，然后，再轻微地左右转动转向盘。

来回转动转向盘的目的是排出转向机里的旧油，但不要长时间打死转向盘，否则会导致油压过大，使转向油喷出。

（3）再次将助力罐中的油吸走，然后再注入新的助力油，随后，再次转动转向盘。

（4）第三次将助力油吸走，这种反复操作的目的是确保旧油被完全清除干净。然后注入新油。注意，任何油品都不能混加。

（5）启动车辆，你会听到轻微的“呼啦啦”声，这是油在循环，慢慢就会恢复无声。注意，不能长时间空油启动，否则会毁坏助力泵。

技能鉴定

实习记录表如表2-4所示。

表2-4　实习记录表

实习名称	转向助力油的选择	
需准备设备与工具材料等		
实习步骤	内　容	注 意 事 项
准备工作		
具体步骤		
反思		
教师评价	教师评分： 教师建议：	

课堂思考

简述怎样选择转向助力油？

随堂练习

简述检查转向助力油的方法？

任务四　制动液的选择

相关知识

制动液在汽车制动系统（见图2-31）中起传动作用。用脚踩下制动踏板，经过真空助力器的辅助，推动制动总泵，制动总泵推动制动液，将脚下的力量通过制动液传向四个车轮所属的制动分泵，制动分泵推动制动片，制动片挤压制动圆盘形成制动力。

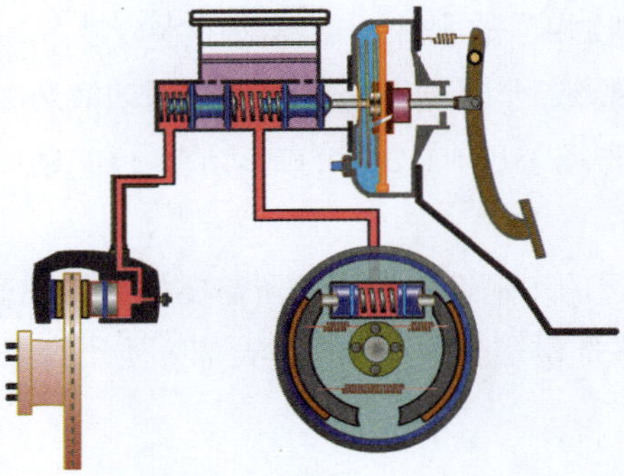

图2-31　汽车制动系统

一、每2年更换一次制动液

由于制动液使用时间久了后，制动泵里的皮碗及活塞会有所磨损，造成制动液混浊，所以将其更换为最佳处理方法。如果更换不合格的或质量一般的制动液，会腐灼制动泵的皮碗，对制动效果也会产生影响，所以如果制动液缺失时，最好购买正规厂家生产的制动液，不要为了省小钱而花大钱。正规厂家生产的制动液不但使用效果很好，而且还可以延长制动系统的使用寿命（见图2-32）。

二、制动液的种类

常用的制动液有DOT3、DOT4两种。DOT是美国汽车安全标准规定标称，其数字越大，级别越高（见图2-33）。

图2-32　正规厂家生产的制动液

图2-33　DOT3和DOT4制动液

DOT3与DOT4的不同之处主要在于沸点不同，二者的性能指标如表2-5所示。

表2-5　DOT3与DOT4的性能指标

制动液性能指标	沸点（干）/℃	沸点（湿）/℃
DOT3	205	140
DOT4	230	144

DOT3和DOT4制动液是非矿物油系，是以聚二醇为基础和乙二醇及乙二醇衍生物为主的醇醚型合成制动液，再加润滑剂、稀释剂、防锈剂、橡胶抑制剂等调和而成，也是各国汽车所用最普遍的一种制动液。这种常用的制动液吸湿性较强。制动系统虽然进不了水分，但制动液使用一段时间以后会吸收相当的水分。制动液中水分越多，沸点越低。为了保证行车安全，制动液应定期更换，一般每2年须更换一次。由于制动液会吸收水分，所以放置多年已开封的制动液不要再用。目前市场上还有DOT5的制动液，但其硬度太高且吸水性也很强，不适用于一般民用汽车。

无论哪家汽车生产厂制造的车辆都会对该车所需要使用的制动液有明确的规定，而从市场的普及率来看，目前在市面上能够买到的乘用车绝大部分使用的都是DOT4制动液。

技能项目

<table>
<tr><td>实习名称</td><td>制动液的选择</td><td rowspan="2">实习目标</td><td rowspan="2">掌握选择制动液的方法</td></tr>
<tr><td>使用器材</td><td>实习车辆、举升机、常用工具、制动液、制动换油机、机油回收器</td></tr>
</table>

操作步骤

一、选择制动液

（1）在质保周期内的车辆只需要使用原厂指定级别的制动液即可，如果是那些已经脱保很多年的老车，一般车辆选择DOT4级别的制动液即可，有些高性能跑车或者改装车，选择DOT5级别以上的制动液。

（2）尽量选择大品牌如美孚、壳牌、嘉实多、零公里等产品，或者选择原厂指定的国产品牌也可以，切忌选择从未听说过的陌生品牌。

（3）不选择价格过于便宜的产品，目前DOT4制动液根据品牌的不同，每升市场售价为40～80元，有些大品牌的产品甚至超过百元。若是遇到远低于以上售价的制动液，就要慎重选择。

（4）制动液的颜色一般为浅黄色或者深黄色，滴于手心后摩擦会越来越热，太稀或完全无色透明的制动液建议不要冒险采用。

二、常见更换制动液的方法

方法一：这是早期一些较为简陋的路边小摊常用的方法，即将一个装有水的瓶子用软管和放油口相连，然后一人在车内踩制动踏板，另一人观察脏制动液是否放完；然后加入新的制动油，继续踩制动踏板，直到出油口放出清澈的新油，并且瓶中没有气泡产生为止。

方法二：这是目前普通修理厂比较常见的方法，即用真空抽油机将制动液从放油口中吸出，然后加入新的制动液后继续吸，直到排出的制动液清澈且没有空气为止。

方法三：这是4S店和修理厂采用的方法，即通过制动液更换机来进行更换。原理是在全封闭的情况下通过气压将新制动液压入，并顶出脏制动液。不过此设备的价格比较高，功能却很单一，只有较有实力的4S店及修理厂才会购置。

技能鉴定

制动液的选择实习记录表如表2-6所示。

表2-6　实习记录表

实习名称	制动液的选择	
需准备设备与工具材料等		
实习步骤	内　容	注 意 事 项
准备工作		
具体步骤		
反思		
教师评价	教师评分： 教师建议：	

课堂思考

简述怎样选择制动液？

随堂练习

简述更换制动液的方法？

任务五　防冻液的选择

相关知识

防冻液的全称应为防冻冷却液，意为有防冻功能的冷却液。防冻液可以防止在寒冷冬季停车时冷却液结冰而胀裂散热器和冻坏发动机气缸体或气缸盖。许多人认为防冻液只是冬天才使用，其实防冻液不仅仅是冬天用的，它全年都要使用（见图2-34）。汽车正常的保养项目中，每行驶2年更换发动机防冻液，特殊车辆防冻液更换频率更高。

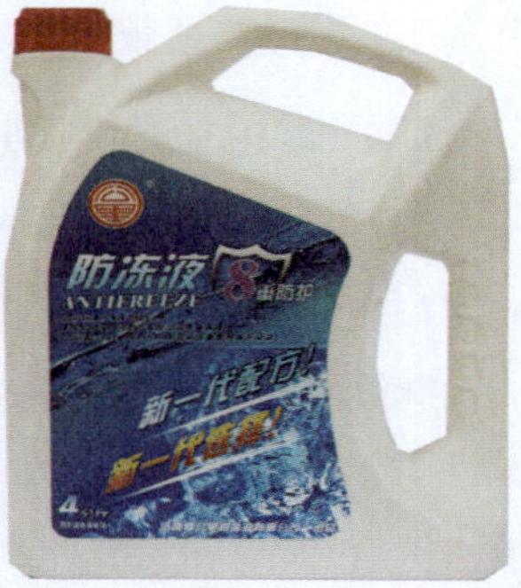

图2-34　防冻液

现在大多数的防冻液都是四季通用的，这样省去了冬季更换防冻液的麻烦。而零公里防冻液具有冬季防冻、夏季防沸的特性，具有防腐、防垢、防锈蚀、抗泡沫等多种功效，适合各种水冷式机械使用。现在有些车主贪图便宜，夏季使用差一些的防冻液，冬季再换更好的，这样做反而不省钱。

防冻液的作用

随着发动机结构的改进和材料技术的进步，现代发动机与旧式发动机相比，一个显著的特点就是现代发动机的运行温度高，正常的工作温度上限值一般都超过100℃。一般的发动机正常工作温度是80～115℃，如果全部注水，当发动机温度达到100 ℃时就会水沸“开锅”，另外，水具有腐蚀性，会产生水垢，影响冷却效果。因此，就要用一种特殊的冷却介质——防冻液（见图2-35）。

图2-35　防冻液的作用

有人认为防冻液是专门为寒冷地区的车辆使用的，这是一种误解。市面上的防冻液主要成分是乙二醇，它具有沸点高、冰点低的特点。防冻液内还含有添加剂，以防止乙二醇氧化（会形成腐蚀性极强的副产品），防止腐蚀，防止产生泡沫等。

发动机使用防冻液有以下保护作用：

（1）对冷却系统的部件起到防腐保护作用。

（2）防止水垢，避免降低散热器的散热作用。

（3）保证发动机在正常温度范围之内能工作。

因此，发动机的防冻液必须具有防冻、防开锅、防腐蚀、防水垢、无泡沫的特点，并不受季节及地域的影响。其中，沸点和冰点是防冻液的基本指标。

使用防冻液一定要注意质量。如果防冻液质量欠佳甚至是伪劣品，就起不到防冻液的作用了。冷却液用防冻液与水按照一定的比例混合配制而成。汽车制造厂在用户手册中通常会规定用于不同低温防冻等级的防冻液混合比，而且还规定防冻液的型号，不能够混用。一般情况下，防冻液与水的比例为40：60时，冷却液沸点为106 ℃，冰点为-26 ℃；当比例为50：50时，冷却液沸点为108℃，冰点为-38 ℃。一般要求按照低于当地最低温度5℃左右配制冷却液。防冻液有效使用期多为2年，到期或发现冷却液脏就要更换。更换时一定要将旧冷却液全部清除，再加入清水，启动发动机以怠速运转约10 min，循环清洗。停车后再将清水放掉（见图2-36）。

加注新防冻液应在冷机时进行，加注防冻液至储液罐的最高标记max为止，旋紧盖子启动发动机，怠速运转至发动机正常温度后熄火，当机体温度下降后，检查储液罐的液面高度保持在max位置方为合格，否则要补充足够为止（见图2-37）。

图2-36　使用防冻液一定要注意质量

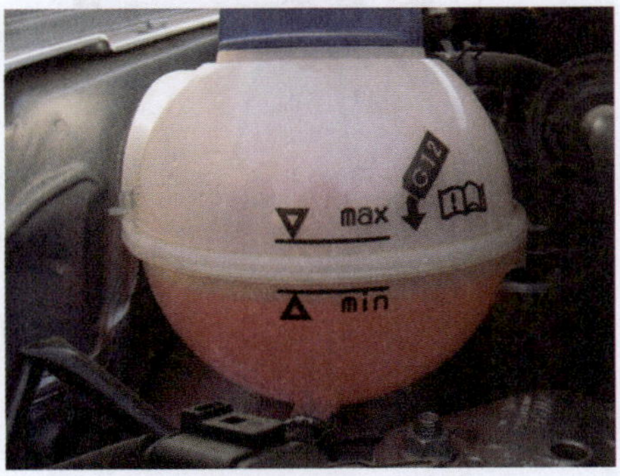

图2-37　加注防冻液至储液罐的最高标记

技能项目

实习名称	防冻液的选择	实习目标	掌握选择防冻液的方法
使用器材	实习车辆、举升机、常用工具、防冻液		

操作步骤

据调查，全球50%以上的汽车发动机故障来源于冷却系统。由此可见，合理选配防冻液的重要性（见图2-38）。

天气转冷使散热器容易因为结冰而胀裂，防冻液的选择是事关汽车“心脏”健康的头等大事。防冻液全称防冻冷却液，它具有冬天防冻（见图2-39），夏天防沸（见图2-40）的功能，保护发动机的冷却系统，改善散热效果，提高发动机效率。

图2-38　要选择正规厂家防冻液

防冻液的基本指标是冰点与沸点。通常情况下，所选用的防冻液的冰点一般应低于当地最低温度5℃以上，以备天气突变。如长城润滑油生产的多效防冻液，其冰点范围为-50～-25℃，可以满足我国北方绝大多数地区的车辆防冻需求。

图2-39　冬天防冻

图2-40　夏天防沸

一、选择防冻液的原则

（1）根据环境温度条件选择防冻液的冰点。防冻液的冰点是防冻液最重要的指标之一，是防冻液能不能防冻的重要条件。一般情况下防冻液的冰点应低于当地最低温度5℃以上，如当地最低温度为-30℃，则防冻液的冰点应选择在-45℃以下。如果要选择乙二醇母液调制，则可配制乙二醇浓度为59%，冰点为-50℃，密度为1.078 6 g/cm^{3}的防冻液。

（2）根据车辆不同要求选择防冻液。一般情况下进口车辆、国内引进生产车辆及中高档车辆应选用永久性防冻液（2～3年），普通车辆则可采用直接使用型的防冻液，夏季可采用软化水。

（3）按照车辆多少和集中程度选择防冻液。车辆较多又相对集中的单位和部门，可以选用小包装的防冻液母液，这种防冻液母液性能稳定，由于采用小包装，便于运输和贮存，同时又可按照不同环境使用条件和不同的工作要求进行灵活的调制，达到节约和实用的目的。车辆少或分散的情况下，可以直接使用防冻液。

（4）一般应选用具有防锈、防腐及除垢能力的防冻液。防冻液最重要的是防锈蚀。所以宜选用名牌产品，这些产品中加有防腐剂、缓蚀剂、防垢剂和清洗剂，产品质量有保证。

（5）选择与橡胶密封导管相匹配的防冻液。防冻液应对橡胶密封导管无溶胀和侵蚀等副作用。

二、选择防冻液的注意事项

（1）尽量使用同一品牌的防冻液。不同品牌的防冻液所使用的金属缓蚀剂不相同，因此不同品牌的防冻液不能混用。

（2）防冻液的有效期多为2年（个别产品会长一些），添加时应确认该产品在有效期之内；更换时应放净旧液，将冷却系统清洗干净后，再换上新液。

（3）避免兑水使用。传统的无机型防冻液不可以兑水使用，如兑水使用会生成沉淀，严重影响防冻液的正常功能；有机型防冻液则可以兑水使用，但水不能兑得太多。

（4）使用了防冻液的车辆，切勿直接补充自来水，应该加入蒸馏水或去离子水，若实在没有条件，加冷开水也比加自来水效果好。如果防冻液因泄漏损失，应补充同品牌的防冻液。防冻液应四季使用，夏天使用自来水的方法是不科学的，也是得不偿失的。

（5）有的防冻液存放1年后，会出现少量絮状沉淀，这种现象多半是添加剂析出造成的，不必扔掉。如果出现大量的颗粒沉淀，表明该防冻液已经变质，不能再使用了。

（6）选择防冻液的另一个关键是确保安全性。高级防冻液兼具防腐、防垢、防沸、防冻、防锈等功效，还能对散热器起到很好的保护作用，一年四季都可使用。优质防冻液外观应清亮透明，并有醒目的颜色，无异味，而一些劣质防冻液根本不具备防冻及防沸的功能，有的防冻液虽然冰点及沸点合格，但却有腐蚀性，能把散热器及管路“咬”的千疮百孔，影响行车。

不同型号的防冻液一定不要混用，以免起化学反应，产生沉淀或气泡。防冻液混用会对橡胶密封造成损害，通常会造成水泵水封及焊缝处漏水现象。因此，防冻液泄漏后应及时补充同种品牌的防冻液；若无同品牌的防冻液，可临时补充蒸馏水或纯净水。

技能鉴定

实习记录表如表2-7所示。

表2-7　实习记录表

实习名称	防冻液的选择	
需准备设备与工具材料等		
实习步骤	内　容	注 意 事 项
准备工作		
具体步骤		
反思		
教师评价	教师评分： 教师建议：	

课堂思考

简述怎样选择防冻液？

随堂练习

简述检查防冻液的方法？

模块三

汽车发动机的维护与保养

3

本模块学习重点

汽车发动机的维护与保养模块的主要任务有：

任务一　更换发动机机油和机油滤清器

任务二　检查冷却系统及更换防冻液

任务三　更换汽油滤清器

任务四　更换正时传动带

任务五　更换火花塞

任务六　检查及更换空气滤清器

发动机维护与保养是一项非常重要的工作，做得好，不仅能使发动机安全运转，而且可以延长其使用寿命（见图3-1）。因此，在作业前后，要按规定对发动机进行检查、保养。在作业过程中，也应随时注意发动机运行中有无不正常情况发生，如杂音、异味、振动等，以便对问题做到及时发现，及时解决，避免由于较小故障的恶化，造成严重的后果。同时，维护与保养做得好，也可以延长发动机的大、中修周期，充分发挥其效能。

图3-1　发动机维护与保养

任务一　更换发动机机油和机油滤清器

相关知识

汽车发动机是汽车的心脏，如果不按照要求更换机油，容易对汽车发动机造成损伤。因此，汽车发动机机油的更换直接影响着汽车的性能及其使用寿命（见图3-2）。

图3-2　更换发动机机油

发动机的主要运动件均处于高温、高压、高速及大负荷的运动状态。各相对运动件间，如活塞和缸壁、曲轴和轴瓦之间，若得不到润滑，会因剧烈的干摩擦而造成机械零件磨损甚至严重损坏和发动机功率的损耗。为使发动机能正常工作、延长其使用寿命，需要对发动机的运动表面进行润滑（见图3-3）。

图3-3　润滑发动机的运动表面

一、发动机机油

（1）发动机机油的作用。发动机机油具有润滑、密封、冷却、防锈和清洁发动机机械零件的作用（见图3-4）。

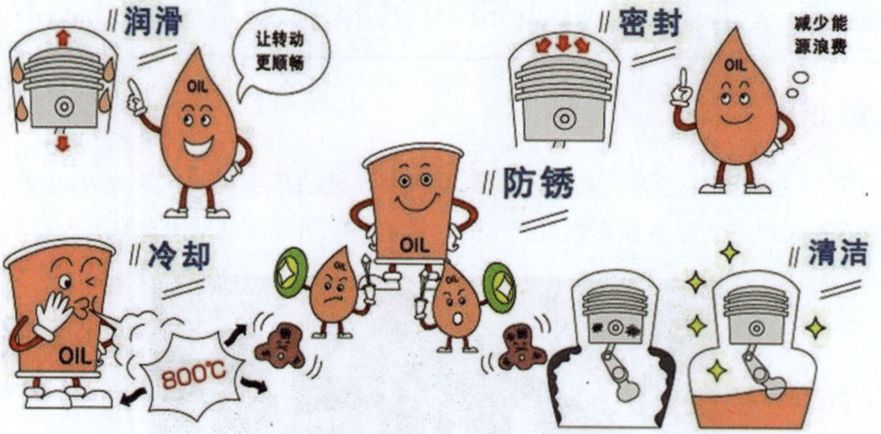

图3-4　发动机机油的作用

（2）定期更换发动机机油的目的。发动机机油在使用过程中受高温、高压，与燃烧中的混合气接触会变质，或者即使没有使用它也会缓慢地变质。

由于发动机机油对发动机内部机械零件有清洁作用，它自身会变质、变黑、变脏，不能发挥发动机机油的全部作用。这样会导致发动机磨损加快，甚至损坏发动机。

对于已经变质的发动机机油，只能更换，不能补充添加，因为大部分的发动机机油已经变质、变黑、变脏（见图3-5）。

由于没有简单可行的方法判断发动机机油是否变质，因此只能采用定期更换的方法保证质量。大多数轿车每行驶5 000 km或行驶半年（以先到为准）须更换发动机机油。

图3-5　已经变质的机油

（3）发动机机油消耗的原因。即使没有外部渗漏，在正常情况下机油也会逐渐地消耗掉。机油会从气门与导管的间隙及活塞与气缸的间隙被吸入燃烧室与混合气一起燃烧或形成积炭（见图3-6）。

一般行驶最初10 000 km的1.3～1.8 L轿车，其发动机机油的正常消耗量约为0.3×10^{-3} L/km。汽车行驶10 000～80 000 km期间，发动机机油消耗量约为0.2 L。

二、机油滤清器

（1）机油滤清器的作用：它是用来滤去发动机机油中的金属颗粒和油污的部件。

机油滤清器接口处的单向阀（见图3-7）是作截止阀用，它用于防止发动机熄火时，发动机机油从机油滤清器中流出。

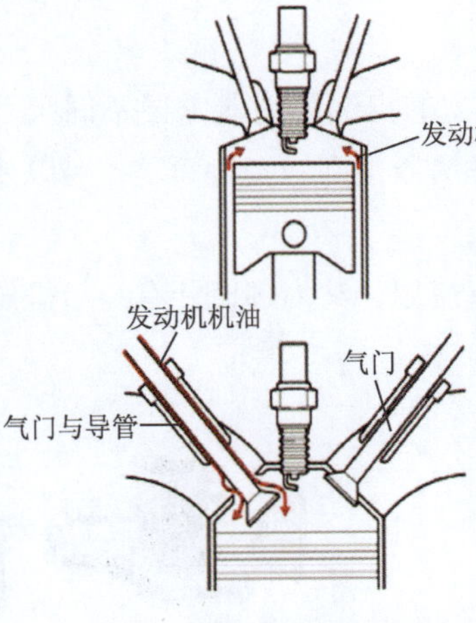

图3-6　机油消耗

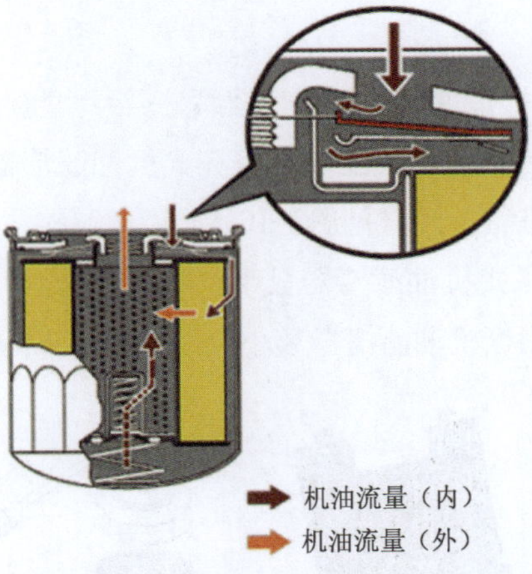

图3-7　机油滤清器接口处的单向阀

旁通阀：在滤芯堵塞后，滤芯内侧和外侧压力差变大，当压差大于设定值时，旁通阀打开，此时发动机机油不通过滤芯，直接流向各机械零件。

（2）定期更换机油滤清器的目的：使用中的滤芯表面的小孔会逐渐被污垢堵塞，如果滤芯被完全堵塞，机油压力差会使旁通阀打开，将脏机油送入发动机各润滑点。由于无法目视来判断滤芯堵塞程度，所以只能采用定期更换的方式。通常，在更换发动机机油时也同时更换机油滤清器（见图3-8）。

图3-8　机油滤清器

技能项目

实习名称	更换发动机机油和机油滤清器	实习目标	（1）掌握更换发动机机油的方法。 （2）掌握选择发动机机油和机油滤清器的方法
使用器材	实习车辆、举升机、发动机机油、机油滤清器、机油回收器		

操作步骤

一、工具、设备和材料的选择

汽车的保养和修理要求使用各种专用工具和设备。这些专用工具和设备有特殊的使用方法，只有使用得当才能保证工作安全和准确。

1. 机油滤清器扳手的选择

一般来说，常见的一次性机油滤清器直径都在8 cm以上，顶部被冲压成多棱面（就像一个大螺母），如要拆装，须使用专用机油滤清器扳手。

常见的机油滤清器扳手类型很多，结构各异，但作用相同，使用操作方法也基本相似（见图3-9）。

（a）钢带式　　（b）皮带式　　（c）三爪式

图3-9　机油滤清器扳手

杯式机油滤清器扳手类同一个大型套筒，拆卸不同车型的机油滤清器需要不同尺寸的扳手，多为组套形式配装，将杯式机油滤清器扳手套在机油滤清器顶部的多棱面上，可以使用套筒扳手进行拆卸（见图3-10）。

三爪式机油滤清器扳手，须与配套套筒手柄或扳手一起使用，其内部设计有行星排传递机构，可根据机油滤清器大小自动调节三爪的大小（见图3-11）。

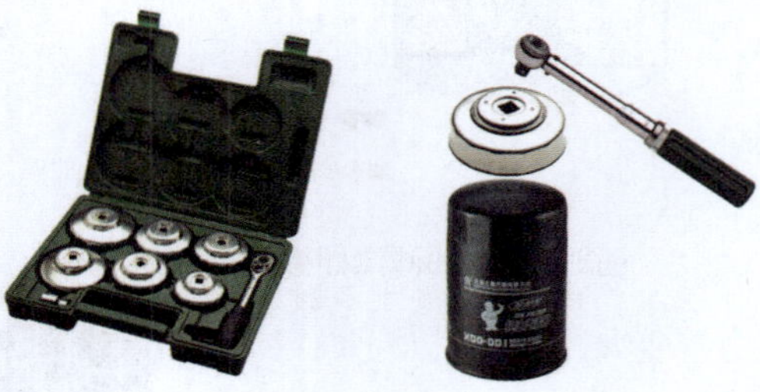

图3-10　杯式机油滤清器扳手

图3-11　三爪式机油滤清器扳手

2. 材料选择

更换发动机机油时需要的材料有发动机机油、机油滤清器和防护三件套等（见图3-12）。

（a）发动机机油　　（b）机油滤清器　　（c）防护三件套

图3-12　更换发动机机油时需要的材料

说明：当温度低于20 ℃时，排放机油工作应在热车熄火不久后进行，以便充分排放。

二、更换发动机机油和机油滤清器

1. 准备工作

（1）打开左侧前车门，戴上转向盘套、变速杆手柄套和座位套（见图3-13）。

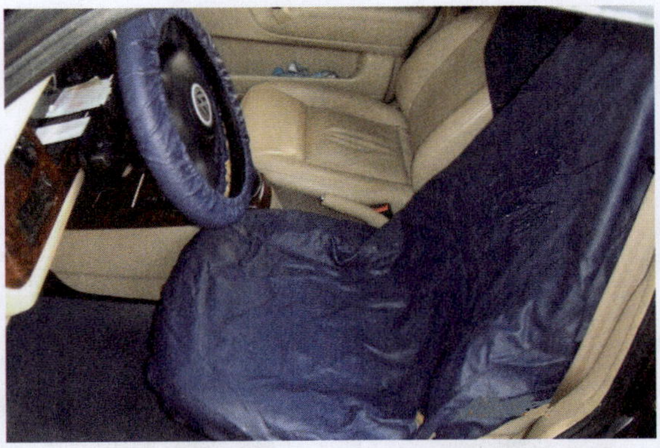

图3-13　戴上转向盘套、变速杆手柄套和座位套

（2）打开左侧前车门，拉动发动机机盖手柄，打开机盖保险钩，掀起发动机机盖，用撑杆固定机盖，再把左右两侧翼子板护垫贴在翼子板上（见图3-14）。

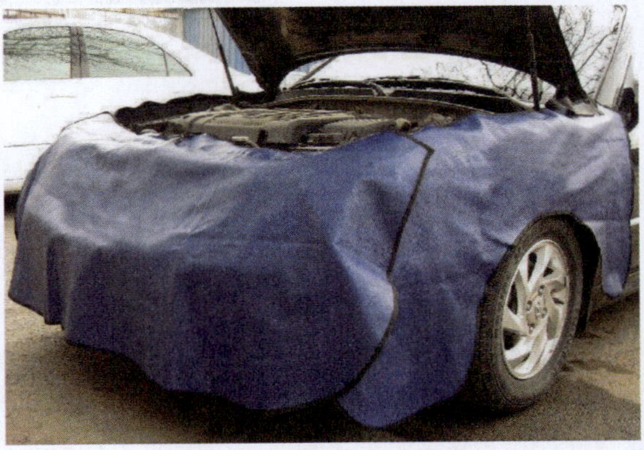

图3-14　安装翼子板护垫

2. 排放旧机油

（1）运转发动机，使其达到工作温度。旋开发动机加机油盖并放置在加注口上（见图3-15）。

图3-15　旋开发动机加机油盖

（2）安装举升机四个举升摆臂脚，支承座放置在车辆底部的规定举升位置，举升车辆开始上升，离地后应立即停止，依次检查举升机四个举升摆臂脚和车辆底部举升位置是否到位、正确，在车前上下按动车辆数次，应安全固定在摇臂支承脚上，确认无误后，举升车辆至适当高度，锁好举升机的保险（见图3-16）。

图3-16　举升车辆

注意：

① 为避免损坏车底或车倾翻，只允许在图3-16所示位置支承车辆。

② 车被支承起后，不允许启动发动机、挂挡，尤其一轮着地时，存在事故危险。

③ 当需要在车底工作时，务必用合适的物体卡住车轮。

（3）在油底壳下方放置旧油容器，找到油底壳的放油螺栓，慢慢拧开放油螺栓，小心不要接触到热油。让机油多滴下一段时间，检查放油螺栓，更换新的密封垫片，按规定力矩要求装复放油螺栓。注意，不要将螺栓拧得过紧，防止油底壳损坏（见图3-17）。

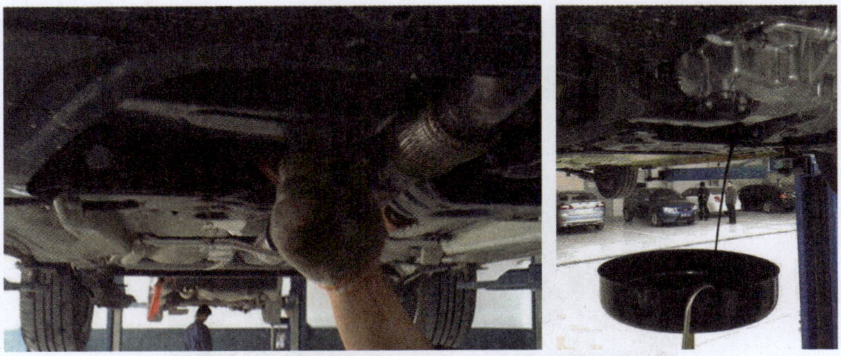

图3-17　放油螺栓和放置旧油容器放出机油

注意：小心热油，不要烫伤，油不要溅出收集装置。

3. 更换机油

（1）将盛油容器移到机油滤清器下方，使用机油滤清器扳手将机油滤清器拧松，再用手将其拧下（见图3-18）。

（2）参照维修手册选择合适的机油滤清器（见图3-19）。

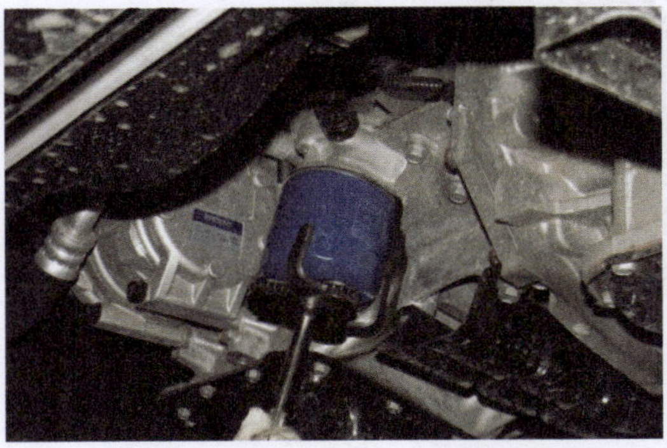

图3-18　使用机油滤清器扳手将机油滤清器拧松

图3-19　选择合适的机油滤清器

使用新机油涂抹新滤芯的接口垫圈。如果滤芯安装位置是垂直的，可以在滤芯中倒入一些新机油，这样可以在下次发动机启动时减少干摩。用手将滤芯拧入，按照指示的方法将滤芯拧紧（通常是用手将滤芯拧紧后再拧入3/4圈），如图3-20所示。

图3-20　使用新机油涂抹新滤芯的接口垫圈

将新机油倒入油底壳，可以使用漏斗，防止将机油倒在发动机外部（见图3-21）。

图3-21　将新机油倒入油底壳

检查发动机下部是否有泄漏。如果没有泄漏，放下车辆，检查机油尺，并启动发动机，启动后仪表上的指示灯应该立即熄灭（见图3-22）。

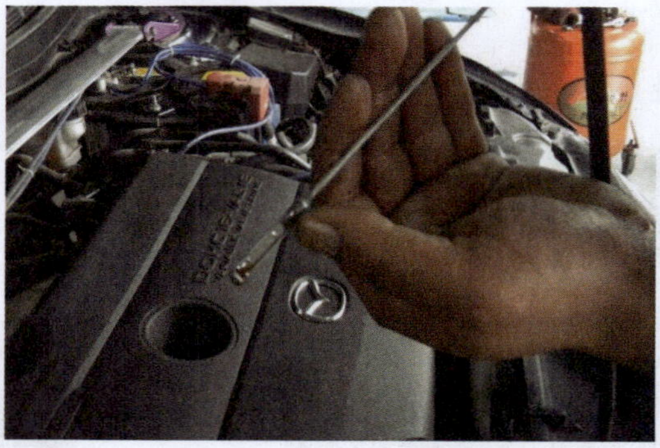

图3-22　检查机油尺

4. 检查机油油位

当发动机机油温度在正常工作温度（至少在60 ℃）时，将车辆水平放置。将发动机熄火后等待几分钟以便机油流回到油底壳，重复检查机油量。

检查步骤：

（1）拔出机油尺，用干净的擦布擦净后重新插回（见图3-23）。

图3-23　用干净的擦布擦净后重新插回

（2）再次拔出机油尺，读取机油油位（见图3-24）。

（3）检查机油的油位（见图3-25）。

图3-24　再次拔出机油尺

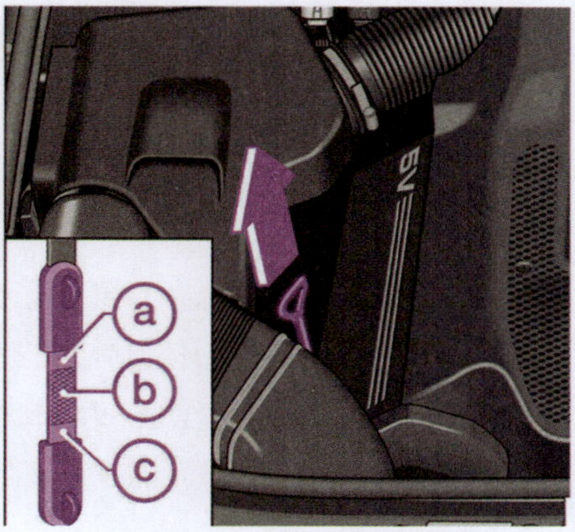

图3-25　检查机油的油位

图3-25字母含义如下：

a：机油油位上限（此时不可再添加机油）；

b：可加注机油（最多加注到位置a）；

c：机油油位下限（此时必须加注机油，可加注到b区，最多加注到位置a）。

（4）并根据当地法规处理旧机油和滤芯。

技能鉴定

实习记录表如表3-1所示。

表3-1　实习记录表

实习名称	更换发动机机油和机油滤清器	
需准备设备与工具材料等		
实习步骤	内　容	注 意 事 项
准备工作		
具体步骤		
反思		
教师评价	教师评分： 教师建议：	

课堂思考

简述更换发动机机油的注意事项及发动机机油的选择方法？

随堂练习

填空题

（1）当发动机机油温度在正常工作温度________时，将车辆________。将发动机________以便机油流回到油底壳，重复________。

（2）在准备工作时应先打开左侧前车门，戴上________、________和________等物品。

判断题

（1）油底壳放油螺栓垫片可以重复使用。（　）

（2）发动机可以使用任何牌号机油。（　）

（3）旧的机油滤清器滤芯可以放置在垃圾桶内。（　）

（4）发动机排放机油通常在热车情况下进行。（　）

任务二　检查冷却系统及更换防冻液

相关知识

汽车发动机在运转时会产生热量，过度的热量必须排放到空气中来保证发动机工作温度正常。另外，发动机刚启动时，温度很低也需要快速升温，以达到其正常的工作温度（见图3-26）。所以，要经常检查冷却系统及更换防冻液。

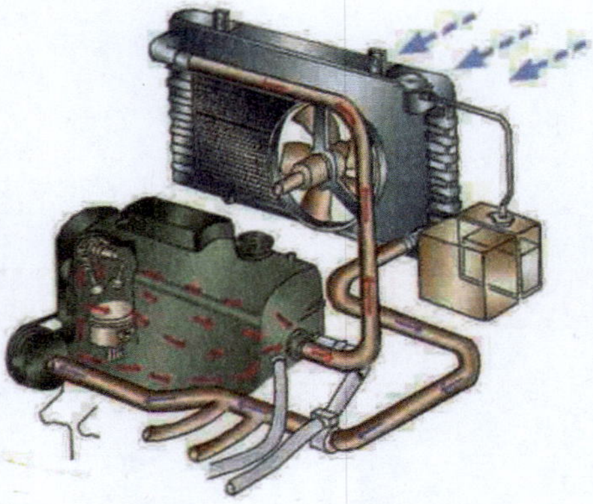

图3-26　发动机冷却系统

现代发动机全都采用全密封、带储液罐的强制液冷式冷却系统（见图3-27）。大多数车冷却系统储液罐盖采用压力式进/出气盖，而散热器上则不再有加液口盖，如丰田1ZR-FE发动机冷却系统。在开启这种储液罐时，最好是在冷车时进行。如果确需热车时开启盖，可在盖上垫块布，再逆时针小心旋转储液罐盖，若感到压力大、温度高，则不宜强行打开；否则冷却液可能会溢出，有烫伤人员、污染发动机舱的风险。

如果散热器上有压力盖，那么开启储液罐盖就没有风险。

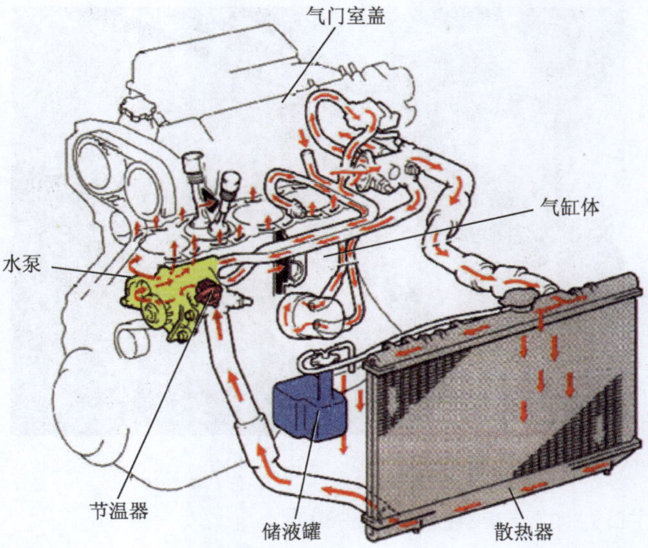

图3-27　强制液冷式冷却系统

防冻液（见图3-28）具有防冻、防锈、防腐、提高沸点和传递热量的作用，主要是乙二醇和水混合。它适用于各个季节。

一般汽车的防冻液每行驶40 000 km或每2年更换一次。

使用防冻液的注意事项：

（1）各型防冻液不可混用，如要更换所用防冻液牌号，应彻底放净并清洗冷却系统。

（2）防冻液主要成分是乙二醇，它是有毒的，应避免吸入。

（3）不要在汽车刚熄火后就进行排放防冻液的作业，因为此时的防冻液很热，不方便排放。

（4）一般原厂包装的防冻液是浓缩的，使用时要加纯净水调配。

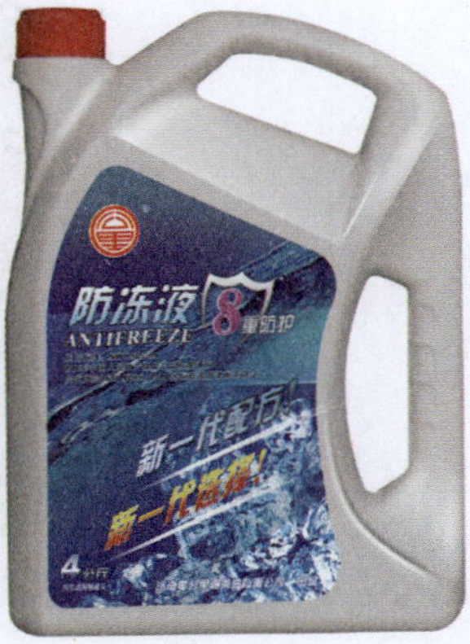

图3-28　防冻液

技能项目

实习名称	更换防冻液	实习目标	（1）掌握更换防冻液的方法。 （2）掌握防冻液的选择方法
使用器材	实习车辆、举升机、防冻液、防冻液回收器		

操作步骤

（1）放出防冻液（见图3-29）。在发动机下部放好接水盆，松开散热器排放塞，拆下散热器盖，松开气缸体上的排放塞。

（2）加注防冻液：

①上紧散热器排放塞和气缸体排放塞（力矩13 N·m）。

图3-29　放出防冻液

②从储液罐加注口处加入防冻液（见图3-30）。

图3-30　从储液罐加注口处加入防冻液

标准容量如表3-2所示。

表3-2　标 准 容 量

项　目	标　准　容　量
防冻液	手动变速驱动桥为5.6 L
	自动变速驱动桥为5.5 L

（3）从加液口处加防冻液，防冻液液位应在下限（MIN）与上限（MAX）之间（见图3-31）。用手挤压散热器进、出水软管一段时间，并检查防冻液液面。如过低，则再添加。

前提条件：A/C开关应在OFF挡位，将空调温度调至MAX（热），空调鼓风机设置于LOW（低速）。预热发动机直至节温器打开。用手挤压散热器进、出水软管一段时间，以便从冷却系统中放出空气。

（4）发动机冷机后，检查储液的液面，应在MIN与MAX之间。

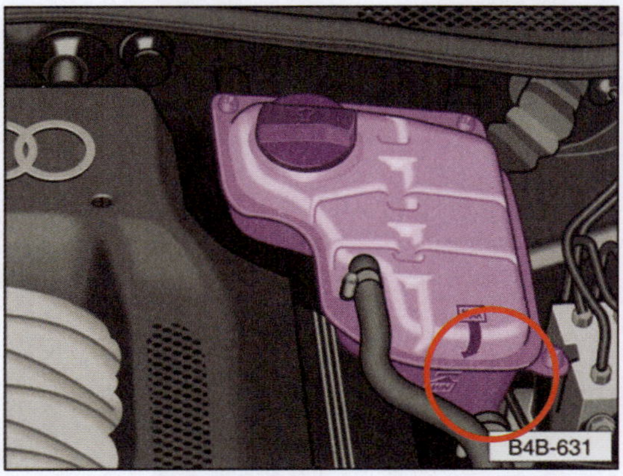

图3-31　防冻液液位应在下限（MIN）与上限（MAX）之间

技能鉴定

实习记录表如表3-3所示。

表3-3　实习记录表

实习名称	更换防冻液	
需准备设备与工具材料等		
实习步骤	内　容	注 意 事 项
准备工作		
具体步骤		
反思		
教师评价	教师评分： 教师建议：	

课堂思考

简述更换防冻液及选择防冻液的方法。

随堂练习

填空题

（1）检查储液的液面时，液面应在________与________之间，冷却液加至FULL线。

（2）防冻液作用：具有________、________、________、________和________的作用。

判断题

（1）发动机冷机后，检查储液的液面，应在MAX线以上。（　　）

（2）从储液罐加液口处加入防冻液。（　　）

任务三 更换汽油滤清器

相关知识

汽油滤清器的作用是过滤汽车燃油中的杂质，使供给发动机燃烧的燃油更纯净。一般的汽油滤清器每行驶7 000~20 000 km需要更换一次。

汽油滤清器（见图3-32）简称汽滤。汽油滤清器主要功能是滤除汽油中的杂质。

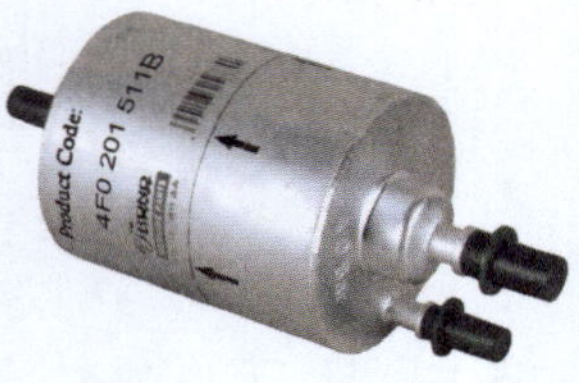

图3-32　汽油滤清器

发动机工作时，燃油在汽油泵的作用下，经过进油管进入汽油滤清器的沉淀杯中。由于此时容积变大，流速变小，比油重的水及杂质颗粒便沉淀于杯的底部，比油轻的杂质随燃油流向滤芯，而清洁的燃油从滤芯的微孔渗入滤芯的内部，然后经油管流出（见图3-33）

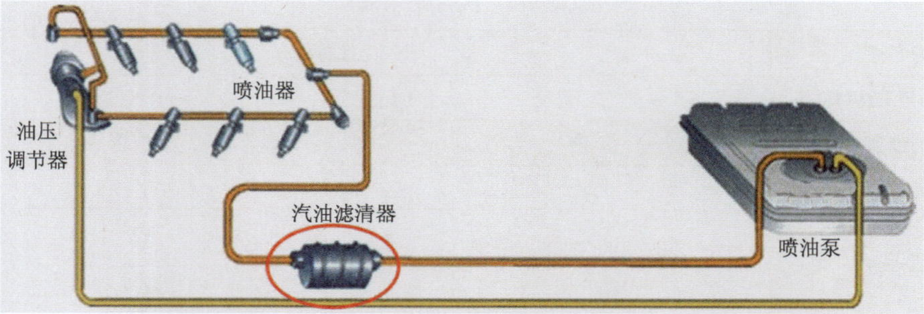

图3-33　供油系统

汽油滤清器的滤芯多采用滤纸（见图3-34），也有使用尼龙布、高分子材料的。汽油滤清器主要功能是滤除汽油中的杂质。

图3-34　汽油滤清器的滤芯

汽油滤清器过脏或堵塞，主要表现为：加速时，发动机加速无力，启动困难，有时候要打火2～5次才能打着。目前多数发动机上装的都是一次性不可拆洗式的纸质滤芯汽油滤清器，更换周期一般为10 000～20 000 km，如果汽油杂质多，应在7 600 km更换。汽油滤清器有进出油口箭头标记，更换时切勿装反（见图3-35）。

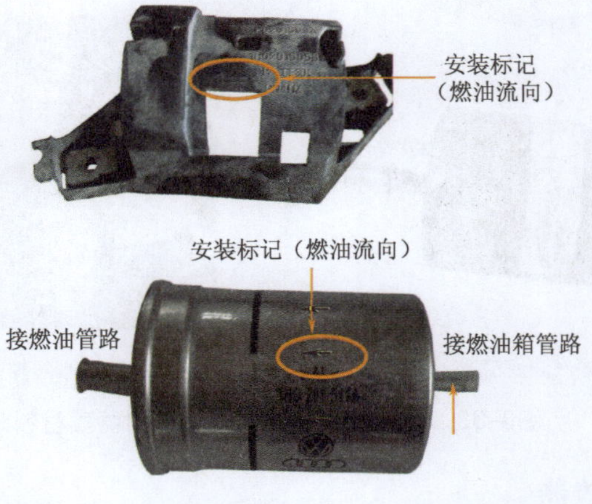

图3-35　汽油滤清器有进出油口箭头标记

技能项目

实习名称	更换汽油滤清器	实习目标	掌握更换汽油滤清器的方法
使用器材	实习车辆、举升机、汽油滤清器		

操作步骤

一、工具、设备和材料的选择

汽车的保养和修理要求使用各种专用工具和设备。这些专用工具和设备有特殊的使用方法，只有使用得当才能保证工作安全和准确。

1. 汽油滤清器扳手的选择

在拆卸汽油滤清器时要使用油管专用扳手（见图3-36）。

2. 根据学习任务选择工具

综合组套是拆卸螺栓最方便、灵活、安全的工具，在使用过程中，不易损坏螺母的棱角（见图3-37）。

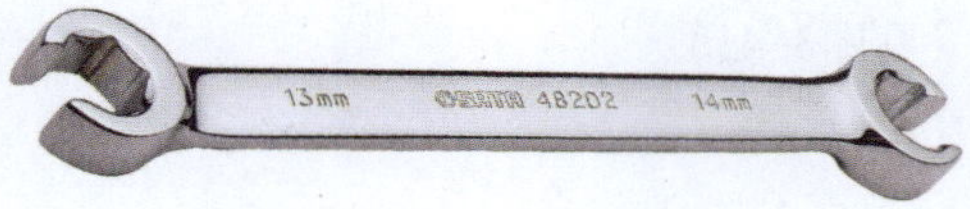

图3-36　油管专用扳手

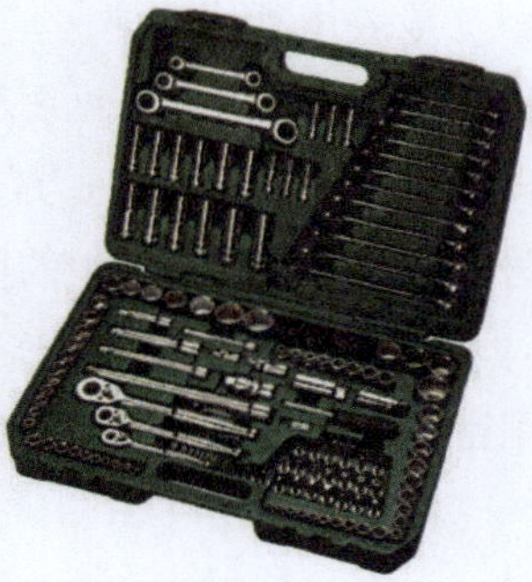

图3-37　综合组套

3. 材料

更换发动机汽油滤清器时需要的材料有汽油滤清器和防护三件套等（见图3-38）。

（a）汽油滤清器

（b）防护三件套

图3-38　更换发动机汽油滤清器时需要材料

二、更换汽油滤清器

1. 准备工作

（1）打开左侧前车门，戴上转向盘套、变速杆手柄套和座位套（见图3-13）。

（2）打开左侧前车门，拉动发动机机盖手柄，打开机盖保险钩，掀起发动机机盖，用撑杆固定机盖，再把左右两侧翼子板护垫贴在翼子板上（见图3-14）。

2. 更换汽油滤清器的注意事项

（1）一般建议每行驶15 000～20 000 km更换一次汽油滤清器。

（2）更换汽油滤清器或者对汽油系统进行养护时，严禁吸烟和使用明火。

（3）如果在养护操作过程中需要使用照明灯，则一定要确保所使用的照明灯是符合职业安全标准的。

（4）更换汽油滤清器必须在发动机冷机状态下进行，因为发动机热机时从排气管排出的高温废气也能够把燃油点燃。

（5）在更换汽油滤清器之前，应该按照汽车制造商指定的操作规程释放燃油系统中的压力。

（6）不能使用劣质汽油滤清器。劣质汽油滤清器往往会导致供油不畅，汽车动力不足甚至熄火。因杂质没有过滤，时间长了，油路和燃油喷射系统也会腐蚀受损。

3. 更换汽油滤清器的步骤

（1）在更换之前做好准备工作，首先要准备适合原车型号的汽油滤清器，其次就要准备使用的工具，一般要用到接油杯、密封红胶、油管卡箍、钳子、螺丝刀等工具。注意不能穿化纤衣服，以防静电的放电火花（见图3-39）。

（2）由于燃油系统内有压力存在，为避免在拆卸汽油滤清器时发生喷油或起火事故，要在断开燃油管路前释放燃油系统中的压力（见图3-40）。

（3）找到汽油滤清器位置之后，要将汽油滤清器从安装支架上拔下来。将接油杯放在油管下方，并用钳子拆掉原来两边的一次性管箍（见图3-41）。

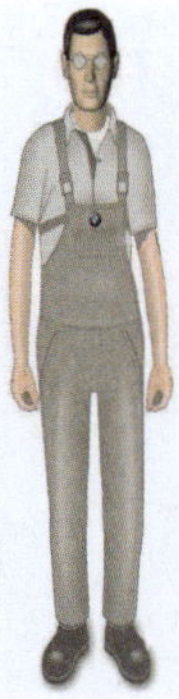

图3-39　不能穿化纤衣服

图3-40　释放燃油系统中的压力

图3-41　用钳子拆掉原来两边的一次性管箍

（4）将汽油滤清器的进油口的油管拔下，这时管内的燃油会溢出来，将里面的油引入杯子中。当流量小后，要套上管箍并尽快把新汽油滤清器的进油口接上，另一端接口暂时堵上（安装汽油滤清器时，要分清进油口和出油口，一般出油口在汽油滤清器上部，进油口在汽油滤清器下部，在汽油滤清器上用箭头表示汽油流动方向）。同时旧汽油滤清器的进油口也要堵上（见图3-42）。

图3-42　同时将新旧汽油滤清器的进油口堵上

（5）将旧汽油滤清器的另一端拔下，接入新汽油滤清器。并用钳子夹紧管箍（见图3-43），防止漏油。再把换好的汽油滤清器安装回原位。

（6）启动车辆并怠速运行一段时间，观察汽油滤清器接口部位有无漏油等现象，若没有则表明安装正确（见图3-44）。

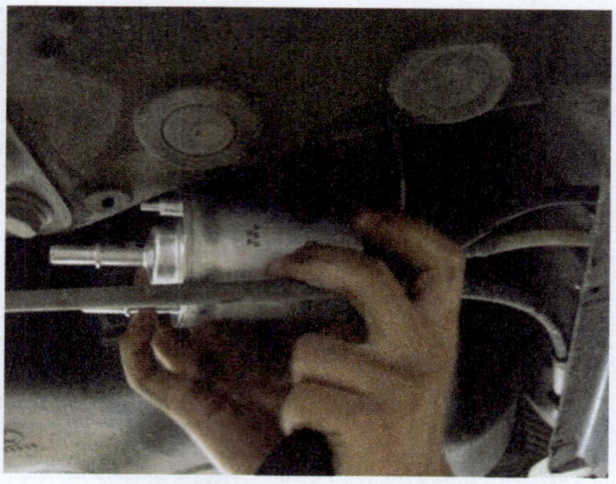

图3-43　用钳子夹紧管箍

若发现汽油滤清器软管出现由泥尘、机油等污垢造成的老化或裂痕时，需要及时更换该软管，以保证行车安全。

图3-44　检查汽油滤清器

将发动机熄火，如有渗漏应及时处理；如无渗漏则降落举升机，并撤离举升起摇臂支承脚，完工检查，撤掉工具与翼子板护垫，盖好发动机机盖。

技能鉴定

实习记录表如表3-4所示。

表3-4　实习记录表

实习名称	更换汽油滤清器	
需准备设备与工具材料等		
实习步骤	内　容	注 意 事 项
准备工作		
具体步骤		
反思		
教师评价	教师评分： 教师建议：	

课堂思考

如果不按照要求更换汽油滤清器会出现什么后果？

随堂练习

填空题

（1）汽油滤清器简称汽滤。汽油滤清器主要功能是________。

（2）一般建议每行驶________更换一次汽油滤清器，如果汽油杂质多，应在________更换。

判断题

（1）一般建议每行驶1 000 km更换一次汽油滤清器。（　　）

（2）更换汽油滤清器或者对汽油系统进行养护时，可以吸烟和使用明火。（　　）

（3）如果在养护操作过程中需要使用照明灯，则一定要确保所使用的照明灯是符合职业安全标准的。（　　）

（4）更换汽油滤清器必须在发动机冷机状态下进行，因为发动机热机时从排气管排出的高温废气也能够把燃油点燃。（　　）

（5）在更换汽油滤清器之前，不用释放燃油系统中的压力。（　　）

（6）不能使用劣质汽油滤清器。劣质汽油滤清器往往会导致供油不畅，汽车动力不足甚至熄火。因杂质没有过滤，时间长了，油路和燃油喷射系统也会腐蚀受损。（　　）

任务四　更换正时传动带

相关知识

正时传动带（timing belt）属于橡胶部件，随着发动机工作时间的增加，正时传动带和正时传动带的附件，如正时传动带张紧轮、正时传动带张紧器和水泵等都会发生磨损或老化（见图3-45）。一般在车辆行驶到60 000～100 000 km时应该更换，具体的更换周期应该以车辆的保养手册说明为准。

正时传动带是发动机配气系统的重要组成部分，通过与曲轴的连接并配合一定的传动比来保证进、排气时间的准确。使用传动带而不是齿轮来传动是因为传动带噪声小，传动精确，自身变化量小而且易于补偿。显然，传动带的使用寿命要比齿轮短，因此要定期更换传动带（见图3-46）。

图3-45　正时传动带

图3-46　正时传动带的使用

汽车发动机工作过程中，在气缸内不断发生进气、压缩、爆炸、排气四个过程。并且，每个步骤的时机都要与活塞的运动状态和位置相配合，使进气与排气及活塞升降相互协调起来，正时传动带在发动机里面扮演了一个“桥梁”的作用，在曲轴的带动下将力量传递给相应机件。

正时传动带一般由橡胶加上用来加强抗拉强度的金属丝和/或强力纤维构成，结构简单、成本低、噪声低、不需要润滑，但是使用寿命有限，需要定期更换。

正时传动带负责发动机各关键部位的准确协调，它对发动机的正常工作是至关重要的。一旦正时传动带损坏，气门、点火工作会停止或者混乱，发动机将不能工作。如果发动机的气门动作最低点和活塞上止点有重合，正时传动带一旦断掉，由于惯性，曲轴带动活塞继续上下运动而气门则由于凸轮轴停转而静止，某个气门可能停在最低点，当这个气缸的活塞运动到上止点的时候就会和气门发生碰撞，气门的上端是坚固的凸轮，不能运动，结果就是气门杆被撞弯，活塞顶被撞凹，严重的情况气缸盖还会被损坏。只要这种情况发生，发动机就需要大修。

一般在车辆行驶到60 000～100 000 km时应该更换，如果正时传动带张紧轮、正时传动带张紧器和水泵等发生磨损或老化应同时更换（见图3-47）。具体的更换周期应该以车辆的保养手册说明为准。

图3-47　正时传动带定期更换

技能项目

实习名称	更换正时传动带	实习目标	掌握更换正时传动带的方法
使用器材	实习车辆、举升机、正时传动带、常用组合工具		

操作步骤

一、工具和设备的选择

车辆在使用时要进行维护和维修，要完成维护和维修工作项目，修理工具是必备的物质条件。

所以，现在的汽车维修中有“三分靠技术，七分靠工具和设备”的说法，如何正确选用工具和设备对汽车维修来说是一项很重要的工作任务。

综合组套是拆卸螺栓最方便、灵活、安全的工具，在使用过程中，不易损坏螺母的棱角。在拆卸张紧轮时要使用专用工具（见图3-48）。

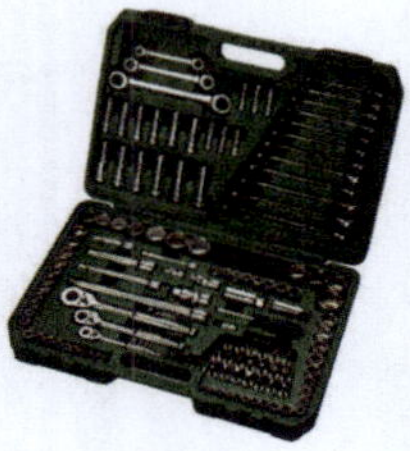

（a）综合组套

（b）专用工具

图3-48　综合组套和专用工具

二、拆卸正时传动带

1. 拆卸上防护罩

拆下发电机传动带及其张紧器（见图3-49）（若没有，可以省略此步骤）。将防护罩正面螺栓拧至OPEN位置（见图3-50）。

图3-49　拆下发电机传动带及其张紧器

图3-50　将防护罩正面螺栓拧至OPEN位置

向下搬动上防护罩后侧两个锁块（见图3-51），拆下正时传动带上护罩（见图3-52）。标出正时传动带旋转方向。

图3-51　拆下两个锁块

图3-52　拆下正时传动带上护罩

2. 拆卸发动机前支点

拧下发动机前支点的三个固定螺栓（见图3-53），拆下发动机前支点（见图3-54）。前支点固定螺栓紧固力矩为25 N·m。

3. 对正正时点

通过将曲轴带轮中央螺栓按发动机旋转方向旋转（见图3-55），将曲轴带轮上正时白色标识点与正时传动带下罩盖上白色标识点对齐（见图3-56），完成对正正时点的工作。中央螺栓力矩为90N·m+90°。

注意：三个螺栓长度不同，注意安装位置。

图3-53　拧下发动机前支点的三个固定螺栓

图3-54　拆下发动机前支点

图3-55　按发动机旋转方向旋转

图3-56　白色标识点对齐

4. 拆卸曲轴带轮

拆卸曲轴带轮的四个固定螺栓（见图3-57），同时使用专用工具3036固定正时带轮，防止在拆卸过程中破坏正时位置（见图3-58）。正时带轮螺栓紧固力矩为20 N·m。

注意：拆卸过程中不要破坏正时位置。

图3-57　拆卸曲轴带轮的四个固定螺栓

图3-58　使用专用工具固定正时带轮位置

5. 拆卸正时传动带中、下罩盖

拆卸曲轴带轮后，拆下罩盖五个固定螺栓（见图3-59），拆下正时传动带中、下罩盖（见图3-60）。螺栓紧固力矩为10 N·m。

图3-59　拆下罩盖五个固定螺栓

图3-60　拆下正时传动带中、下罩盖

6. 拆卸正时传动带

旋松正时传动带张紧轮（见图3-61），取下正时传动带（见图3-62）。正时传动带张紧轮螺栓紧固力矩为25 N·m。

注意：拆卸时要做标记和记录旋转方向，避免在安装时装错。

图3-61　旋松正时传动带张紧轮

图3-62　取下正时传动带

三、检查正时传动带

检查正时传动带是一项重要的内容。如果忽视了这一点，可能会导致发动机损坏的严重后果，如图3-63所示。

图3-63　定期检查正时传动带

四、检查张紧轮、导向轮和水泵

一般更换正时传动带的时候通常还会同时更换一些其他部件，常见的包括正时传动带张紧轮、导向轮（惰轮）和水泵。

张紧轮、导向轮和水泵一旦抱死，如果它又是通过正时传动带驱动的，那么这个巨大的阻力可能使得橡胶结构的正时传动带的凸齿吃不消而被扯掉或者扯断，从而导致正时传动带损坏，发动机停止工作甚至损坏。在更换正时传动带的时候会经常把张紧轮、导向轮和水泵一起换掉。

图3-64 张紧轮

（1）张紧轮（见图3-64）是带传动的张紧装置，自动调节传动带的张力。使传动带运行更加平稳，噪声更小，而且可以防止正时传动带打滑。

（2）导向轮（惰轮）（见图3-65）是改变传动方向的装置。能使传动带运行更加平稳，噪声更小。

（3）水泵（见图3-66）是由正时传动带带动运转的。当水泵损坏后运转阻力增大，从而导致正时传动带损坏。

图3-65 导向轮（惰轮）

图3-66 水泵

五、安装正时传动带

1. 将正时传动带安装在发动机上

将正时传动带正确地安装在曲轴正时齿轮、凸轮轴正时齿轮、导向轮（惰轮）、水泵等上面（见图3-67）。旋紧正时传动带张紧轮（见图3-68），并固定紧固张紧轮螺栓。正时传动带张紧轮螺栓紧固力矩为25 N·m。

图3-67 安装正时传动带

图3-68 旋紧正时传动带张紧轮

注意：正时传动带安装时要注意拆卸时所做标记和记录的旋转方向，避免装反。正时传动带张紧轮安装后，要按照其上所示箭头方向转动一定角度将正时传动带张紧。

2. 安装正时传动带中、下罩盖

安装正时传动带中、下罩盖（见图3-69），安装曲轴带轮后，紧固罩盖五个固定螺栓（见图3-70）。螺栓紧固力矩为10 N·m。

图3-69　安装正时传动带中、下罩盖

图3-70　紧固罩盖五个固定螺栓

注意：中罩盖与下罩盖共用中间部位的两个螺栓。

3. 安装曲轴带轮

同时使用专用工具固定正时带轮（见图3-71）。安装曲轴带轮的四个固定螺栓（见图3-72）。螺栓紧固力矩为20 N·m。

图3-71　使用专用工具固定正时带轮

图3-72　安装曲轴带轮固定螺栓

4. 对正正时点

通过将曲轴带轮中央螺栓按发动机旋转方向旋转（见图3-73），将曲轴皮带轮上正时白色标识点与正时传动带下罩盖上白色标识点对齐（见图3-74），完成对正正时点工作。中央螺栓力矩90N·m+90°

图3-73　按发动机旋转方向旋转

图3-74　白色标识点对齐

5. 安装发动机前支点

安装发动机前支点（见图3-75），拧下发动机前支点的三个固定螺栓（见图3-76）。前支点固定螺栓紧固力矩为25 N·m。

注意：三个螺栓长度不同，注意安装位置。

图3-75　拆下发动机前支点

图3-76　拆卸三个固定螺栓

6. 安装上防护罩

安装正时传动带上护罩（见图3-77），安装防护罩后侧两个锁块（见图3-78）。

图3-77　安装正时传动带上护罩

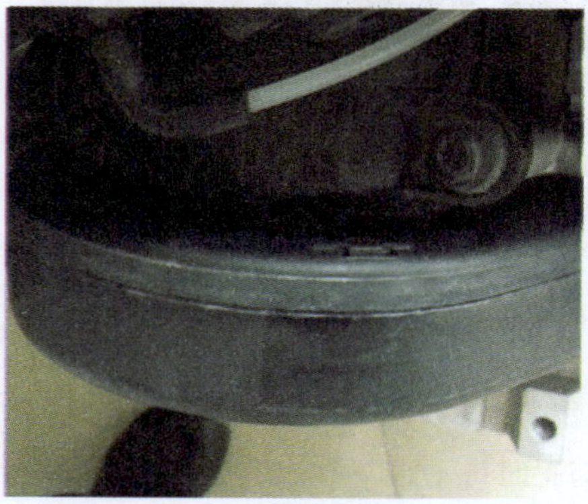

图3-78　安装防护罩后侧两个锁块

安装防护罩正面螺栓（见图3-79）。安装发动机传动带及其张紧器（见图3-80）。

图3-79　安装防护罩正面螺栓

图3-80　安装发动机传动带及其张紧器

7. 试车

安装完毕后进行试车，观察发动机工作情况，工作正常后，交车。

技能鉴定

实习记录表如表3-5所示。

表3-5　实习记录表

实习名称	更换正时传动带	
需准备设备与工具材料等		
实习步骤	内　　容	注 意 事 项
准备工作		
具体步骤		
反思		
教师评价	教师评分： 教师建议：	

课堂思考

（1）如果不按照要求更换正时传动带会出现什么后果？

（2）简述怎样检查正时传动带？

随堂练习

填空题

（1）一般在车辆行驶到________时应该更换。

（2）用曲轴转角表示的进、排气门开闭时刻和开启持续时间，称为________。

(3) 常用气门开启与关闭时相对于上止点与卡点与下止点曲拐位置的曲轴转角的环形图来表示，称为________。

(4) 正时传动带一般由橡胶加上用来加强抗拉强度的________构成，结构简单、成本低、噪声低、不需要润滑，但是________，需要________。

(5) 正时传动带一旦断掉，由于惯性，曲轴带动活塞继续上下运动而气门则由于凸轮轴停转而静止，某个气门可能停在最低点，当这个气缸的活塞运动到上止点的时候就会和气门发生碰撞，气门的上端是坚固的凸轮，不能运动，结果就是________，________，严重的情况会损坏________。

判断题

(1) 检查齿带各个部分，如有背面橡胶老化反光、指甲划过无痕迹、没有弹力等损伤时请换用新齿带。(　　)

(2) 当正时传动带出现背面橡胶有裂痕、帆布有裂痕、带齿底部有裂痕、侧面有裂痕等现象时不用换新齿带。(　　)

(3) 当正时传动带带齿出现异常磨损、掉齿现象时请换用新齿带。(　　)

(4) 正时传动带安装时要注意拆卸时标记和旋转方向，避免装反。正时传动带张紧轮安装后要按照其上所示箭头方向转动一定角度将正时传动带张紧。(　　)

(5) 将曲轴带轮上正时标识点与正时传动带下罩盖上标识点对齐。(　　)

简答题

(1) 对正正时为什么要先对正正时点？

(2) 正时传动带可否不换，为什么？

任务五　更换火花塞

相关知识

汽车什么时候更换火花塞（见图3-81）比较合适？通常情况下，普通铜芯材质火花塞的使用寿命为30 000 km，而贵金属材质火花塞（铂金、铱金）的使用寿命为60 000~90 000 km，不同车型汽车厂商所规定的保养周期不完全相同，具体更换周期以汽车厂商要求为准。

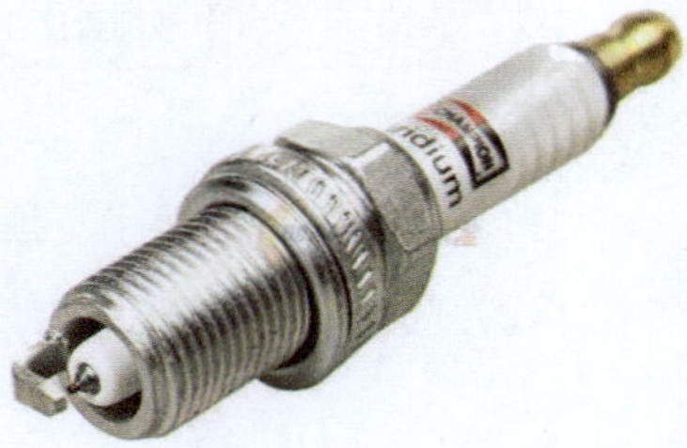

图3-81　火花塞

点火系统的作用

汽油发动机气缸内的可燃混合气在压缩终了时，经电火花点燃后燃烧，以产生的巨大能量，使发动机做功。在燃烧室内适时产生电火花的装置，称为点火系统。

点火系统有以下三项功用：

(1) 产生高压电。

（2）决定在哪个缸点火。

（3）决定点火提前角。

目前，点火系统有两种形式：双火花塞串联点火式点火系统和一体式点火系统（见图3-82）。

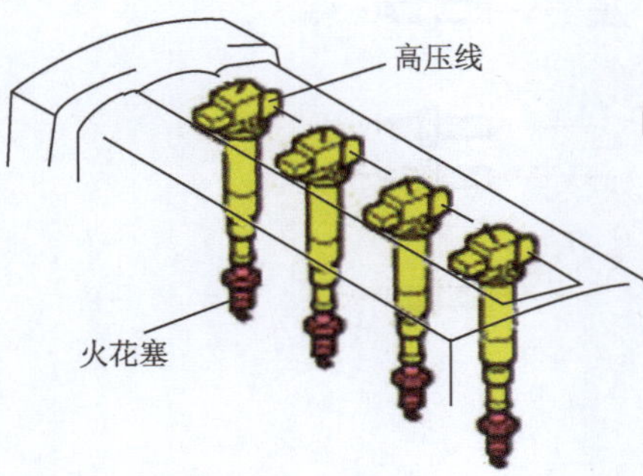

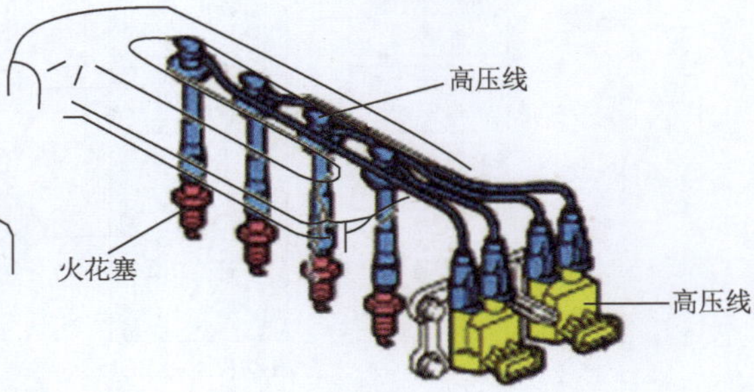

图3-82 点火系统

1. 双火花塞串联点火式点火系统的结构与工作原理

（1）双火花塞串联点火式点火系统的组成部分：双火花塞串联点火式点火系统除了发动机共有的蓄电池、ECU（电子控制单元）等，还有点火模块、点火线圈、火花塞、高压线圈等（见图3-83）。

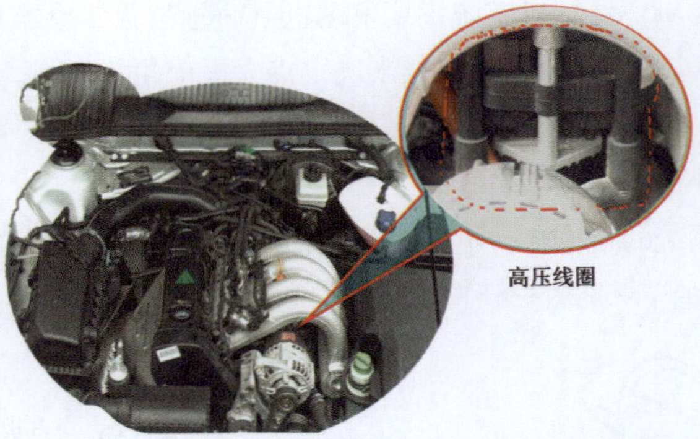

图3-83 双火花塞串联点火式点火系统的组成

（2）双火花塞串联点火式点火系统的定义：每两个气缸使用一个线圈，这两个气缸必须是伙伴缸，即活塞在气缸内运动必须是同上或同下的，如其中一个气缸处于压缩上止点时，另一个气缸处于排气上止点。

线圈串联的两个火花塞同时点火，每个气缸在每个工作循环点火两次，对于一个气缸来讲，在排气上止点点火是没用的，这种点火方式称为双火花塞串联点火式点火。

（3）双火花塞串联点火式点火系统的工作原理：在该点火系统内线圈是串联的，二次线圈、火花塞是串联的。

当二次线圈感应出高压电，电流只能从一个方向流动：电流从二次线圈的一端流出，通过一个火花塞的导线，通过一个火花塞，通过气缸盖，通过第二个火花塞，通过第二个火花塞导线，从二次线圈的另一端进入。

在双火塞串联点火式点火系统内，火花塞跳火从中心电极到接地的电极，但另一个火花塞是从接地的电极到中心的电极。造成发动机的一半火花塞是正向点火，而另一半是反向点火（见图3-84）。

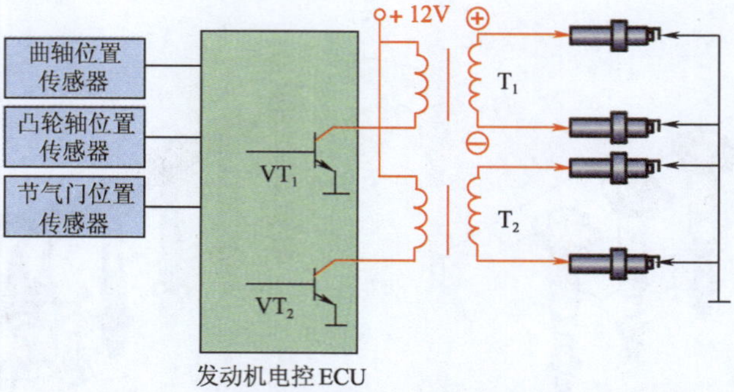

图3-84 双火花塞串联点火式点火系统原理图

（4）双火花塞串联点火式点火系统的计算机控制：

① 点火顺序的控制：在传统的点火系统和有分电盘的电子点火系统上，使用分火头分配高压电；无分电盘点火系统由计算机控制点火顺序。

在双火花塞串联点火式点火系统上，一个线圈连接的两个火花塞是同时点火的。计算机无须判断哪一个气缸在做功上止点，哪一个气缸在进气上止点，所以只要曲轴位置传感器向计算机提供上止点信号即可。

② 点火提前角的控制：计算机系统需要发动机（曲轴位置传感器）、负荷（MAF或MAP传感器）和温度（冷却液温度传感器）信号来决定点火提前角的大小。爆燃传感器提供爆燃信号，修正点火提前角。

2. 一体式点火系统的结构与工作原理

（1）一体式点火系统的结构：一体式点火系统除了发动机共有的蓄电池、ECU等还有点火模块、点火线圈、火花塞等（见图3-85）。

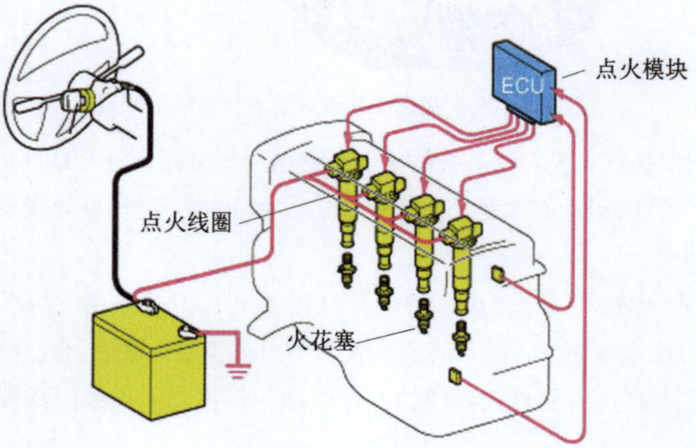

图3-85 一体式点火系的结构

（2）一体式点火系统的定义：一体式点火系统每个气缸都有各自的线圈。它的线圈和线圈控制系统是双火花塞串联点火式点火系统的2倍。

（3）一体式点火系统的计算机控制：

① 点火顺序的控制：在一体式点火系统上，发动机每完成一个工作循环，计算机按照做功顺序将各点火线圈激活一次，向各缸火花塞提供一次高压电。此时计算机既需要知道哪个缸在上止点，还需要知道上止点的位置。

所以，既需要曲轴位置传感器向计算机提供上止点信号，又需要凸轮轴位置传感器向计算机提供工作缸信号。

② 点火提前角的控制与双火花塞串联点火式点火系统是一样的。

3．火花塞

（1）火花塞（见图3-86）接受在点火线圈内生成的高电压，并产生火花，来点燃气缸内的混合气。高电压在中心电极和接地电极之间的间隙内产生电火花。

（2）火花塞的类型与特点：

① 电阻型火花塞：火花可产生电磁干扰使电子设备失灵，这一类型的火花塞含有陶瓷电阻器来防止这一现象发生（见图3-87）。

图3-86　火花塞

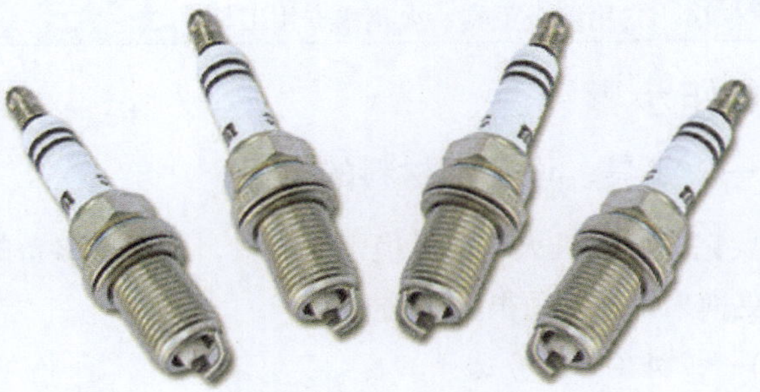

图3-87　电阻型火花塞

② 白金（铂）电极火花塞：这一类型的火花塞用白金作为中心细电极和接地电极。它在耐用性和点火性能上表现优越（见图3-88）。

③ 铱电极火花塞：这一类型的火花塞用铱合金作为中心电极，用铂作为接地电极。 它具有耐用性和高性能的双重优点（见图3-89）。

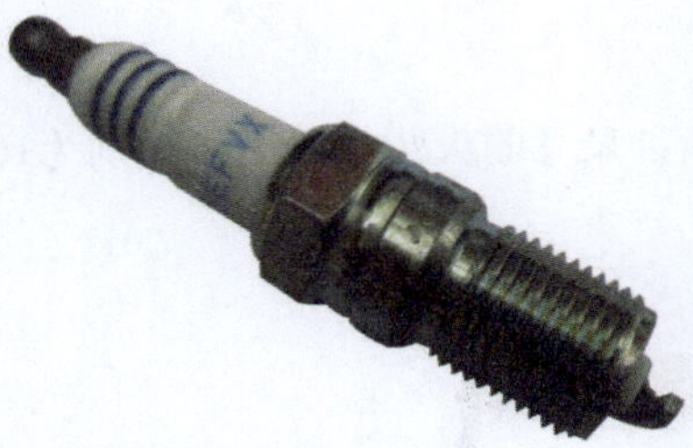

图3-88　白金（铂）电极火花塞

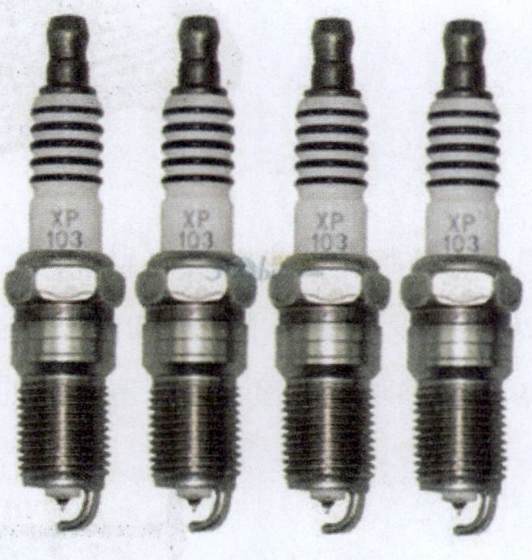

图3-89　铱电极火花塞

火花塞由绝缘体和金属壳体两部分组成，金属壳体带有螺纹，拧在发动机气缸上，在金属壳体中有一个中心电极，在中心电极与接地电极之间有很小的间隙，脉冲高压电击穿两个电极之间的空气，产生电火花，点燃可然混合气做功。大多经济型车常采用镍合金火花塞，只有中高档车才会使用铂金电极火花塞或白金电极火花塞（见图3-90）。

电阻型火花塞一般每行驶40 000 km（或2年）更换一次；白金（铂）电极火花塞和铱电极火花塞每行驶100 000 km（或5年）更换一次。

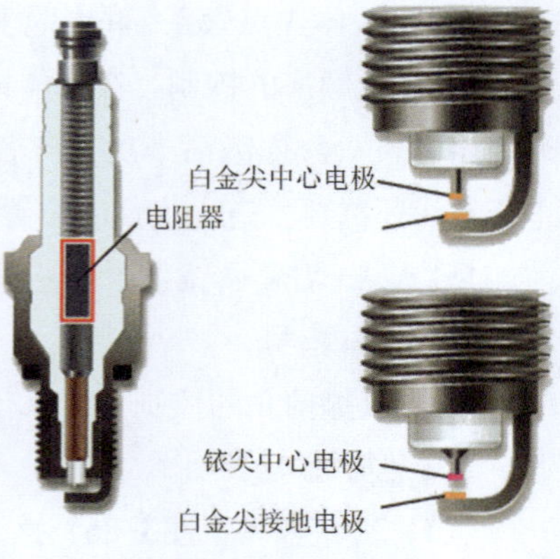

图3-90　火花塞结构

技能项目

实习名称	更换火花塞	实习目标	掌握更换火花塞的方法
使用器材	实习车辆、举升机、火花塞、常用组合工具、火花塞专用工具		

操作步骤

一、工具、设备和材料的选择

要完成发动机火花塞更换工作项目，工具是必备的物质条件。正确选用工具，对发动机火花塞更换来说是一项很重要的工作。

1. 根据工作任务选择工具

首先选用工作效率比较高的工具，这样的工具有助于车辆的保养。综合组套是拆卸螺栓最方便、灵活、安全的工具，在使用过程中，不易损坏螺母的棱角（见图3-91）。

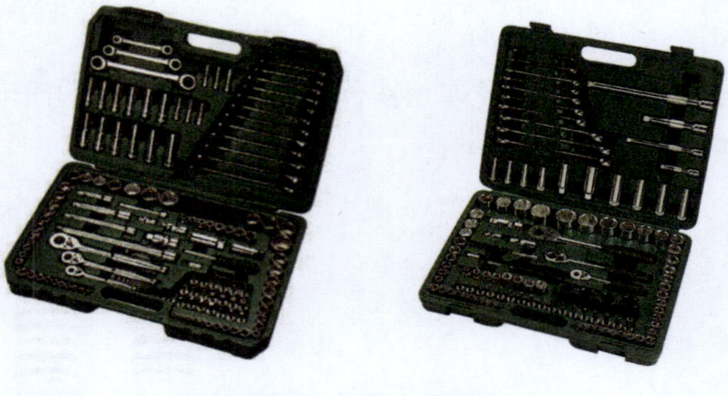
图3-91　综合组套

2. 选择拆卸火花塞专用工具

火花塞专用工具用于拆卸及更换火花塞。现有大小两种尺寸的火花塞，型号分别为16 mm和21 mm，拆卸时要检查火花塞工具的尺寸（见图3-92）。

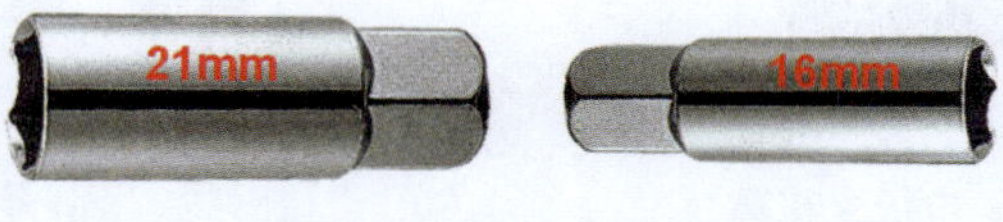

图3-92　火花塞工具专用有16mm和21mm

二、更换火花塞

图3-93　拆下发动机护板

（1）打开发动机盖。

（2）用T20内八角螺钉旋具拧下发动机护板上的六颗自攻螺钉（见图3-93）。

（3）断开EGR（废气再循环系统）插头。

（4）拔下连接点火模块的插头：用左手按下侧边的钢丝卡子，右手向下稍用力拔下点火模块插头（见图3-94）。

（5）轻轻地用双手提出点火模块。

（6）用火花塞套筒逆时针方向卸下火花塞（见图3-95）。

图3-94　点火模块插头位置

图3-95　卸下火花塞

三、根据火花塞颜色判断发动机的工作情况

火花塞的电极正常颜色为棕白色，如电极烧黑并附有积炭，则说明存在故障。检查时可将火花塞与缸体导通，用中央高压线触接火花塞的接线柱，然后打开点火开关，观察高压电跳位置。如电跳位置在火花塞间隙，则说明火花塞作用良好；否则，即需换新。

（1）正常的火花塞是浅棕色的（见图3-96）。

（2）发动机烧机油（见图3-97）：火花塞有严重积炭是机油流到了燃烧室，俗称烧机油。这种车排气管会冒出滚滚蓝烟。

图3-96　正常的火花塞

图3-97　发动机烧机油

（3）火花塞太湿（见图3-98）：火花塞的热值太低或者是电控系统故障。

（4）火花塞上有玻璃一样的东西（见图3-99）：火花塞粘有沙子，且该车空气滤清器密封有问题，结果沙子进到了燃烧室里，在燃烧高温的作用下沙子融化在了火花塞上。

图3-98　火花塞太湿

图3-99　火花塞上有玻璃一样的东西

（5）火花塞上有熔化的铝球（见图3-100）：熔化的铝火花塞上粘了很多小的熔化的铝球。这是因为点火角提前太多，结果点火的高温来不及散发，活塞熔化的铝球粘到了火花塞上。

（6）火花塞发白（见图3-101）：故障原因是混合气太稀，这会造成发动机过热。如果不处理，会使发动机出现严重故障。

图3-100　火花塞上有熔化的铝球

图3-101　火花塞发白

（7）火花塞上有黑色绒状积炭（见图3-102）：故障原因是空气滤清器太脏、汽油压力过高、油压调节器真空管断裂、氧传感器损坏、电控系统故障等。

（8）火花塞电极短路（见图3-103）：故障原因是发动机内部积炭太多，结果松了以后掉到火花塞上了，这时需要拆开发动机清理内部积炭。

图3-102　火花塞上有黑色绒状积炭

图3-103　火花塞电极短路

（9）火花塞烧蚀（见图3-104）：故障原因是火花塞热值匹配有误，点火角提前太多，混合汽稀，冷却系统温度过高，润滑系统缺机油等。

（10）火花塞中心电极变短（见图3-105）：故障原因是保养时没有更换火花塞。

（11）火花塞中心电极变圆（见图3-106）：故障原因是火花塞使用的时间太长了，这样的火花塞点火时耗电量很大，而且会使发动机工作不良。

图3-104　火花塞烧蚀

图3-105　火花塞中心电极变短

图3-106　火花塞中心电极变圆

（12）正常三极火花塞（见图3-107）。

（13）三极火花塞间隙过大（见图3-108）：在保养时要进行更换。

图3-107　正常三极火花塞

图3-108　三极火花塞间隙过大

（14）三极火花塞磁芯断裂（见图3-109）。

（15）火花塞中心电极变短（见图3-110），故障原因是保养时没有更换火花塞。

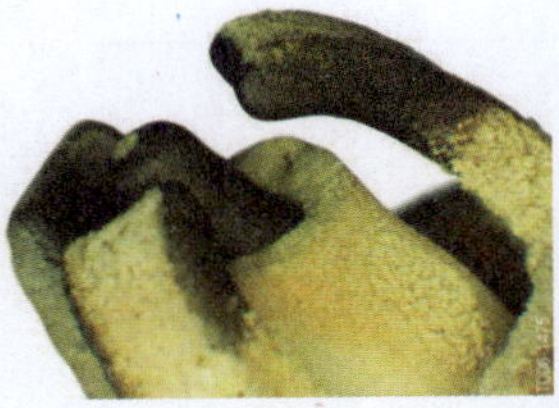

图3-109　三极火花塞磁芯断裂

图3-110　火花塞中心电极变短

四、安装火花塞

（1）用手将火花塞拧入气缸盖，防止乱牙（见图3-111）。

（2）安装单级铂金FR8NP火花塞。要求的紧固力矩为25 N·m，在没有扭力扳手的情况下，拧紧后再紧上1/8圈（见图3-112）。

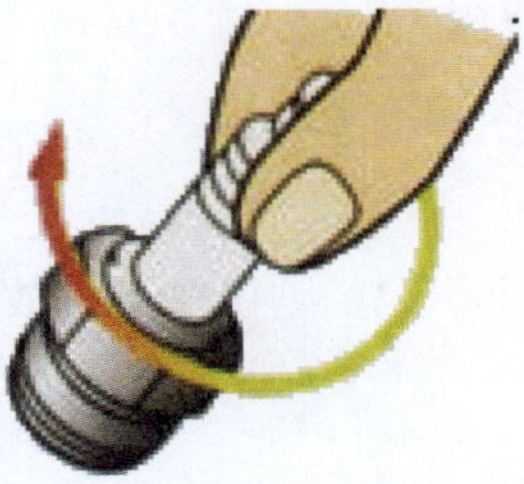

图3-111　用手将火花塞拧入气缸盖

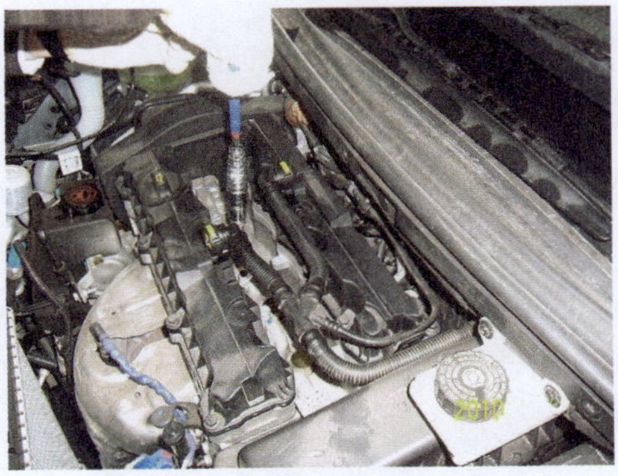

图3-112　安装火花塞

(3) 火花塞安装完毕后，开始装回点火模块。先把插头接回去，再紧固点火模块的四颗螺钉，接上EGR接口，装回发动机护板。

(4) 检查：启动发动机，把手放到护板上感觉，应怠速平稳；轻踏加速踏板，应反应迅速，加速良好。

技能鉴定

实习记录表如表3-6所示。

表3-6　实习记录表

实习名称	更换火花塞	
需准备设备与工具材料等		
实习步骤	内　容	注 意 事 项
准备工作		
具体步骤		
反思		
教师评价	教师评分： 教师建议：	

课堂思考

简述怎样通过火花塞判断发动机工作是否正常？

随堂练习

填空题

(1) 点火系统有三项功用：________、________和________。

(2) 点火系有两种形式：双火花塞________和________。

(3) 双火花塞串联式点火系统由________、________、________、________、________、________等组成。

(4) 一体式点火系统每个气缸都有________。它的线圈和线圈控制系统是双火花塞串联式点火系统的两倍。

(5) 白金（铂）电极火花塞用________作为________和接地电极。

(6) 铱电极火花塞用________作为中心电极，用________作为接地电极。

(7) 只有中高档车才会使用________或________。

(8) 火花塞的电极正常颜色为________，如电极烧黑并附有积炭，则说明存在故障。

任务六　检查及更换空气滤清器

相关知识

1. 空气滤清器的作用

空气滤清器的作用是滤去空气中98%～99%的污物，以减少气缸、活塞、活塞环、气门及气门座的早期磨损。有些发动机的空气滤清器还安装有共鸣器，共鸣器有助于降低吸气噪声。现代汽车大多使用纸质的一次性空气滤芯（见图3-113）。

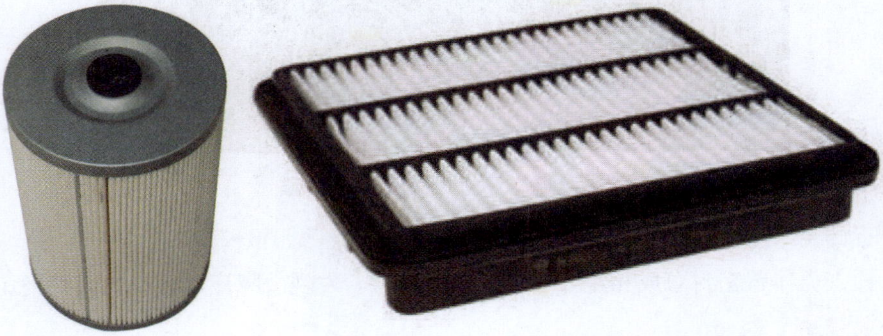

图3-113　空气滤清器

2. 更换空气滤清器滤芯的目的

由于空气滤清器位于进气道的入口处，在行车的过程中，空气中的尘埃、水分、油污被空气滤清器滤芯过滤，当纸质滤芯吸附了过多的污物后就会发生堵塞，进气量就会下降，发动机功率就会降低，此时就应更换空气滤清器滤芯。

一般汽车的空气滤清器每行驶 15 000 km（或1年）更换一次。

技能项目

<table>
<tr><td>实习名称</td><td>更换空气滤清器</td><td rowspan="2">实习目标</td><td rowspan="2">掌握更换空气滤清器的方法</td></tr>
<tr><td>使用器材</td><td>实习车辆、举升机、空气滤清器、常用组合工具</td></tr>
</table>

操作步骤

1. 拆卸空气滤清器滤芯

（1）断开进气温度传感器电气连接器。

（2）断开空气流量传感器电气连接器。

（3）松开进气管/空气流量传感器软管卡箍。

（4）拆卸进气管/空气流量传感器总成。

(5) 从节气门体和空气滤清器盖上小心拆卸进气软管。

(6) 拆卸壳体盖紧固卡箍（见图3-114）。

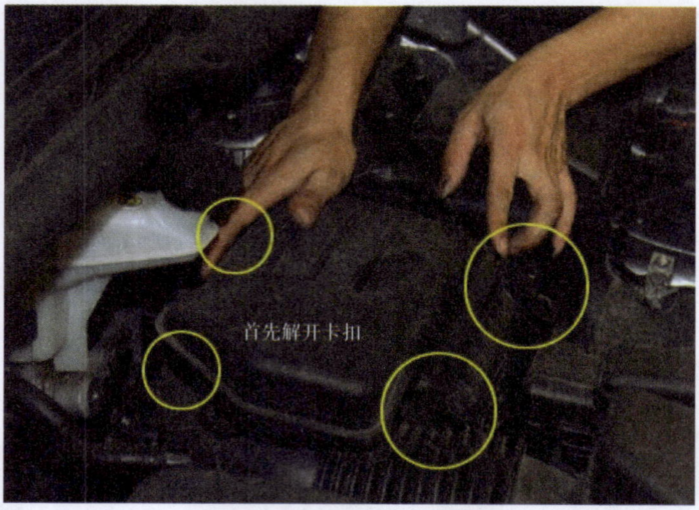

图3-114　拆卸壳体盖紧固卡箍

(7) 拆卸空气滤清器盖并小心取出空气滤清器滤芯（见图3-115）。

(8) 检查壳体盖密封总成和空气导管是否损坏，若发现故障应进行必要的更换。

2. 安装程序

(1) 将空气滤清器滤芯小心安装到空气滤清器总成上（见图3-116）。

图3-115　小心取出空气滤清器滤芯

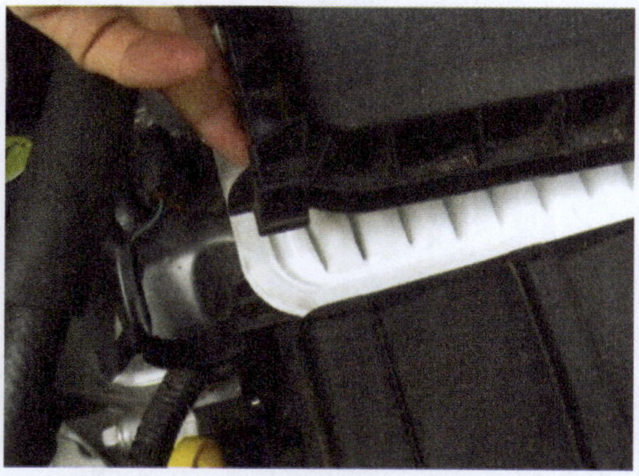

图3-116　将空气滤清器滤芯小心安装到空气滤清器总成上

(2) 重新安装壳体盖紧固卡箍（见图3-117）。

(3) 将进气软管重新小心安装到节气门体和空气滤清器盖上。

(4) 紧固进气软管卡箍。

(5) 重新安装进气管/空气流量传感器总成。

(6) 紧固进气管/空气流量传感器软管卡箍（见图3-118）。

(7) 连接空气流量传感器电气连接器。

(8) 连接进气温度传感器电气连接器。

图3-117　重新安装壳体盖紧固卡箍

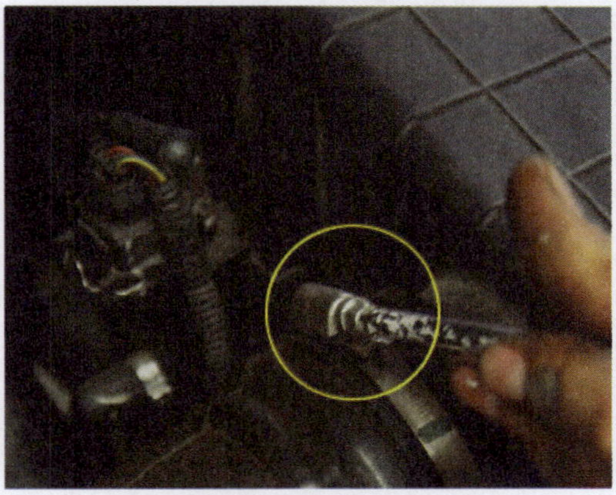

图3-118　紧固进气管软管卡箍

技能鉴定

实习记录表如表3-7所示。

表3-7　实习记录表

实习名称	更换空气滤清器	
需准备设备与工具材料等		
实习步骤	内　容	注 意 事 项
准备工作		
具体步骤		
反思		
教师评价	教师评分： 教师建议：	

课堂思考

为什么要更换空气滤清器？怎样选择空气滤清器？？

随堂练习

填空题

（1）空气滤清器的作用是滤去________，以减少________。

（2）空气滤清器安装在________。

（3）一般汽车的空气滤清器每行驶________更换一次。

简述题

简述更换空气滤清器的过程。

模块四

汽车底盘的检查与保养

本模块学习重点

汽车底盘的检查与保养模块的主要任务有：

任务一　变速器油的选择、更换及液面检查

任务二　转向系统的检查

任务三　轮胎的检查和维护

任务四　更换钳盘式制动器摩擦片

任务五　更换鼓式制动器摩擦片

任务六　更换制动液

汽车是由发动机、底盘、车身和电器电子设备四大部分组成的，底盘是汽车的基础。它由传动系统、行驶系统、转向系统和制动系统组成，其功用是接受发动机的动力，使汽车运动并保证汽车能够按照驾驶人的操纵正常行驶。其中，传动系统用于传递发动机动力；行驶系统用于支承整车质量和实现行驶；转向系统用于控制汽车行驶方向；制动系统用于控制汽车行驶速度。

底盘还起支承，安装汽车发动机及其各部件、总成，形成汽车的整体造型的作用，并接受发动机的动力，使汽车产生运动，保证正常行驶（见图4-1）。

传动系统具有减速、变速、倒车、中断动力、轮间差速和轴间差速等功能，与发动机配合工作，能保证汽车在各种工况条件下的正常行驶，并具有良好的动力性和经济性。

图4-1　汽车底盘

任务一　变速器油的选择、更换及液面检查

相关知识

变速器油（见图4-2）不仅能通过油压给挡位实施动力，而且还起到润滑、清洗变速器的功能。有的地方一年四季季节分明，春秋季节风沙多，加上道路拥堵、空气质量差，由于自然环境恶劣，再加之很多车主到了公里数也不换油，变速器油就会变黏稠、变黑、有异味，同时导致油耗变大，动力降低及机器故障。

图4-2　零公里变速器油

所以要定期检查和更换变速器油，让变速器的润滑和传力更有效率。

1. 变速器油的用途

变速器油有高的黏性指标和质量，可以承受齿轮啮合时产生的高压力。变速器油用于变速器、差速器或手动转向机构等的润滑（见图4-3）。

2. 变速器油的分类

变速器油和发动机机油一样也是按照其黏度（SAE分类）和质量等级（API分类）分类。

（1）SAE黏度分类：变速器油根据黏度指数分为75W、80W、85W、90W等。号数越大，黏度越高。在汽车中实际使用的变速器油是75W-90和80W-90。

（2）API 质量等级分类：考虑到不同类型齿轮的润滑要求，变速器油按照其极端抗压力性来分类。各等级变速器油及其使用情况如下：

图4-3　变速器油

GL-3：用于变速器和转向齿轮以及螺旋伞齿轮差速器。

GL-4：用于比GL-3要求更高的高速、低扭矩或低速高力矩条件。

GL-5：准双曲面变速器油的优势在于能承受极端压力；能承受强冲击负荷和高滑动速度。

技能项目

实习名称	变速器油量检查与更换	实习目标	（1）熟练变速器油量检查要领。 （2）熟练变速器油量更换技巧
使用器材	一般手工具、套筒组、扭力扳手、实习车辆、变速器油、油盆		

操作步骤

一、检查变速器油量

（1）将车辆驶入保养沟或用顶车机（千斤顶）顶起。

（2）首先检查变速器周围有无漏油迹象，如油污等。

（3）如图4-4 所示，在发动机未发动情况下，拆下变速器加油螺栓，用手指伸入加油口内检查油面高度，其油面高度应与加油口齐平；若是油量不足，须检查各油封、垫片及放油螺栓等处是否泄漏，并添加油量至规定油面高度。

二、更换变速器油

（1）更换变速器油，须在发动机达到工作温度时熄火更换。

（2）如图4-5 所示，拆下变速器放油螺栓时，小心不要被高热的变速器油烫伤；待变速器油放除干净后，依规范扭力锁紧放油螺栓。

（3）从加油螺栓或里程表传感器小齿轮处添加规定的变速器油（如SAE90号变速器油），直到规定的油面高度后，锁回加油螺栓。

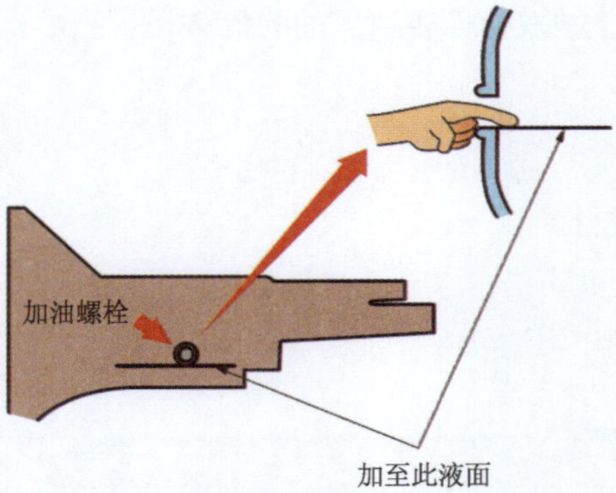

图 4-4 检查变速器油量

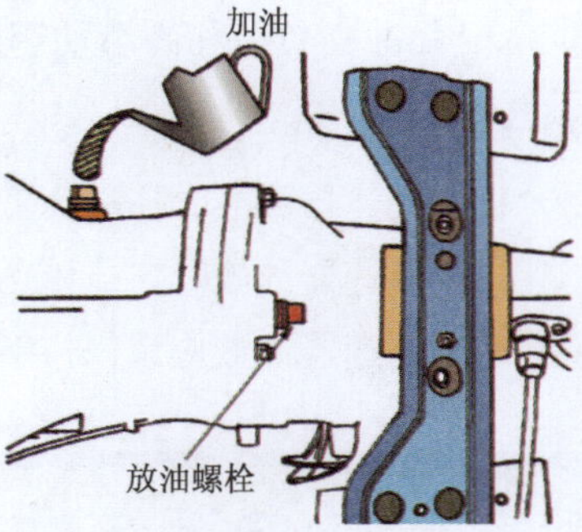

图4-5 拆下放油螺栓

(4) 废油应统一回收，不可随意倾倒，以免造成环保问题。

技能鉴定

实习记录表如表4-1所示。

表4-1 实习记录表

实习名称	变速器油量检查与更换	
需准备设备与工具材料等		
实习步骤	内 容	注 意 事 项
准备工作		
具体步骤		
反思		
教师评价	教师评分： 教师建议：	

课堂思考

变速器油是否可与自动变速器油互换使用？为什么？

随堂练习

填空题

(1) 变速器油有高的黏性指标和质量，可以承受________。变速器油按其用途分________、________或________等的齿轮油。

(2) 变速器油按照其黏度________和质量评估________分类。

(3) 变速器油根据黏度指数分为75W、80W、85W、90 W等。号数越大，黏度越高。在汽车中实际使用的变速器油是________和________。

(4) ________用于变速器和转向齿轮以及螺旋伞齿轮差速器。________用于比GL-3要求更高的高速、低扭矩或低速高力矩条件。________准双曲面变速器油的优势在于能承受极端压力。它能承受强冲击负荷和高滑动速度。

判断题

(1) 检查变速器油液时，应在低温状态下进行。(　　)

(2) 检查变速器油液时，应该达到检查螺栓孔下缘。(　　)

(3) 手动变速器油液应该保持新鲜的颜色和正常的气味。(　　)

任务二　转向系统的检查

相关知识

用来改变或保持汽车行驶或倒退方向的一系列装置称为汽车转向系统(steering system)。汽车转向系统（见图4-6）的功能就是按照驾驶人的意愿控制汽车的行驶方向。汽车转向系统对汽车安全行驶至关重要，因此汽车转向系统的零件都称为保安件。汽车转向系统和制动系统都是汽车安全行驶必须要重视的。

图4-6　汽车转向系统

汽车转向系统分为两大类：机械转向系统和动力转向系统。

完全靠驾驶人手力操纵的转向系统称为机械转向系统；借助动力来操纵的转向系统称为动力转向系统。动力转向系统又可分为液压动力转向系统、电动助力动力转向系统和气压动力转向系统。

一、机械转向系统

机械转向系统以驾驶人的体力作为转向能源，又称人力转向系统。机械转向系统一般由三部分组成，即转向操纵机构、转向器和转向传动机构（见图4-7）。

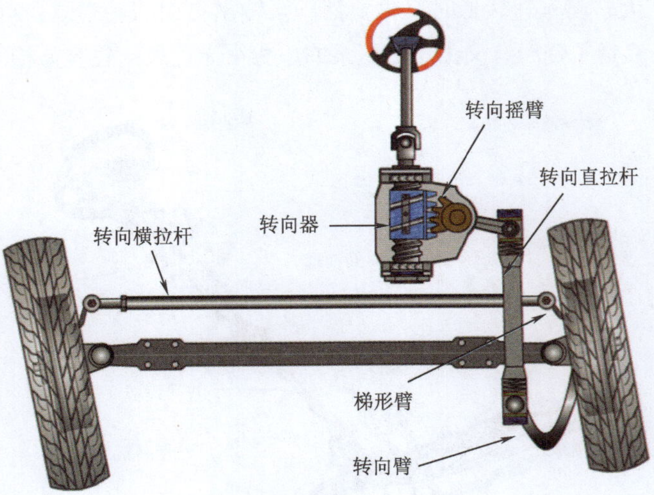

图4-7　机械转向系统

二、动力转向系统

采用动力转向系统的车辆转向所需的能量，在正常情况下只有小部分是驾驶人提供的，而大部分是发动机（或电动机）驱动的油泵（或空气压缩机）所提供的液压能（或气压能）。用以将发动机（或电动机）输出的部分机械能转化为压力能，并在驾驶人控制下，对转向传动装置或转向器中某一传动件施加不同方向的液压或气压作用力，以帮助驾驶人进行转向的一系列零部件，总称为动力转向系统（见图4-8）。

动力转向系统应用最广泛的是液压动力转向系统和电动助力动力转向系统。

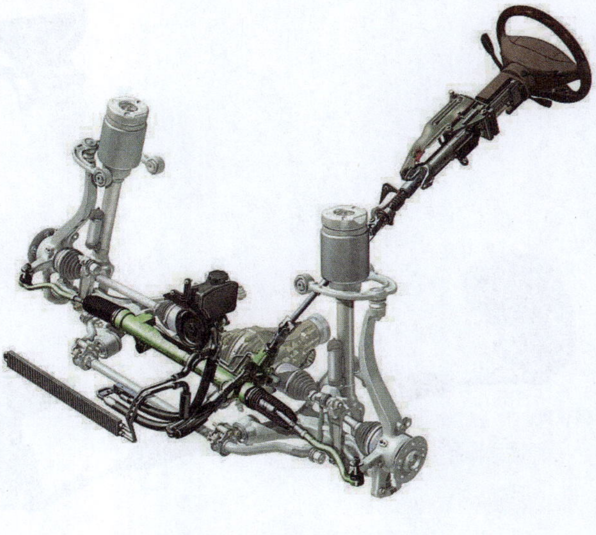

图4-8　动力转向系统

1. 液压动力转向系统

液压动力转向系统（Hydraulic Power Steering，HPS）是经济型动力转向系统，它一般由转向助力泵、回油管、储油罐、护罩、球头等部件构成（见图4-9）。无论车辆是否转向，这套系统都要工作，而且在大转向车速较低时，需要液压泵输出更大的功率以获得比较大的助力。所以，也在一定程度上浪费了资源。又由于液压泵的压力很大，故比较容易损害转向系统。

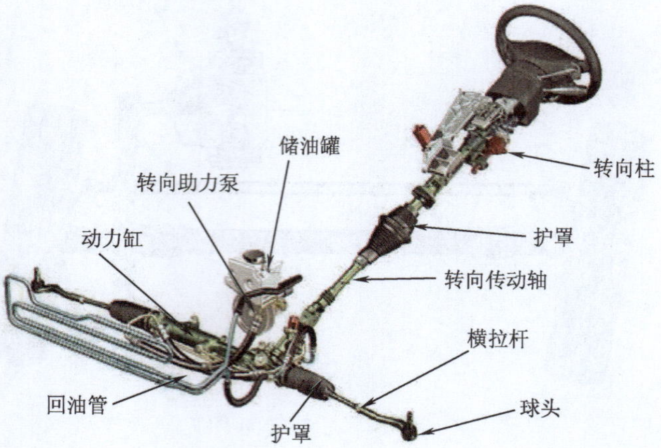

图4-9　液压动力转向系统

2. 电动助力动力转向系统

电动助力动力转向系统（Electric Power Steering，EPS）是一种直接依靠电动机提供辅助扭矩的动力转向系统，与传统的液压动力转向系统相比，液压动力转向系统具有很多优点。电动助力动力转向系统主要由转向力矩传感器、电动机、减速器和电子控制单元（ECU）等组成（见图4-10）。

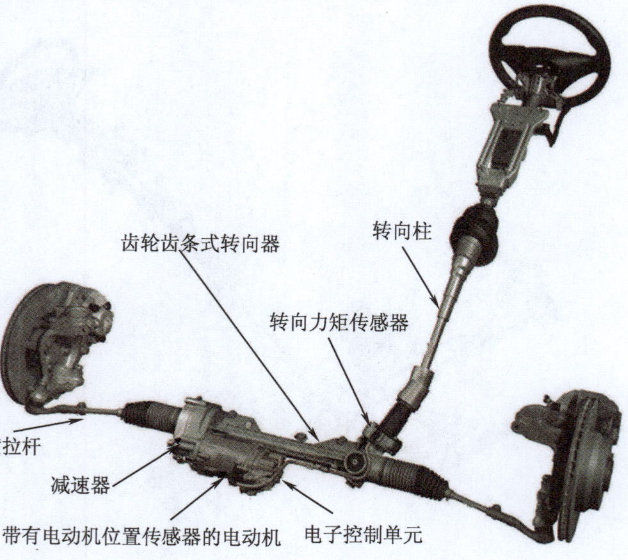

图4-10　电动助力动力转向系统

电动助力动力转向系统是汽车转向系统的发展方向。该系统由电动助力机直接提供转向助力，省去了液压动力转向系统所必需的转向助力泵、软管、液压油、传送带和装于发动机上的带轮，既节省了能量，又保护了环境。

技能项目

实习名称	转向系统的检查	实习目标	（1）掌握检查转向系统的方法和项目。 （2）掌握检查转向系统液位的方法
使用器材	一般手工具、套筒组、扭力扳手、实习车辆、转向助力油		

操作步骤

一、动力转向系统的常规检查

1. 油量检查

油容量（含油泵、油管及转向机总成）约1.0 L。

2. 油泵传动带紧度

（1）检查传动带是否磨损、破裂，必要时更换。

（2）以98 N的力推压传动带，传动带压下8 ~ 12 mm。

3. 转向盘扭力检查

把转向盘从直前方向旋转一圈（360°）后，转向盘外缘的拉动拉力应为29.4 N 左右。

4. 液压油泄漏检查

检查小齿轮壳、带盘、后壳与后盖、低压油管、齿条两侧末端、接头处、泵体及后盖等是否漏油。

5. 液压系统的测试

（1）测试时，切勿将转向盘固定在极左与极右处超过15 s，否则油温不正常升高，导致转向机和油泵的磨耗。

（2）慢车时的正常油压为5.2 ~5.8 MPa。

二、检查转向机构

1. 检查转向机构的松动与摆动

用手摇晃转向机构，检查有无松动或摆动（见图4-11）。

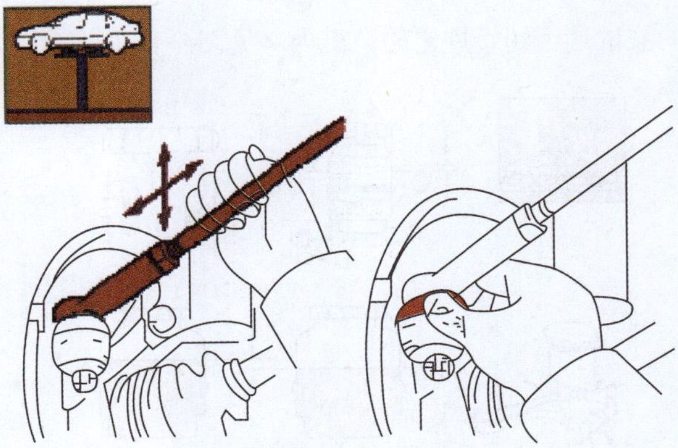

图4-11　检查动力转向机构

2. 转向盘的检查

（1）检查自由行程：在动力转向系统中，要使车辆在直行位置并在启动发动机情况下检查。左右轻轻转动转向盘至车轮快转动时，用一把直尺测量自由行程（见图4-12）。

注意：最大自由行程为30 mm。

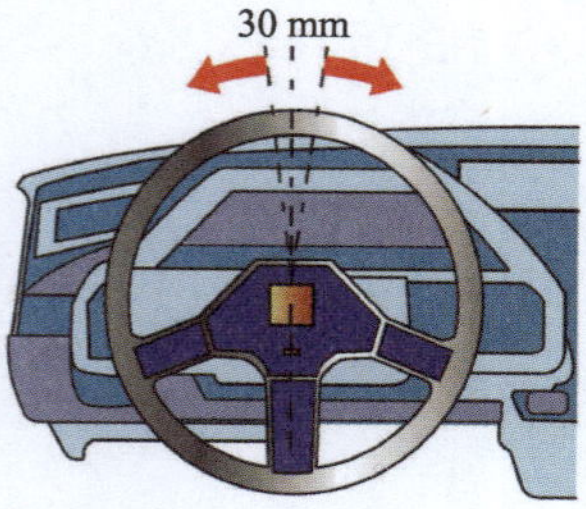

图4-12 测量自由行程

（2）检查松动和摆动：用两手握住转向盘，轴向地、垂直地或者向两侧移动转向盘，确保其没有松动或者摆动。

如果配备有可倾斜或可伸缩的转向盘或转向栓，要在转向盘整个移动范围内检查松动和摆动情况。

（3）检查锁止装置：当点火开关钥匙开到ACC位置时，转向盘应没有锁定（可自由转动）。

3. 转向机的检查

（1）转向油渗漏的检查：检查转向机壳、动力转向泵、油管及插头等处有无转向油渗漏。

（2）裂纹和其他损坏的检查：检查动力转向软管是否有裂纹或其他损坏。

（3）油质的检查：从储液罐中检查油液是否变白、起泡。若发生这些现象，表示动力转向系统的管路中存在裂纹或损坏并且已经进入空气（见图4-13）。

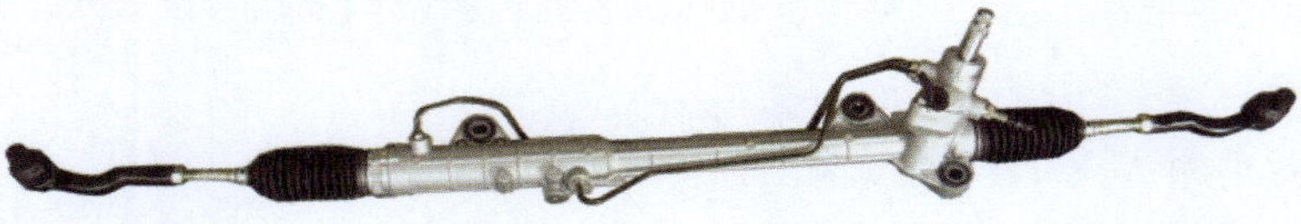
图4-13 转向机

三、液位的检查

（1）汽车每行驶10 000 km（或6个月）就要检查动力转向液位。

① 发动机怠速时，在保持汽车原地不动时转动转向盘数次，以便使动力转向液温度上升到70℃左右。然后，把转向盘转到中间位置。

② 停止发动机。

③ 检查储液罐中的液位是否处于规定的范围内（见图4-14）。

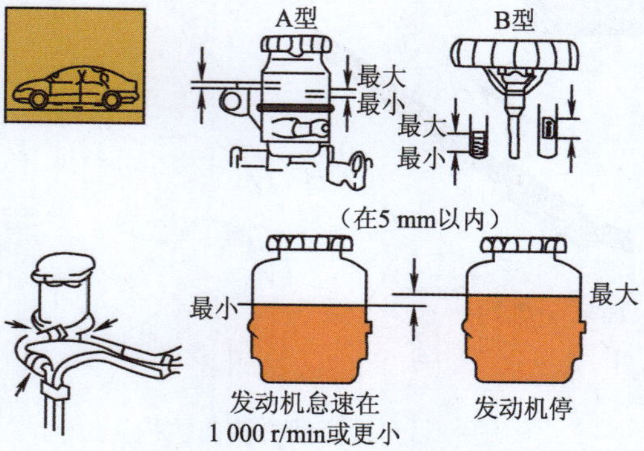

图4-14 动力转向液的检查

④ 检查发动机运行和停止时的液位偏差是否在5 mm以内。此时，检查液体是否起泡或者乳化。

注意：不要使转向盘完全停留在任何一侧超过15 s。

（2）添加油液：

① 液体渗漏检查：检查与储液罐相连的软管是否渗漏。

② 向储液罐添加动力转向液：动力转向液的规格见表4-2。

表4-2　动力转向液的规格

车　型	规　格
丰田	DEXRON® Ⅱ或DEXRON® Ⅲ
通用	
大众	

（3）检查：当油温在70℃左右时，油液在MIN和MAX两线之间；当油温在20℃左右时，液面应在MIN线处，如此时将液面加注MAX线处，热车转向时会有油溢出。

四、检查漏油

（1）启动发动机以怠速运转，使油温上升至60 ~ 80℃的工作温度。

（2）将转向盘向右或向左打到底，最多不得超过15 s，以免油温太高，导致油泵与齿轮过度负荷而磨耗。

（3）如图4-15所示，检查小齿轮壳、后壳与后盖、齿条左右两端、泵体、带盘、低压管、油管接头等处是否漏油。

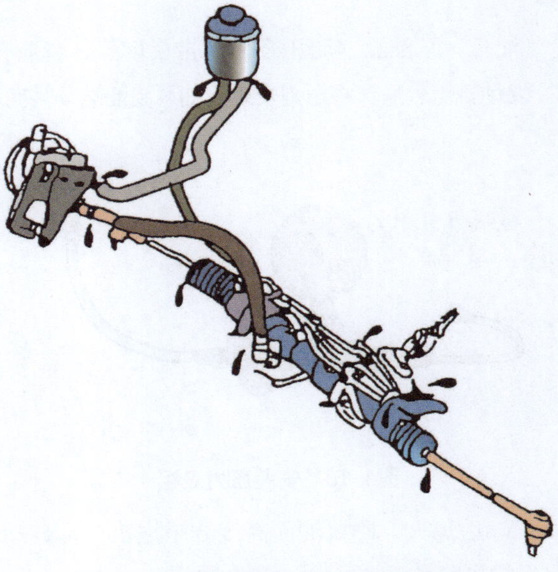

图4-15　检查转向系统是否漏油的部位

（4）接头处漏油，旋松接头螺母，再依规范扭力重新旋紧；若仍然漏油，则须维修或更换。

五、检查油泵传动带

（1） 检查油泵传动带是否裂化或损坏，如图4-16(a) 所示；检查传动带是否正确地安装在带盘上。

（2）如图4-16(b) 所示，以传动带紧度量具或大拇指施98 N在两带盘中央位置，检查传动带紧度，应合乎规范；必要时，予以调整。

(a) 传动带位置　　(b) 传动带紧度

图4-16　检查油泵传动带

六、转向盘始动拉力检查

（1） 轮胎胎压须合乎规范。

（2）地面须水平、干燥，并把驻车制动拉紧。

（3）启动发动机，将转向盘向右、向左打，以提升油温到40～60 ℃，但不要使油泵或齿轮负荷过大，造成磨耗。

（4）如图4-17所示，将转向盘从中间位置旋转一圈（360°）后，以弹簧秤勾住转向盘外缘，沿切线方向拉动，其始动拉力应合乎规范（一般在39.2 N以下）。

图4-17　检查转向盘始动拉力

七、检查油泵压力

（1）确认油面高度（油量）、油温、胎压及传动带紧度等，皆应合乎规范。

（2）如图4-18所示，发动机熄火后，将压力表组接油泵出油端及转向齿轮，并将关断阀打开。

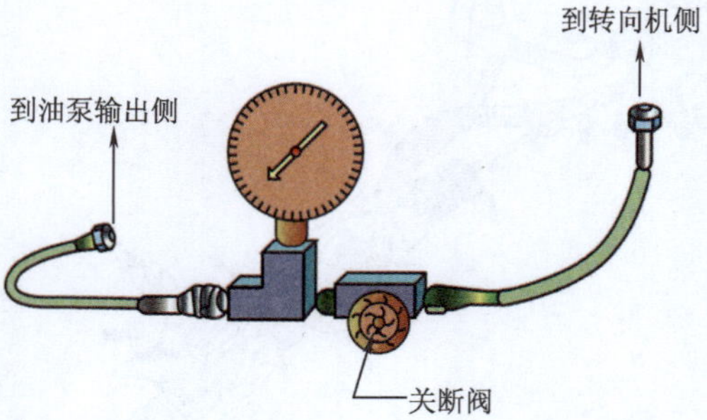

图4-18　安装压力表组

（3）启动发动机3 ～ 5 s后熄火，确认油面高度合乎规范，再启动发动机， 并使油温达到工作温度，进行系统内空气的排除。

（4） 将转向盘向左或向右打到底，以检查最大负载时的油压，应合乎规范（慢车时的正常油压为5.2～5.8 MPa）；把转向盘向左或向右打到底时，不可超过15 s，以免使油泵或齿轮负荷过大，造成磨耗。

(5) 若油压不合规定，则慢慢关闭关断阀，但不可超过15 s以上，以确定是转向机或油泵发生故障。若油压正常，表示油泵作用正常，可能是动力转向机齿轮损坏；若油压高于正常，可能是油泵的压力释放阀损坏；若油压低于正常，可能是油泵本身不良。

八、泄放系统内空气

(1) 根据顶车要领将车辆前部顶高。

(2) 确认油面高度合乎规范后，左右来回打动转向盘约十次，再检查油量；若有必要，添加至规定高度。

(3) 启动发动机，至油温达到60 ~ 80℃时，熄火检查油面高度；若有必要，添加至规定高度。

(4) 再次启动发动机，运转3 ~ 5 s后，熄火检查油量；若有必要，添加至规定高度。

(5) 再左右来回打动转向盘约十次后，再检查油面高度；若有必要，添加至规定高度。

(6) 重复步骤 (4)、(5)，直到系统内空气排除。若发动机启动中，打动转向盘时，储油器有气泡产生或油泵有噪声产生（油面太低时亦会产生噪音，须注意勿混淆），表示有空气尚未排出。

技能鉴定

实习记录表如表4-3所示。

表4-3　实习记录表

实习名称	转向系统的检查	
需准备设备与工具材料等		
实习步骤	内　容	注 意 事 项
准备工作		
具体步骤		
反思		
教师评价	教师评分： 教师建议：	

课堂思考

简述怎样更换转向系统助力油？

随堂练习

填空题

(1) 动力转向系统是利用发动机的动力来帮助驾驶人进行________。

（2）转向传动机构是________，通过这些杆和臂把________传送给________。

（3）现代汽车仅采用的转向机分别是________和________。

（4）用手摇晃转向传动机构，检查有无________或________。

（5）向左右方向轻轻转动转向盘，测量转向盘行程，标准自由行程为________。

（6）将前轮置于转角盘上，检查车轮转向角，最大转向时，内侧车轮转向角标准值为________，外侧车轮转向角标准值为________。

（7）车速在23～30 km/h时打转向盘90°，保持1～2 s后，放松转向盘应回到________，如果快速转动转向盘时可能在瞬间感到转向盘沉重，这不属于故障。

判断题

（1）如果自由行程大于标准值，应检查转向轴的连接部位和横拉杆球头的间隙。（　　）

（2）向左右方向轻轻转动转向盘，测量转向盘行程，标准自由行程为30～60 mm。（　　）

（3）检查转向盘回正力时，无论快慢转动转向盘，左右两侧的回正力都应相同。（　　）

（4）在维修转向系统时，可以不用专用工具拆卸转向横拉杆和转向节。（　　）

（5）动力转向系统中的常见故障有：转向沉重、单侧沉重、异响、噪声、漏油、转向盘抖动/打手、稳定性差、转向盘回正能力差等现象。（　　）

（6）汽车每行驶10 000 km（或6个月）就要检查动力转向液位。（　　）

（7）检查动力转向液位时，当油温70℃左右时，液面应在MIN和MAX两线之间；当油温在20℃左右时，液面应在MIN线处。（　　）

任务三　轮胎的检查和维护

相关知识

轮胎（见图4-19）是在各种车辆上装配的接地滚动的圆环形弹性橡胶制品。通常安装在金属轮辋上，能支承车身，缓冲外界冲击，实现与路面的接触并保证车辆的行驶性能。轮胎常在复杂和苛刻的条件下使用，它在行驶时承受着各种变形、负荷、力以及高低温作用，因此必须具有较高的承载性能、牵引性能、缓冲性能。同时，还要求具备高耐磨性和耐屈挠性，以及低的滚动阻力与生热性。

图4-19　轮胎

俗话说千里之行始于足下，作为车辆的“脚”，轮胎对于行车安全起着至关重要的作用，因此对于轮胎的养护就显得尤为重要。

轮胎是接触路面的唯一部件，支持三种基本性能：汽车的行驶、转动和停止。由胎面、胎侧、胎体（气帘层、胎体帘布层、钢丝带束层、冠带层）组成（见图4-20）。

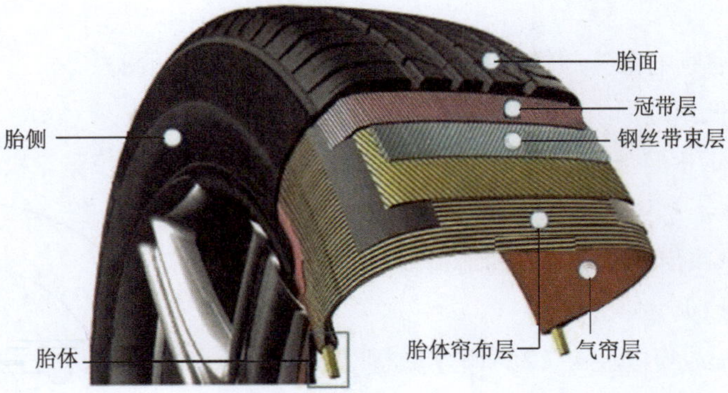

图4-20 轮胎的结构

技能项目

实习名称	轮胎的检查和维护	实习目标	(1) 掌握轮胎检查和维护的方法和项目。 (2) 掌握轮胎拆装方法。 (3) 能根据轮胎磨耗情况判断出故障所在
使用器材	一般手工具、无内胎式车轮、橡皮塞补漏器组、补胎胶片、补胎胶水		

操作步骤

一、轮胎的拆装

车轮经过若干距离行驶后，基于下列事项须实施轮胎拆装：

1. 调换轮胎

轮胎在使用过程中，因受驾驶习惯，车辆保养不善，胎压不正确及轮胎换位松懈等因素影响，胎面往往会出现不规则磨损，导致轮胎使用寿命缩短，车辆异常颠簸。一旦发现轮胎有不规则磨损的情况，可对轮胎进行换位，使胎面磨损更均匀，延长轮胎使用寿命。

为降低轮胎磨损不均匀现象发生，建议每行驶8 000～10 000 km时，对轮胎进行换位。轮胎换位应根据轮胎的不同特点采用不同的换位方法，具体可参照车辆使用手册或寻求专业技术人员的帮助。

当四个轮胎大小、形状完全一样时，轮胎换位的方法如图4-21所示。

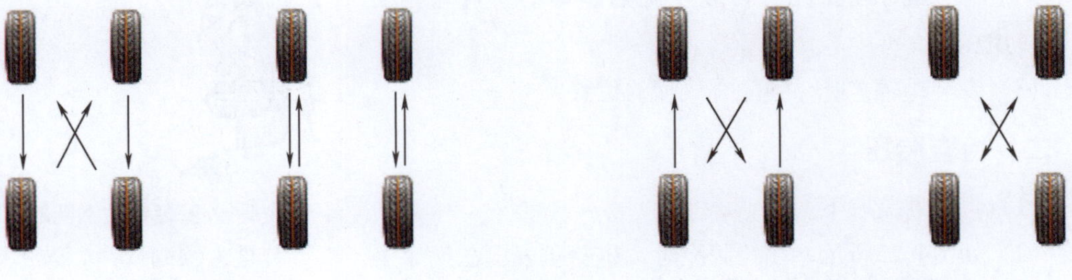

（a）前轮驱动的轮胎换位　　（b）后轮驱动的轮胎换位

图4-21 轮胎换位的方法

2. 拆卸车轮

（1）紧固车轮上所有的车轮螺母，然后将各车轮螺母松开两圈。

（2）将车辆降低到地面上。

（3）对车轮与轮毂配合很紧的车，可用力向两侧剧烈晃动车辆使车轮松动。自动挡车从行驶挡D 换到倒挡R；手动挡车移动变速杆让车辆向不同方向各移动1～2 m，并迅速用力地踩下制动踏板以使车轮松动。

（4）使发动机熄火并举升车辆。

（5）车轮螺母必须以图4-22的顺序紧固，以避免车轮、制动圆盘或制动鼓变形。

（6）拆卸车轮螺母和车轮的时候，不可将铝质车轮竖直放置。应将未经修整的车轮背面放在柔软清洁的表面上。在拆卸安装过紧的车轮时，不可用力过大，例如，锤击。而应当用手或橡胶锤轻敲轮胎侧壁。

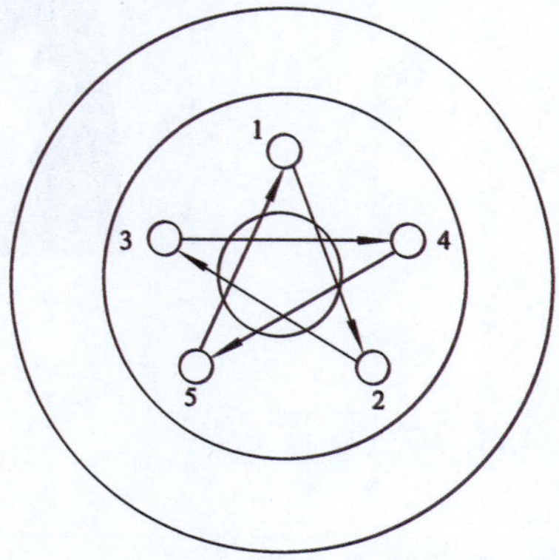

图4-22　轮胎螺栓拆装顺序

3. 安装车轮

安装时，依规范扭力及拆卸相反顺序进行，并注意下列事项：

（1）如图4-23所示（图中所示数字为安装顺序），车轮螺母先以手旋入数牙后，再依对角交叉方式均匀锁紧。须注意螺母的方向。

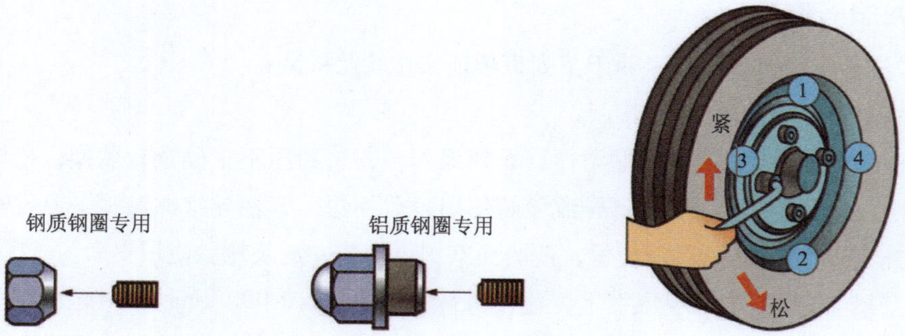

图4-23　对角交叉方式锁紧车轮螺母

（2）如图4-24所示，安装铝质钢圈的车轮时，须在车轮装置定位后，将车轮螺母略加锁紧，再轻轻将车轮向外拉，使螺母与车轮螺钉孔相配合，以手旋紧螺母后，再对角交叉、均匀地锁紧。

（3）安装轮辐盖时，须配合气嘴的位置。

图4-24　安装铝质钢圈的车轮

二、检查胎压

（1）将气嘴盖取下。

（2）如图4-25所示，在轮胎冷时，将胎压表压在气嘴上，不可有嗞嗞的漏气声；若不合规范，须加以充气。

（3）检查胎压或充气后，须以肥皂水检查气嘴是否漏气，确定无漏现象， 用手将气嘴盖锁紧，以防灰尘和水分渗入。

（4）轮胎充气程度应依负载多寡进行调整，一般小型车充气胎压不0.157～0.238 MPa。检查时，须以冷时轮胎胎压为测量基准，不可在行驶一段时间后，因轮胎温度升高，导致胎压升高，而采取降低胎压的动作。图4–26所示为胎压高低与路面接触的情形。

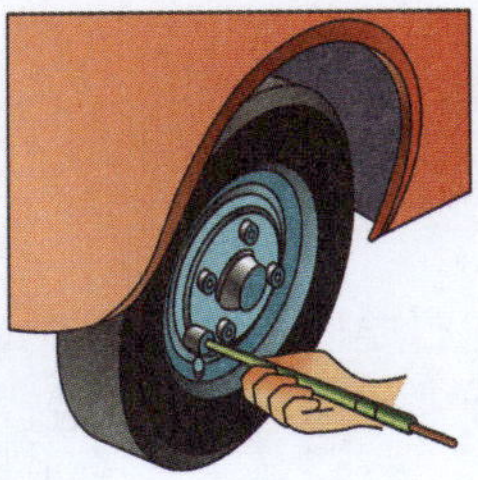

图4–25　检查胎压

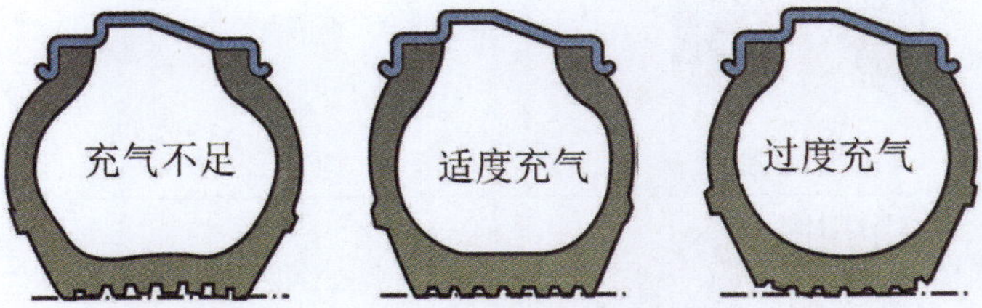

图 4–26　胎压高低与路面接触情形

①充气不足:胎面的两外缘与路面接触，胎壁过度扭曲，造成两侧快速磨损、转向困难，甚至爆胎等。

②适度充气:胎面与路面正常接触，轮胎性能得以发挥。

③过度充气:胎面中央与路面摩擦，造成胎面中央过度磨损、吸振不良及操控不易等。

三、检查轮胎

（1）清除胎纹沟内的碎石等杂物。

（2）检查胎面、胎壁有无破裂、穿孔或剥落等；必要时须更换轮胎。

（3）检查胎纹是否有裂痕或不正常磨损；必要时须更换轮胎。

（4）如图4–27所示，使用胎纹深度规量测胎纹深度，若少于1.6 mm 时，须更换轮胎。当胎纹磨损记号出现时，轮胎也须换新。

图4–27　使用胎纹深度规量测胎纹深度

四、不正常的轮胎磨损的处理方法

不正常的轮胎磨损，其形成的征兆、可能原因及处理方法如表4–4所示。

表4–4　轮胎磨耗的征兆、原理及处理方式

征　兆	可 能 原 因	处 理 方 式
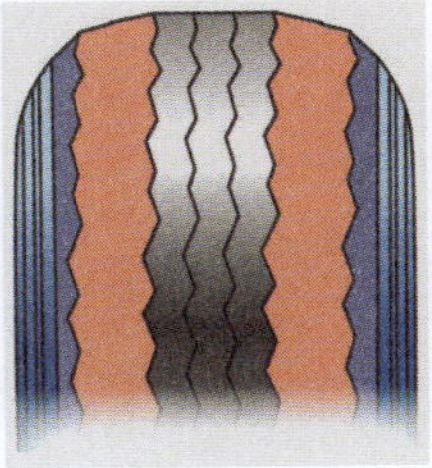 胎肩磨损	（1）充气不足（两侧磨耗）； （2）车轮外倾角不正确（单侧磨耗）； （3）转弯过急； （4）没有定期调换轮胎	（1）调整； （2）修理或更换车轴及悬架构件； （3）转弯减速； （4）定期调换轮胎

续表

征　兆	可 能 原 因	处 理 方 式
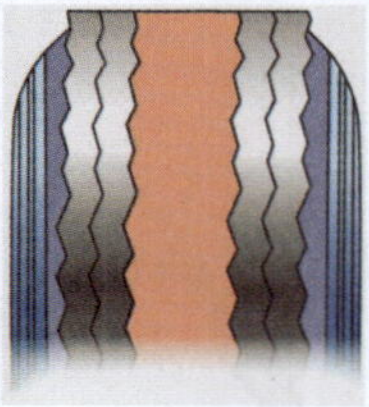 胎面中心磨损	（1）过度充气； （2）没有定期调换轮胎	（1）调整； （2）定期调换轮胎
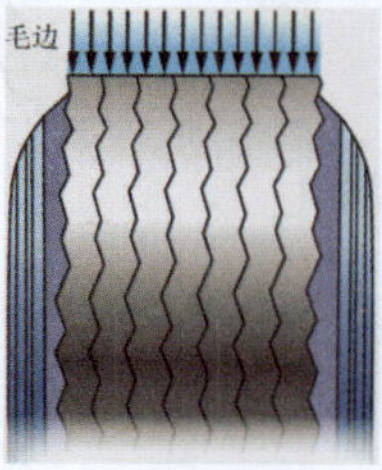 前束或前展磨损	前束或前展量不正确	调整
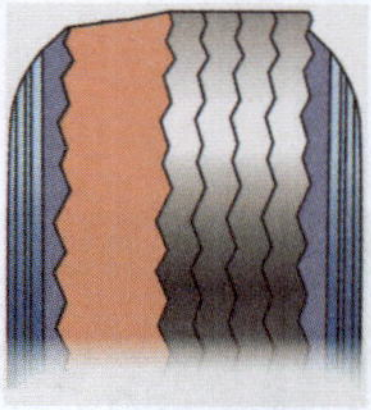 磨损不均	（1）外倾或后倾角不正确； （2）悬架作用不良； （3）轮胎不平衡； （4）制动鼓失圆； （5）其他机构状况； （6）没有定期调换轮胎	（1）修理或更换车轴及悬架构件； （2）修理、换新，必要时重装； （3）车轮平衡； （4）校正或换新； （5）定期调换轮胎

五、无内胎式车轮补漏方法

无内胎式车轮补漏方法有橡皮塞补漏法及冷补法两类。其中橡皮塞补漏法是直接由轮胎外侧将橡皮塞压入轮胎内，并使橡皮塞露出胎面2～3 mm处切除，由于橡皮塞直径约为一般破孔孔径的两倍大，可有效予以密封破孔，但是太大破孔不宜用此方式，可用冷补法修补。

冷补法须将车轮分解，再从轮胎内侧以补胎胶片修补，其密封效果较佳，但须分解车轮，较费时。

凡有下列情况时，应更换新轮胎，不可以修补方式处理：

（1）胎唇钢丝断裂或损坏者。

（2）胎唇或胎面脱落者。

（3）轮胎纤维损坏者。

（4）胎壁损坏者。

（5）胎纹低于规范的轮胎。

具体步骤：

1. 试漏

（1）将车轮充气到规范压力。

（2）将车轮浸入水槽中，逐步检查每一部位，尤其是气阀、胎唇与钢圈接合处及轮胎表面等是否有气泡产生，并在气泡产生处（即漏气处）作上记号；若是钢圈变形、不良，必须换新。

2. 补漏（以橡皮塞补漏法为例）

（1）去除漏气处的异物，如钉子等。

（2）如图4-28所示，以适当大小的圆锉清洁破孔。

（3）将接着剂（如硫化液）涂加在破孔的外部，并使接着剂自破孔处流入轮胎内侧。

（4）选用大小适当的橡皮塞，且橡皮塞直径至少须为破孔直径的两倍。如图4-29所示，先在橡皮塞表面涂加接着剂后，以穿针将橡皮塞从破孔处插入到轮胎内侧后，将露出轮胎表面2 ～3 mm处的橡皮塞切除。

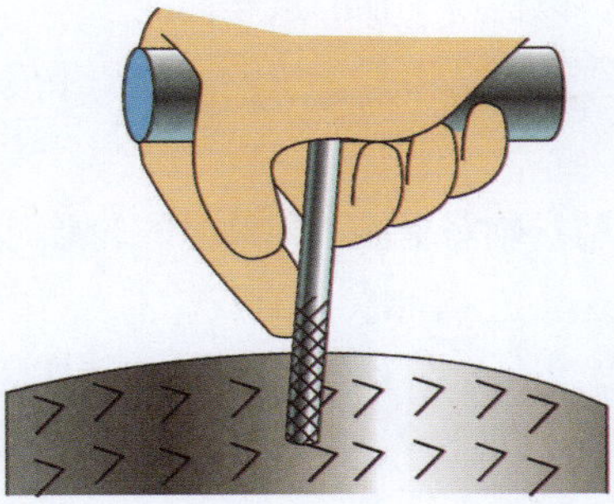

图4-28　清洁破孔处

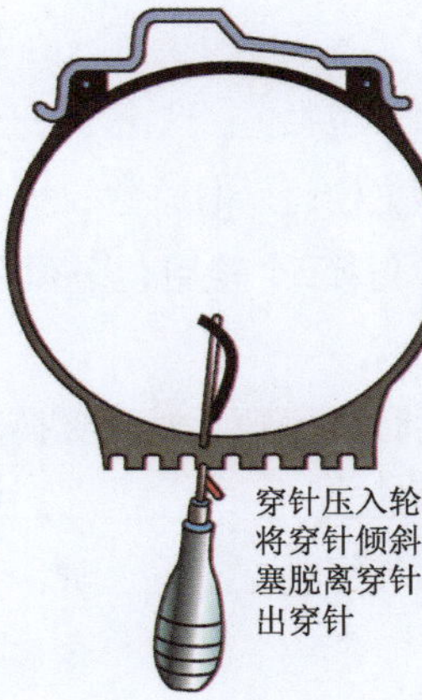

图4-29　塞入橡皮塞的方式

（5）充气到规范胎压，检查是否已不再漏气。

技能鉴定

轮胎的检查和维护实习记录表如表4-5所示。

表4-5　实习记录表

实习名称	轮胎的检查和维护	
需准备设备与工具材料等		
实习步骤	内　容	注 意 事 项
准备工作		
具体步骤		
反思		
教师评价	教师评分： 教师建议：	

课堂思考

（1）在路边紧急更换轮胎时，须注意哪些事项？

（2）辆行驶后，轮胎胎压较规范胎压高，可否放气以降低胎压？为何？

（3）你认为以橡皮塞补漏无内胎式车轮的作法，主要是以何种方式来达到防止车轮内的空气泄漏的？

随堂练习

填空题

（1）轮胎由________、________和________组成。

（2）保养项目包括________、________和________。

（3）当车辆更换轮胎时，建议同时至少________，以保持车辆的最佳性能。

（4）如选择更换2个轮胎，必须确保________、________和________（如子午线轮胎或斜交胎）都相同。

（5）换轮胎时，原则上要求更换与________的轮胎，确需更换不同尺寸的轮胎时，请先查询________建议的________、________、________和________等相关信息。

（6）当轮胎每行驶________时，对轮胎进行换位。

判断题

（1）在轮胎侧壁上可看到轮胎代码等标志。轮胎代码是由一组字母和数字组成的，它详细地说明了轮胎的尺寸和轮胎本身的限制数据，如载重指数和速度级别等。（　　）

（2）“速度级别”是一个对应于轮胎所支持的最大速度的数字，表示该轮胎所能承受的最低时速。（　　）

（3）在拆卸安装过紧的车轮时，不可用力过大，例如，锤击。而应当用手或橡胶锤轻敲轮胎侧壁。（　　）

（4）“载重指数”是一个对应于最大载质量的数值（单位为kg），规定了轮胎在正常充气情况下能够承受的最大负载。（　　）

任务四　更换钳盘式制动器摩擦片

相关知识

钳盘式制动器（见图4-30）是因其形状而得名的。它由液压控制，主要零部件有制动圆盘、分泵、制动钳、油管等。制动圆盘用合金钢制造并固定在车轮上，随车轮转动。分泵固定在制动器的底板上固定不动，制动钳上的两个摩擦片分别装在制动圆盘的两侧，分泵的活塞受油管输送来的液压作用，推动摩擦片压向制动圆盘发生摩擦制动，动作起来就好像用钳子钳住旋转中的盘子，迫使它停下来一样。钳盘式制动器散热快、质量小、构造简单、调整方便。

特别是高负载时耐高温性能好，制动效果稳定，而且不怕泥水侵袭，可在冬季和恶劣路况下行车。有些钳盘式制动器的制动圆盘上还开了许多小孔，以加速通风散热和提高制动效率。钳盘式制动器沿制动圆盘向施力，制动轴不受弯矩，径向尺寸小，制动性能稳定。

图4-30　钳盘式制动器

钳盘式制动器将制动器摩擦片推向带轮的制动器盘并产生摩擦，通过摩擦控制车轮转动，钳盘式制动器的总体构造如图4-31所示。

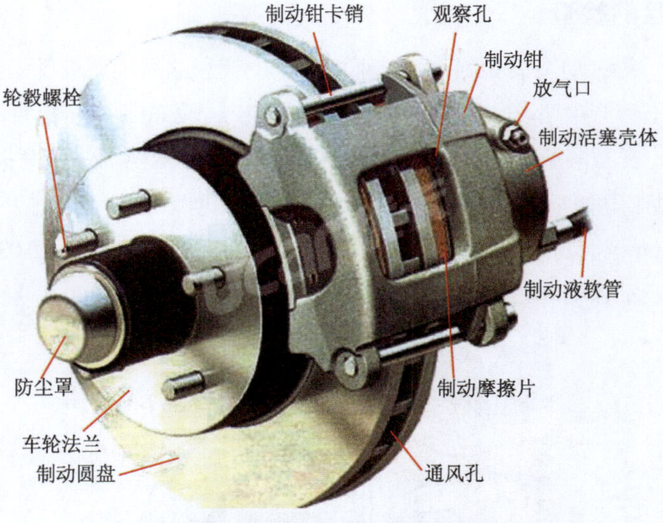

图4-31　钳盘式制动器的总体构造

技能项目

实习名称	更换钳盘式制动器摩擦片	实习目标	(1) 掌握检查钳盘式制动器的方法和项目。 (2) 掌握测量钳盘式制动器的方法
使用器材	一般手工具、套筒组、实习车辆、油管扳手、游标卡尺、百分表（含磁座）、千分尺、扭力扳手、制动液、尼龙软管、油盆		

操作步骤

一、制动器摩擦片的检查

每行驶10 000 km维护时，应对各个车轮的制动块磨损情况进行检查：

（1）找出最大磨损处。

（2）测量制动器摩擦片的厚度不能小于7 mm（见图4–32）。

图4–32　测量制动器摩擦片的厚度

二、制动圆盘的检查

在制造过程中，对制动圆盘和制动面的平面度、厚度和端面跳动进行了严格控制。但在使用过程中，制动圆盘上会产生凹坑，可能导致制动时制动力不足和制动踏板抖动。制动圆盘表面的粗糙度也十分重要，表面粗糙度不够会导致制动跑偏和制动器摩擦片快速磨损，必须更换。

使用千分尺检查制动圆盘的厚度及平行度。测量制动圆盘圆周四个以上点的厚度（见图4–33），其厚度不可小于10 mm，而其制动圆盘各处的厚度差（不平行度）不可大于0.03 mm，以免造成车轮（轮胎）的振动导致车辆损坏，必须更换。

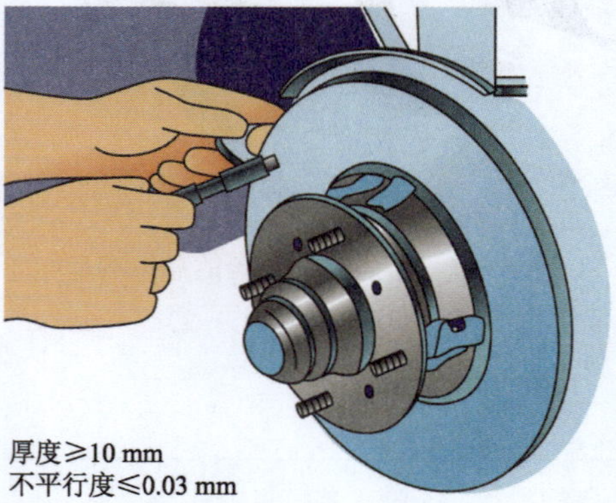

图4–33　测量制动圆盘的厚度

三、制动圆盘端面跳动的检查

（1）将变速杆挂在空挡位置。

（2）拆卸制动圆盘。

（3）用两车轮螺栓将制动圆盘紧固在轮毂上。

（4）将百分表固定在制动钳上。

（5）将测量头调整到距离制动圆盘外缘约10 mm处，垂直于制动圆盘并预压缩（见图4-34）。

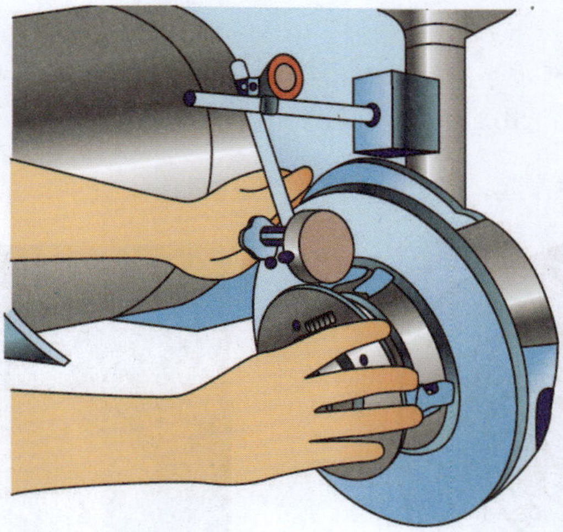

图4-34　检查制动圆盘端面跳动

（6）转动制动圆盘一周，观察百分表指针的摆动范围，读出端面跳动值。拆卸百分表和制动圆盘与轮毂之间的连接螺栓。

（7）最大允许跳动值为0.03 mm，如果超过此值，则更换制动圆盘。

四、更换钳盘式制动器摩擦片

1. 制动器摩擦片磨损情况检查

（1）举升车辆并妥善支承。

（2）拆卸前轮。

（3）通过查看卡钳的末端，检查外部制动器摩擦片的厚度，如图4-35所示。

（4）通过观察卡钳顶部的检查孔，检查内部制动器摩擦片的厚度，如图4-36所示。

图4-35　检查外部制动器摩擦片的厚度

图4-36　检查内部制动器摩擦的厚度

（5）只要任何制动器摩擦片的厚度磨损到小于0.76 mm时，须更换制动器摩擦片。

2. 前制动器摩擦片更换

（1）举升车辆并妥善支承。

（2）拆下车轮装饰罩，在用举升机将车辆举升之前，用十字扳手拧松，如图4-37所示（图中数字表示拆卸顺序）。

注意：螺栓拆卸按照对角线方向进行，注意选择车辆的支点以免损坏车辆。

螺栓紧固力矩为（110±10）N·m。

（3）用举升机将车辆举起，完全卸下车轮（见图4-38）。

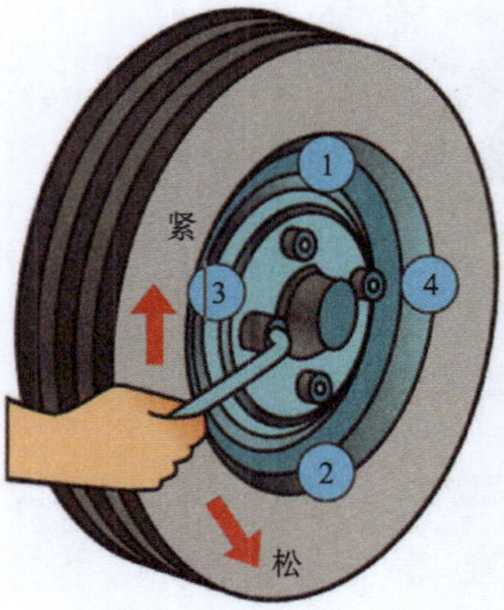

图4-37 拆卸前轮

图4-38 卸下车轮

（4）用扳手拆下两个制动钳壳体上的固定螺栓（两个螺栓位置如图4-39所示）。

图4-39 固定螺栓

（5）使用两扳手配合工作，一个扳手固定螺栓内侧，另一扳手将外侧螺栓拧下（见图4-40），拆下制动钳壳体总成（见图4-41）。

注意：制动钳拆下后将其吊起，以免其重力作用对其造成损坏。

螺栓紧固力矩为（22±1）N·m。

图4-40　螺栓拆卸

图4-41　拆卸制动钳壳体总成

（6）从制动圆盘两侧取下制动器摩擦片（见图4-42），检查磨损程度，并进行更换。

图4-42　从制动圆盘两侧取下制动器摩擦片

注意：新片的型号要与原来制动器摩擦片保持一致，前后片尺寸不同，不可互换。

用150 mm游标卡尺测量最小制动器摩擦片厚度。提示：内外制动器摩擦片最小厚度为7 mm。

安装过程与拆卸相反，安装时注意前后两片制动器摩擦片位置不可以互换。

（7）将制动块安装到制动钳中（见图4-43）。

（8）必要时，向里按压活塞。提示：在向下拉活塞壳体时，要留心不要损坏活塞密封。

（9）向下拉制动钳活塞壳体并用下螺栓将其固定到固定架上，如图4-44所示。

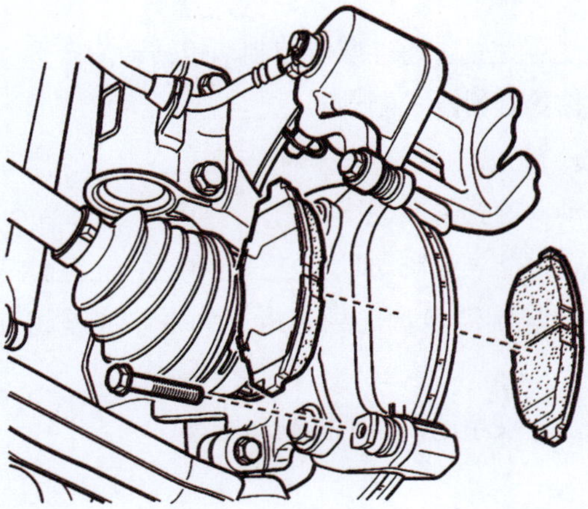

图4-43　安装制动块

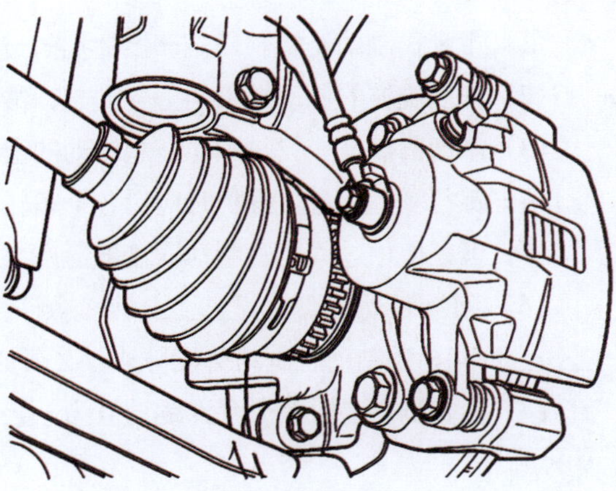

图4-44　用下螺栓将制动钳活塞壳体固定

（10）安装前轮。

（11）降下车辆。

（12）踩制动踏板多次，使制动恢复正常位置。

技能鉴定

实习记录表如表4-6所示。

表4-6　实习记录表

实习名称	更换钳盘式制动器摩擦片	
需准备设备与工具材料等		
实习步骤	内　容	注 意 事 项
准备工作		
具体步骤		
反思		
教师评价	教师评分： 教师建议：	

课堂思考

（1）对行驶中的车辆而言，虽然慢慢踩下制动踏板，仍然会发生紧急制动现象，其可能原因是什么？

（2）行驶中的车辆，除因制动问题会拉向一边外，你认为哪些问题（构件）也可能造成车辆拉向一边？

随堂练习

填空题

（1）钳盘式制动器将制动器摩擦片推向带轮的________。通过摩擦控制车轮转动。

（2）推压旋转的制动器盘的________，维护时需检查钳盘式制动器________。

（3）制动圆盘是一只与车轮一起转动的金属盘。有________，有一种驻车________。

（4）每行驶________维护时应对各个车轮的制动块磨损情况进行检查。

（5）但在使用过程中，制动器盘上会产生凹坑，可能导致制动时________和________。

（6）测量制动圆盘________，所有测量点必须与制动器盘边缘等距。如果厚度差超过________可能导致制动时制动踏板抖动，必须更换。

（7）检查制动盘时最大允许跳动值为________，如果超过，则更换制动器盘。

判断题

（1）制动圆盘最大允许跳动值为0.08 mm，如果超过，则更换制动圆盘。（　　）

（2）制动器摩擦片的最小厚度为7 mm。（　　）

（3）钳盘式制动器主要零部件有制动圆盘、分泵、制动钳、油管等。（　　）

(4) 维护时不用检查钳盘式制动器摩擦片厚度。(　　)

(5) 制动圆盘表面的粗糙度也十分重要，表面粗糙度不够会导致制动跑偏和制动器摩擦片快速磨损，必须更换。(　　)

(6) 用150 mm游标卡尺测量最小衬片厚度。提示：内外衬片最小厚度为7mm。(　　)

看图识物

看图4-45标出制动器摩擦片、制动圆盘。

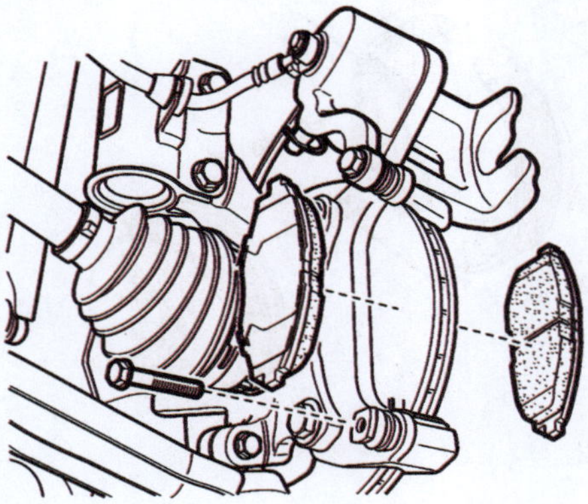

(a)

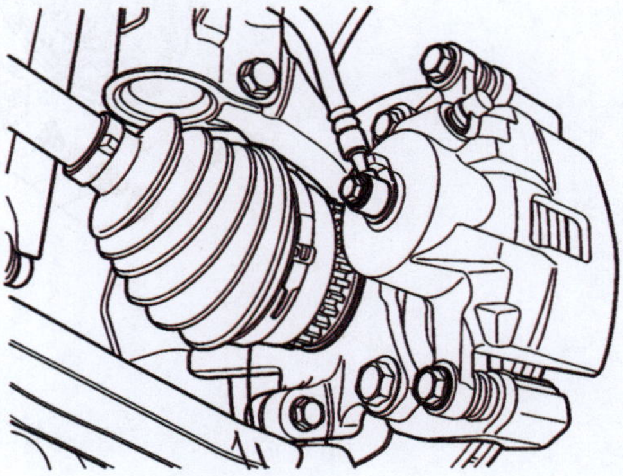

(b)

图4-45　结构图

任务五　更换鼓式制动器摩擦片

相关知识

鼓式制动器（见图4-46）是利用制动传动机构使制动蹄将制动器摩擦片压紧在制动鼓内侧，从而产生制动力，根据需要使车轮减速或在最短的距离内停车，以确保行车安全，并保障车辆停放可靠，不自动滑移。

图4-46　鼓式制动器

制动鼓是与车轮一起旋转的，制动蹄片从内侧压紧制动鼓，产生的摩擦控制车轮的转动。制动蹄片从内侧压转动的制动鼓，获得制动力（见图4-47）。

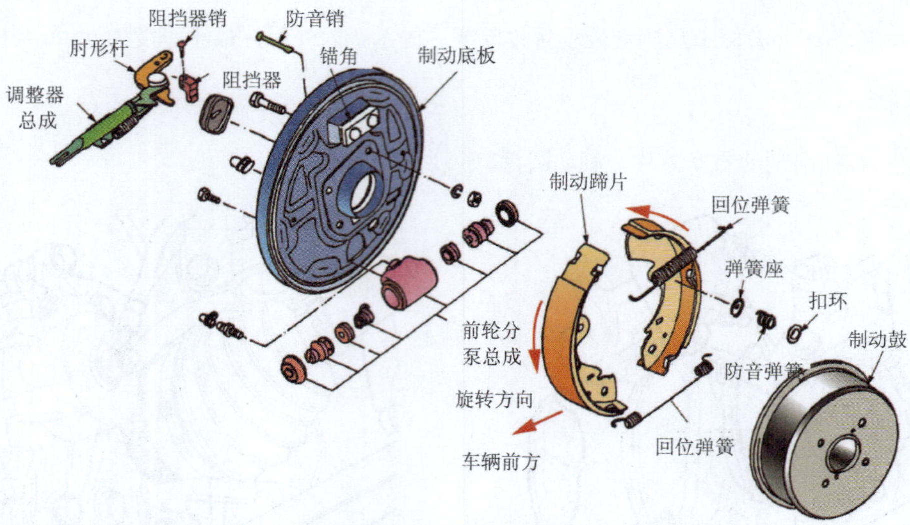

图4-47　鼓式制动器的结构

技能项目

实习名称	更换鼓式制动器摩擦片	实习目标	（1）掌握检查鼓式制动器的方法和项目。 （2）掌握测量鼓式制动器的方法
使用器材	一般手工具、套筒组、实习车辆、油管扳手、制动液、扭力扳手、分泵修理包、吸尘器、尼龙软管、空油罐		

操作步骤

（1）制动鼓和制动蹄片的拆卸，拧松车轮螺栓螺母（拧紧力矩110 N·m），取下车轮。

（2）拆下车轮装饰罩。在用举升机将车辆举升之前用扭力扳手拧松轮胎螺栓（见图4-48），用举升机将车辆举起，完全卸下车轮（见图4-49）。

图4-48　拆卸轮胎螺栓

图4-49　完全卸下车轮

注意：螺栓拆卸按照对角线方向进行，注意选择车辆的支点以免损坏车辆。

（3）用专用工具卸下轮毂盖，如图4-50所示。

图4-50　卸下轮毂盖

（4）拆卸定位销及定位锁片，如图4-51、图4-52所示。

图4-51　拆卸定位销

图4-52　拆卸定位锁片

（5）用扭力扳手拧下中心螺母，如图4-53、图4-54所示。

图4-53　拆卸中心螺栓

图4-54　取下中心螺栓

（6）拆卸垫片（见图4-55），利用两支螺栓旋入修护孔，用以顶出制动鼓（见图4-56）。

图4-55　拆卸垫片

图4-56　利用两支螺栓旋入修护孔

（7）完全卸下制动鼓总成（见图4-57），按顺序拆卸调整弹簧（见图4-58）。

图4-57　完全卸下制动鼓总成

图4-58　拆卸调整弹簧

（8）拆卸上回位弹簧，如图4-59所示。

图4-59　拆卸上回位弹簧

(9) 拆卸压紧锁销，图4-60所示。

图4-60　拆卸压紧锁销

（10）拆下制动蹄，如图4-61所示。

（11）拆卸驻车制动拉杆，如图4-62所示。

图4-61　拆下制动蹄

图4-62　拆卸驻车制动拉杆

注意：弹簧弹力较大，拆卸过程中应注意安全。

安装过程与拆卸过程相反。弹簧在安装的过程中需用钳子进行拉伸安装。完成更换摩擦片或制动圆盘后，踩制动踏板数次以使制动器摩擦片与制动圆盘磨合，确保安全性。在更换制动摩擦片后，应检查制动液液位是否在MIN与MAX之间，并视情况添加。

技能鉴定

实习记录表如表4-7所示。

表4-7　实习记录表

实习名称	更换鼓式制动器摩擦片	
需准备设备与工具材料等		
实习步骤	内　容	注意事项
准备工作		
具体步骤		
反思		
教师评价	教师评分： 教师建议：	

课堂思考

导致制动力衰退的原因有哪些?

随堂练习

填空题

（1）鼓式车轮制动器多为内张双蹄式，根据制动过程两制动蹄产生制动力矩的不同，可分为________、________、________、________、________和________。

（2）制动鼓与车轮一起________，制动蹄片________，产生的摩擦控制车轮的转动。获得制动力。

（3）在制动鼓正向旋转时，两蹄均为领蹄的制动器称为________。

（4）钳盘式制动器摩擦片正常的使用寿命为________，其最小摩擦材料厚度不应小于________，更换制动器摩擦片时，应左、右轮同时更换。

判断题

（1）小型汽车多采用“前盘后鼓”的制动方式。由于现在使用的钳盘式和鼓式制动器均装有制动蹄片间隙自动调整装置，因此，车轮制动器在使用中，一般不需要调整制动蹄片间隙。（　　）

（2）维护时，鼓式制动器只需要检查制动蹄片、制动器摩擦片的厚度即可。（　　）

（3）对鼓式制动器制动蹄上的摩擦片进行检查，需要拆卸车轮检查制动器摩擦片的厚度。（　　）

（4）如果制动器摩擦片磨损到接近极限时，应更换为新品，并且要注意两侧车轮应同时更换，以保证制动性能的一致性。（　　）

任务六 更换制动液

相关知识

汽车制动液是用于液压制动系统中传递压力以制止车轮转动的一种功能性液体。其制动工作压力一般为2 MPa，高的可达4～5 MPa。所有液体都有不可压缩特性，在密封的容器中或充满液体的管路中，当液体受到压力时，便会很快地、均匀地把压力传到液体的各个部分（见图4-63）。液压制动系统便是利用这个原理来工作的。

一、制动液

制动液由非石油类液体组成，主要是由乙二醇与乙醚和不影响橡胶和金属的酯类构成。

制动液（见图4-64）是在液压制动系统中传递制动力的液体。对汽车制动液的性能要求：黏温性好（黏度随温度变化小），凝固点低，低温流动性好，沸点高（高温下不产生气阻），使用中品质变化小，并且不会引起金属件和橡胶件的腐蚀和变质，吸湿性低。

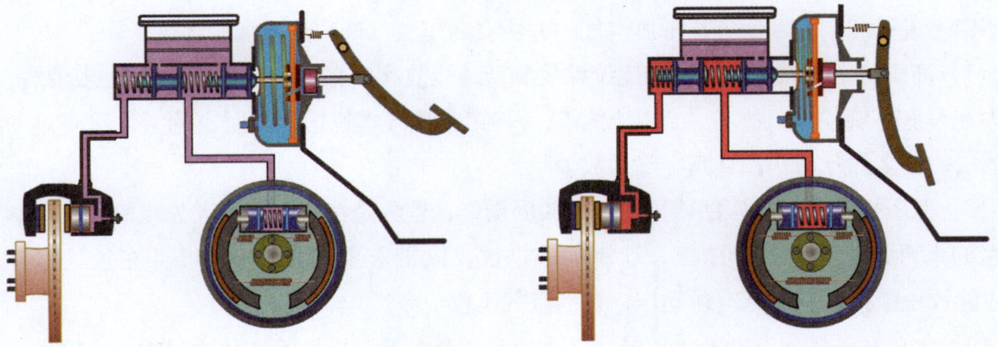

(a) 松开制动踏板　　(b) 完全制动

图4-63　液压制动系统

图4-64　制动液

美国联邦机动车辆安全标准（FMVSS）以制动液的沸点为基础将制动液分为四种。各种制动液的沸点和湿沸点范围见表4-8。

表4-8　各种规格制动液的沸点和湿沸点

项目＼类型	DOT3	DOT4	DOT5	SAE J1702（极冷区域）
沸点/℃（℉）（水含量%）	205（401）或更多	230（446）或更多	260（500）或更多	150（302）或更多
湿沸点/℃（℉）（水含量3.5%）	140（284）或更多	155（311）或更多	180（356）或更多	—

制动液应该按照制动器结构和工作温度的极限值进行选择。在目前的技术经济条件下，中小型乘用车上绝大多数是用DOT3、DOT4型制动液。

二、制动液的更换方法

液压制动系统是利用制动液的不可压缩性，以传递制动压力，若液压制动系统内渗入空气，则因空气是可压缩的，因而当制动踏板踩下时，系统内的空气被压缩，无法将制动油压传达到制动装置，即无制动作用；放松制动踏板时，系统内空气又膨胀，占住了管路空间，因而踩下制动踏板时，空气又被压缩而感觉软绵绵的。

空气进入制动液压系统中的原因如下：制动总泵储油量不足、防止门损坏或通气孔堵塞、接头不紧密或拆装制动零件等。排放空气的方法有高压法、低压法及加压法等。

（1）高压法由两人操作，一人连续踩放制动踏板数次，直到有制动压力踩紧制动踏板后，另一人在车底下旋松放气螺钉，以排放空气，并锁紧放气螺钉后，驾驶室的人才可将制动踏板缓慢放松；重复如此动作，直到空气排放干净。

（2）低压排放法与高压法皆需由两人共同操作，差异是在车底下的人先旋松放气螺钉后，驾驶室的人再缓慢踩下制动踏板，让制动液排放，以带走系统内的空气，并在放气螺钉锁紧后，才能放松踏板，并重复上述动作，直到空气排放干净。

（3）加压法是利用制动液加压器，以排放空气及制动液更换等，此法只需一人操作，能快速、有效排放空气（见图4-65）。

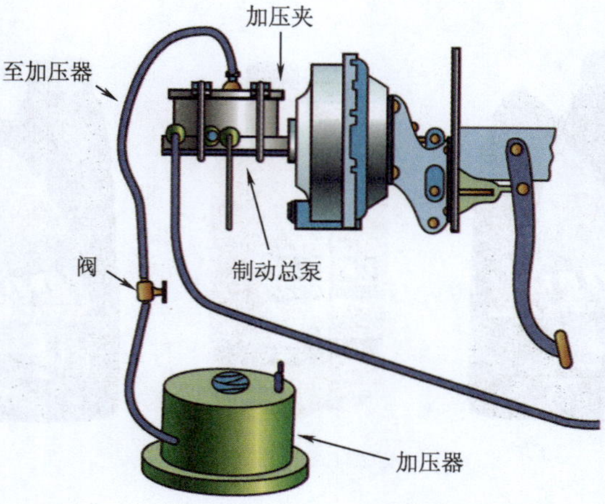

图4-65　制动液加压器

技能项目

实习名称	更换制动液	实习目标	掌握更换制动液的方法和项目
使用器材	一般手工具、实习车辆、制动油、油管扳手、尼龙软管、空油罐		

制动液具有强的吸湿性，能通过制动系统的微孔或密封部位吸收空气中的水分，随着吸收水分的增加，水分将会腐蚀制动系统并使制动液变浓，导致制动踏板踩上去很软，所以许多汽车制造厂建议定期更换制动液，作为汽车日常维护标准的组成部分。推荐更换制动液的周期为2年或行驶48 000 km，达到两条件之一时，就应更换制动液。对装有防抱死制动系统（ABS）的车辆更为重要，因为污染的制动液将导致ABS昂贵的零部件磨损和腐蚀，以致调节失灵出现故障。

操作步骤

（1）在发动机熄火时，连踩制动踏板数次，直到完全消除助力器中的压力。

提示：如果已知或怀疑总泵油缸中有空气，则必须在排放车轮制动分泵或制动钳中的空气前，先放出总泵中的空气。

（2）向总泵储液罐中加注制动液，如图4-66所示。提示：在放气操作中，总泵液面至少达到满量的一半。

（3）从总泵上断开前制动管，如图4-67所示。

（4）将制动液注入总泵，直到开始从前管接头端口流出。

（5）将前制动管连接到总泵上。提示：紧固制动管至16 N·m,。

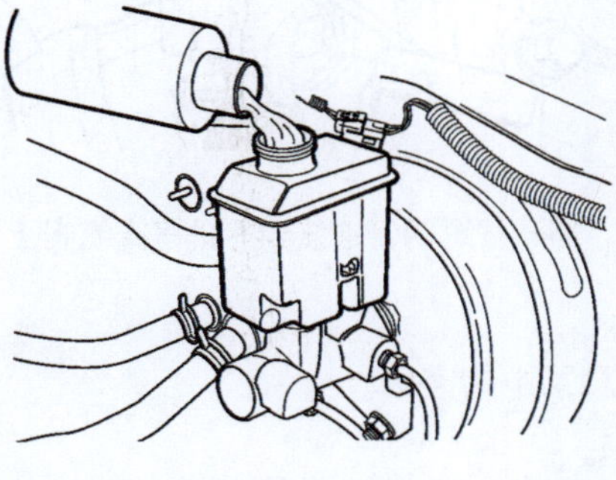

图4-66　向制动总泵储液罐中加注制动液

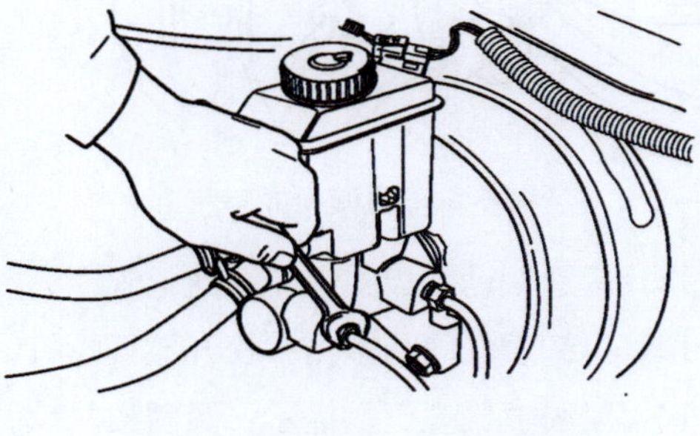

图4-67　从总泵上断开前制动管

（6）慢踩制动踏板并保持在此位置，如图4-68所示。

（7）从制动总泵上松开前制动管，排出总泵中的空气，如图4-69所示。

（8）紧固制动管（紧固力矩为16 N·m），然后缓慢松开制动踏板。等候15 s，然后再继续下一步。

（9）重复以上步骤，包括15 s等候，直到放出总泵油缸中的所有空气。提示：务必小心操作，以免制动液接触漆面，造成漆面损坏。

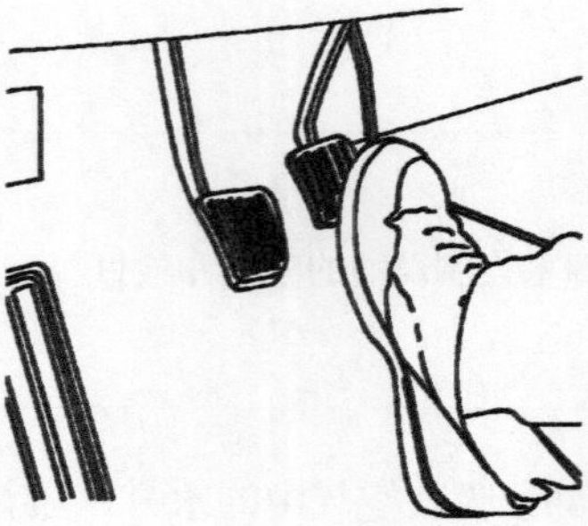

图4-68　慢踩制动踏板并保持在此位置

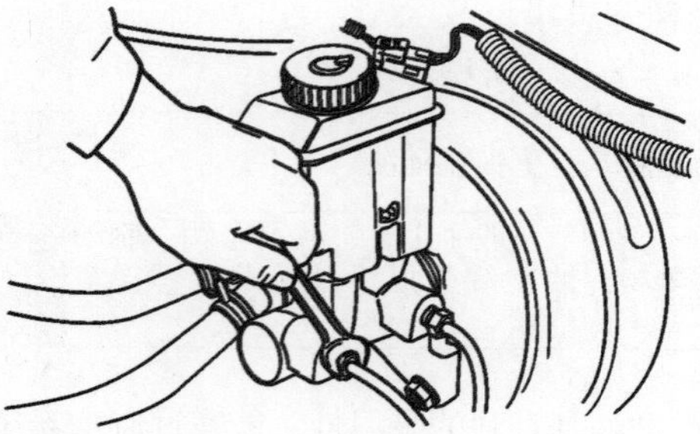

图4-69　从制动总泵上松开前制动管

（10）从前插头放出所有空气后，再按相同方法从后（罩板）插头排出总泵中的空气，如图4-70所示。

提示：对于带ASB的车辆，替换调节器出厂时已经充满油液并经过放气。在需要拆卸调节器的正常程序中，如更换电子制动控制模块，空气会进入调节器，采用正常排气程序即可解决问题。如果空气进入液压调节器或安装的调节器未装满，则用故障诊断仪中的制动器放气程序排出调节器中的空气，无法手动排出液压调节器中的空气。

（11）找到后排气阀帽，将一根透明管连接到阀门上，使管浸入透明容器中的制动液如图4-71所示。

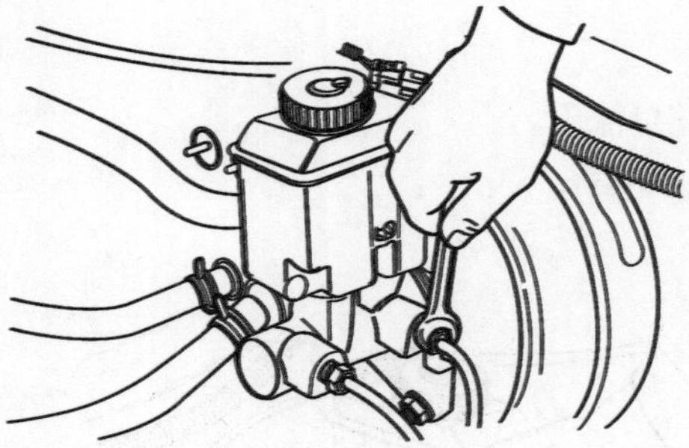

图4-70　从后插头排出总泵中的空气

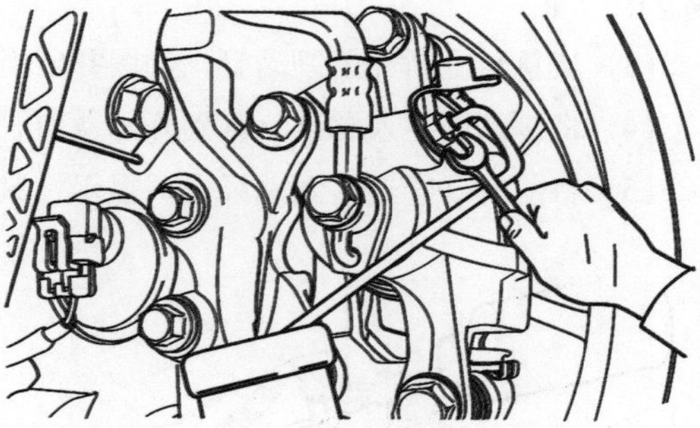

图4-71　将一根透明管连接到后排气阀帽阀上

（12）慢踩制动踏板并保持在此位置。

（13）拆卸放气门防尘帽并松开放气螺钉，以放出总泵中的空气。

（14）紧固放气螺钉。提示：紧固放气螺钉至8 N·m。

（15）缓慢松开制动踏板。等候15 s，然后再继续下一步。提示：快踩制动踏板，将总泵辅助活塞顺着油缸推下，使空气难以排出系统。

（16）重复以上步骤，包括15s等候，直到放出总泵油缸中的所有空气。提示：可能需要重复本程序10次以上，才能排出所有空气。

（17）找到前排气阀帽，如图4-72所示。

（18）将一根透明管连接到前排气阀门上，如图4-73所示，按照右后→左前→左后→右前的次序排放前制动器中的空气，从步骤（12）开始。

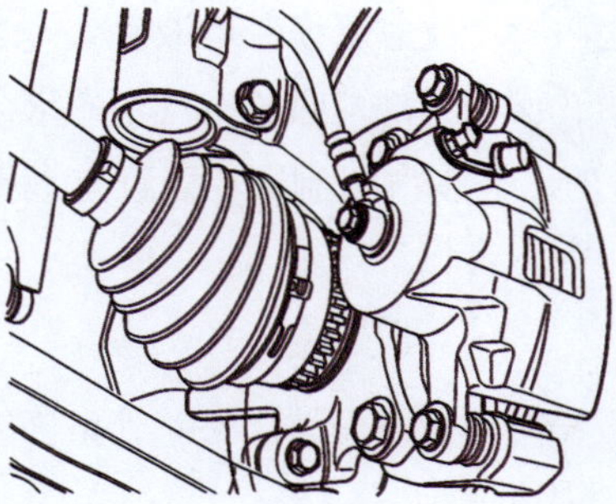

图4-72　前排气阀帽安装位置

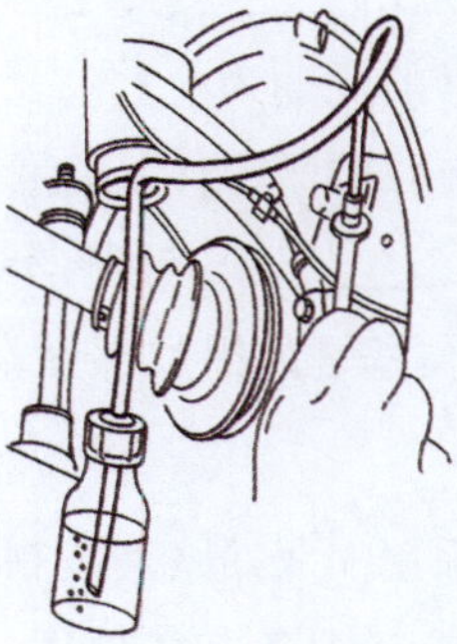

图4-73　将一根透明管连接到前排气阀门上

（19）检查制动踏板是否绵软。如果绵软，重复整个放气程序。

（20）更换排气阀防尘帽。

技能鉴定

实习记录表如表4-9所示。

表4-9　实习记录表

实习名称	更换制动液	
需准备设备与工具材料等		
实习步骤	内　容	注 意 事 项
准备工作		
具体步骤		
反思		
教师评价	教师评分： 教师建议：	

课堂思考

在排放空气过程中，如何确定系统内的空气已排除干净？

随堂练习

填空题

（1）制动液是在液压制动系中________的液体。

（2）对汽车制动液的性能要求：________、________、________、________、________、________，并且不会引起金属件和橡胶件的腐蚀和变质。

（3）湿沸点又称吸湿沸点，是水含量为________。

（4）应该按照制动器结构和工作温度的极限值进行选择。在目前的技术经济条件下，中小型乘用车上绝大多数是用________、________型制动液。

（5）更换制动液的周期为________，达到两条件之一时，就应更换制动液。

（6）制动液具有强的吸湿性，能通过制动系统的微孔或密封部位吸收空气中的水分，随着吸收水分的增加使________，导致制动踏板________，所以许多汽车制造厂建议定期更换制动液，作为汽车日常维修标准的组成部分。

判断题

（1）轿车中所采用的双回路液压制动，优点在于当任何一管路失效，另一管路仍能正常工作，从而保证行车安全，配备有真空助力器的车辆，制动操纵简便。（　　）

（2）当检查缺制动液时，可以补充不同种类制动液。（　　）

（3）每逢更换制动液，拆修制动管、制动软管、制动主缸或分缸，或感觉制动踏板过软且无泄漏之外，则管路中由于频繁使用已有空气，应及时进行排气，调试制动。（　　）

（4）排气要从远离总泵的分泵开始。（　　）

（5）更换制动液时将制动系统储液罐加足制动液至最高液面指示处，将一透明软管的一端与放气螺钉连接，另一端置于一透明容器内的制动液面以下，踩下制动踏板数次，并在踏板处于踩下位置时，将分泵上的放气螺钉旋松，放出混有气泡的制动液后，立即将放气螺钉旋紧。（　　）

模块五

自动变速器油的选择、更换及液面检查

本模块学习重点

自动变速器油的选择、更换及液面检查的主要任务有：

任务一　自动变速器养护

任务二　自动变速器油的选择

任务三　四挡自动变速器换油保养

任务四　五挡自动变速器换油保养

任务五　六挡自动变速器换油保养

任务六　七挡自动变速器换油保养

任务七　八挡自动变速器换油保养

任务八　无级变速器换油保养

任务九　DCT直接换挡双离合器式变速器换油保养

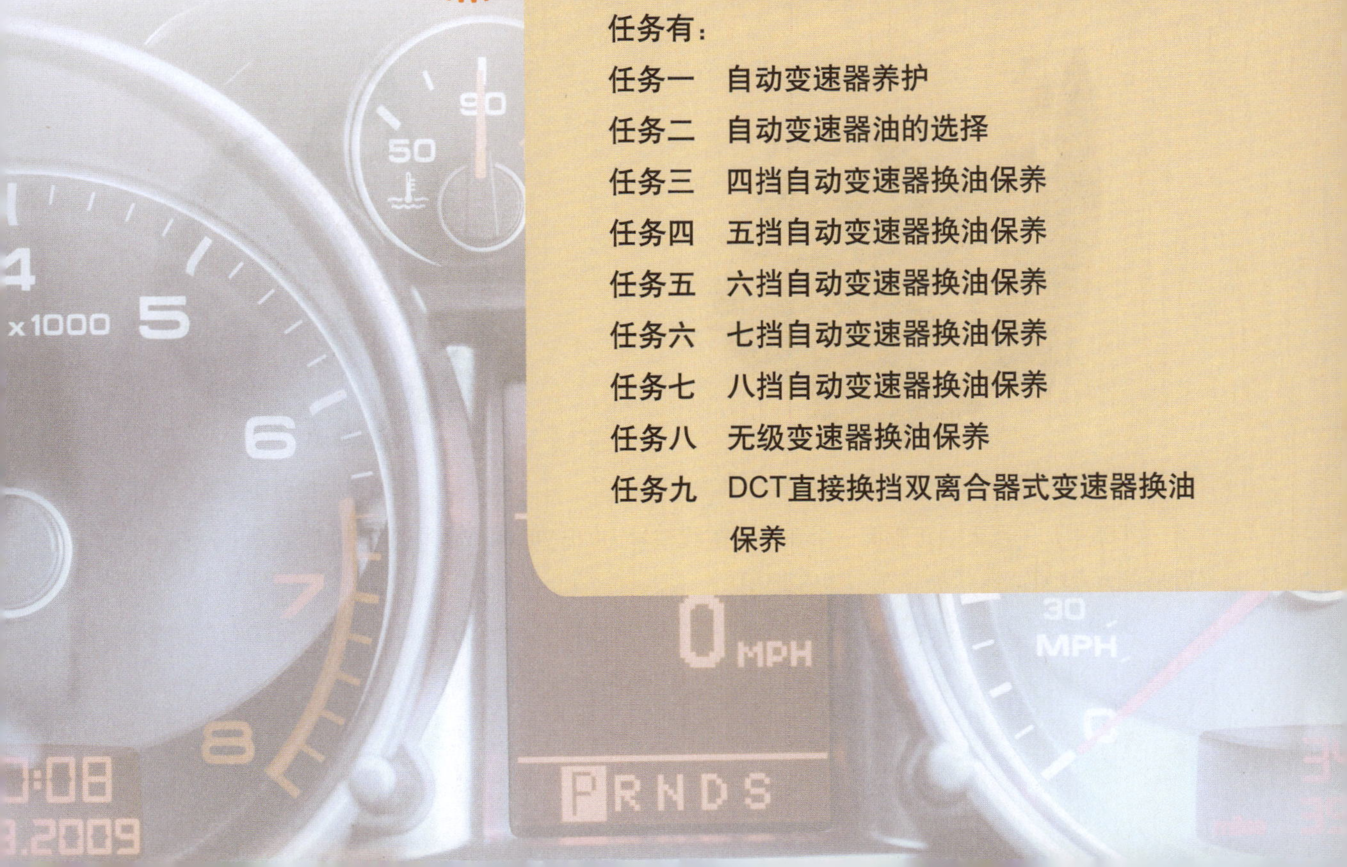

随着汽车工业的快速发展及汽车新技术的不断发展，特别是自动变速器车型的大量出现，人们对用车养车的观念也随之改变。20世纪90年代中期以前除了极个别车型使用五挡自动变速器外，大多车型都是四挡自动变速器，因此在国内，美孚ATF（迪士龙2代标准）占据了整个汽车维修后市场。如今不一样了，多挡位自动变速器车型占据了市场越来越高的比例，同时大量出现了CVT无级变速器以及DCT机械式自动变速器。各品牌自动变速器（见图5-1）对油品的使用要求也不一样，因此出现了不同厂家的专用油品。

图5-1　自动变速器

对于综合维修企业来说，作为自动变速器的血液——自动变速器油的选用又成了一项难题。因为除了厂家指定专用自动变速器油外，车主似乎不知道使用什么品牌自动变速器油，既要符合专用自动变速器油标准，同时又要具备专用自动变速器油质量的替代品。另外，在一些综合修理企业里，修理人员对自动变速器车型的养护知识了解得还不够全面，不知道选用什么标准的自动变速器油；不知道加注自动变速器油的方法；更不知道自动变速器油标准量的科学检测方法。通过本模块的学习可帮助修理人员全面了解AT、CVT、DCT的养护知识。

一、一汽大众及一汽奥迪品牌所搭载的自动变速器

1997年开始在捷达车型中使用大众生产的AG 401M四挡电子控制自动变速器（见图5-2），后来在宝来及高尔夫车型中也在使用。

2006年，一汽大众速腾问世，并直接跨越五挡自动变速器而选用日本爱信生产的型号为09G型六挡自动变速器（见图5-3），后来在迈腾、宝来一直到今天的新捷达车型都用这款自动变速器。

图5-2　AG4 01M四挡电子控制自动变速器

图5-3　09G型六挡自动变速器

2008年，一汽大众迈腾第一个在国内搭载型号为02E型DSG双离合器自动变速器（见图5-4），后来在大众CC、高尔夫等车型也在选用。

2009年之后，一汽大众又在大部分1.4T发动机上搭载型号为0AM型7挡干式DSG自动变速器（见图5-5）。

图5-4　02E型DSG双离合器自动变速器

图5-5　0AM型7挡干式DSG自动变速器

一汽奥迪在1999年开始使用ZF公司生产的型号为01V型五挡手自一体变速器（见图5-6），并一直用到2005年。

2005年之后，一汽奥迪陆续开始使用的依然是ZF公司生产的型号为09E/09L/0AT0B6型六挡手自一体变速器并一直用到2012年（见图5-7）。

图5-6　01V型五挡手自一体变速器

图5-7　ZF生产的型号为09E型六挡手自一体变速器

在进口奥迪Q7上早期使用两款六挡自动变速器，分别是来自日本爱信生产的型号为09D型自动变速器（见图5-8）和ZF公司生产的型号为0AT型六挡自动变速器，2011年后开始使用日本爱信生产的型号为08C型八挡自动变速器。

而另一款奥迪Q5则最早使用型号为0B5型七挡双离合器自动变速器（见图5-9），但2011年后开始选用ZF公司生产的型号为0BK型八挡自动变速器（见图5-10）。

图5-8　09D型自动变速器

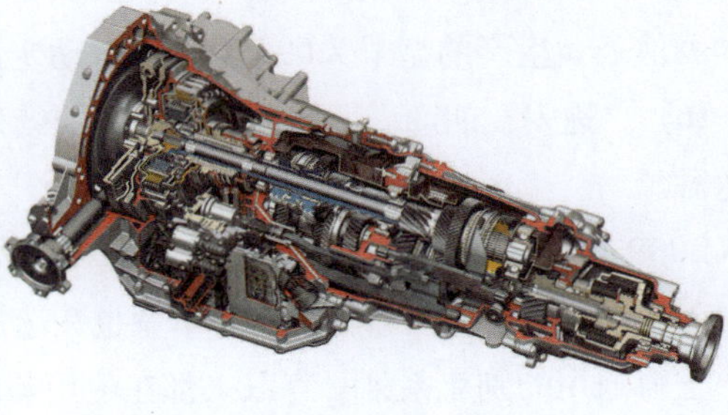

图5-9　0B5型七挡双离合器自动变速器

奥迪轿车在2002年国产2.8L发动机上开始使用型号为01J型链传动式无级变速器（见图5-11），到了2005年改款型号开始改为01T（见图5-12）和0AN，到了2009年在奥迪A4L上搭载最新0AW型无级变速器（见图5-13）。

图5-10　0BK型八挡自动变速器

图5-11　01J型链传动式无级变速器

图5-12　01T型链传动式无级变速器

图5-13　0AW型无级变速器

二、上汽集团大众及通用品牌所搭载的自动变速器

1999年前后，上海大众就开始在搭载1.8T发动机的帕萨特和桑塔纳轿车匹配大众公司生产的型号为AG4 01N型四挡自动变速器（见图5-14）。

图5-14　AG4 01N型四挡自动变速器

在1.8T和2.8L发动机中选配ZF公司生产的型号为01V型五挡手自一体变速器（见图5-15），并一直用到2010年。

到2006年，最早在大众品牌中的波罗轿车开始选用日本爱信公司生产的型号为09G型六挡自动变速器（见图5-16）。途安、朗逸、斯柯达等车型都陆续采用这款变速器。

2009年后，上海大众又率先在朗逸1.4T发动机中搭载0AM型七挡双离合器DSG自动变速器，在途安、斯柯达、新帕萨特等车型也在选用该款变速器（见图5-17）。

上海通用的别克系列一直以来都在使用美国GM公司生产的一款非常成熟的型号为4T65E型四挡自动变速器（见图5-18）。

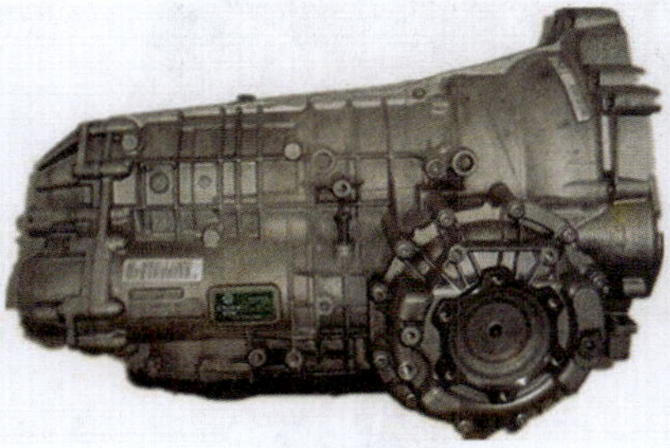

图5-15　01V型五挡手自一体变速器

图5-16　09G型六挡自动变速器

图5-17　0AM型七挡双离合器DSG自动变速器

图5-18　4T65E型四挡自动变速器

2008年后才开始大量使用GM公司生产的型号为6T系列六挡自动变速器（见图5-19）。这期间通用的科帕奇还使用了日本爱信公司生产的型号为55-51SN型五挡自动变速器（见图5-20）。

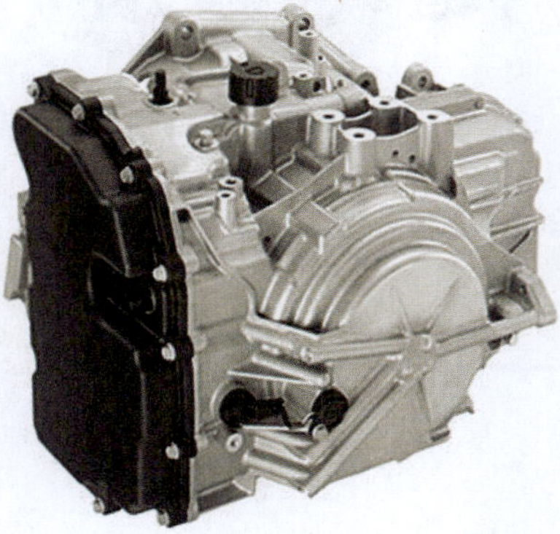

图5-19　6T系列六挡自动变速器

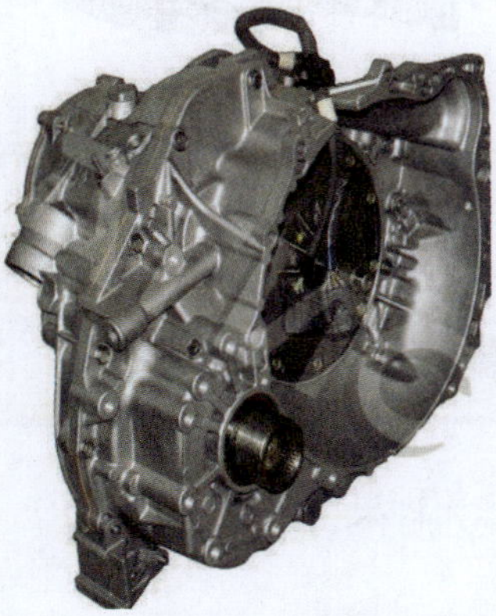

图5-20　55-51SN型五挡自动变速器

三、国内其他品牌车型所搭载的自动变速器

国产、日产尼桑系列车型绝大部分都在选用日本捷特科（JATCO）公司生产的无级变速器（见图5-21）。

一汽天津丰田小排量轿车卡罗拉采用的是U341E型四挡自动变速器（见图5-22）；而威驰则使用U540E型四挡自动变速器。

图5-21 日本捷特科（JATCO）公司生产的无级变速器

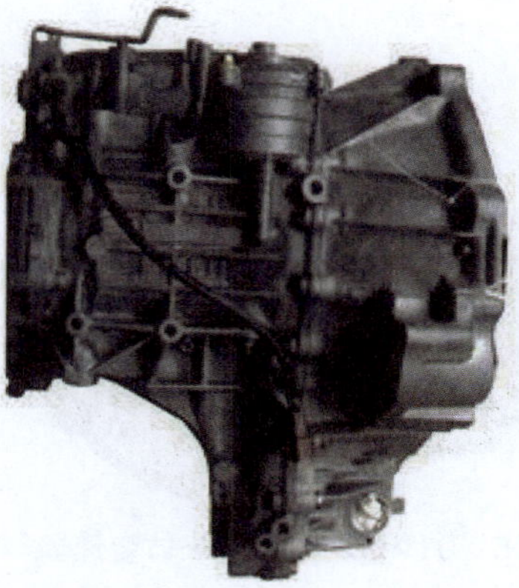

图5-22 U341E型四挡自动变速器

早期北京现代轿车绝大部分都在使用三菱公司生产的型号为F4A42系列四挡自动变速器（见图5-23）。

现代越野车则使用F5A51系列五挡自动变速器（见图5-24）。

图5-23 F4A42系列四挡自动变速器

图5-24 F5A51系列五挡自动变速器

任务一 自动变速器养护

相关知识

一、自动变速器使用中存在的问题

（1）自动变速器工作过程：由于变扭器在传递发动机动力时，有一部分时间是利用液力实现的，因此这样会形成大量的热能。离合器和制动器在工作时产生摩擦力矩时，同时也会产生大量的热能，导致自动变速器油在一定时间内变质（见图5-25）。

（2）自动变速器工作环境（温度、环境信息）：在工作较苛刻环境下，由于自动变速器的工作载荷较大（见图5-26），导致自动变速器的工作温度过高，长时间将导致自动变速器油提前变质。

图5-25 自动变速器过热

图5-26 自动变速器的工作载荷较大

（3）自动变速器使用条件（驾驶人的性情、极限范围）：驾驶人总是追求动感驾驶模式（见图5-27），自动变速器总是在发动机高转速下完成换挡，长时间得不到高挡位的传动比，所以自动变速器温度会持续升高，从而导致自动变速器油变质。

（4）自动变速器数据参数的变化（压力、摩擦因数等）：在某些工况下，由于自动变速器的一些正常参数变化（见图5-28），将导致压力、摩擦因数的降低而影响自动变速器的正常运转。

图5-27 驾驶人总是追求动感驾驶模式

图5-28 自动变速器的一些正常参数变化

（5）某些自动变速器的“终身免维护”（质保范围）：目前一些汽车厂家直接对自动变速器打出“终身免维护”的口号（见图5-29），因此导致用户自始至终都不进行自动变速器油的检查和更换，从而使自动变速器损坏。其实严格来讲，这是不可能的，自动变速器在正常使用中自动变速器油有一定挥发损耗，会影响其标准容量。

图5-29 自动变速器的“终身免维护”

二、当前维修企业普遍存在的现实问题

1. 车型杂

近些年，自动变速器不再是高端车型的专属，上升比例极快，当前市场中自动变速器的保有量绝

对是可观的，这一比例的变化主要出现在2006年后，因此，到了今天绝大部分自动变速器都已进入保养周期。由于目前国内大部分的汽车维修企业每天所面对的车型极其复杂（见图5-30），因此很难掌握每一款车型所配备的是什么形式的变速器，这样在保养环节不得不求助外援来完成作业。

图5-30　多种车型

2. 选择机油

目前新型自动变速器对机油的使用要求非常高，但在实际作业中综合维修企业又不可能去选用4S店原厂用油，只能从市场中力争去寻找正规厂家用油，但目前不是所有正规厂家都推出关于自动变速器的高端用油，绝大部分厂家还停留在原始机油上，因此即便选择这些机油，但一定要在确保质量和标准的条件下使用。由于我国机油市场还比较混乱，一些劣质厂家的油品（见图5-31）还混入其中，车主一不小心就会买到，所以这也是综合维修企业所面对的实际问题。

图5-31　劣质厂家油品

3. 机油滤清器位置及更换

发动机保养换油时百分之百要更换机油滤清器（见图5-32），同样自动变速器在保养换油时也需要更换机油滤清器，但并不是所有自动变速器的机油滤清器都非常容易更换，因此，这也是综合维修企业技术人员所面临的问题。

4. 冷却控制类型

自动变速器的冷却形式决定了操作流程。因此在进行自动变速器换油保养作业时维修人员还需要了解所保养的自动变速器是独立式还是集成式的冷却形式（见图5-33），然后才能进行操作过程。

图5-32　机油滤清器

图5-33　自动变速器散热器

5. 作业方式

了解变速器的冷却控制形式的结构后，才能知道是否可以通过设备操作。因为传统手工操作换油时，变速器内部的机油是放不干净的（见图5-34）。最好利用专用设备进行换油（见图5-35）。

图5-34　传统手工操作换油

图5-35　利用专用设备进行换油

6. 放油、加油、检查油量的位置

由于现在自动变速器取消了传统形式变速器的油尺管，因此加油位置、放油位置以及标准量位置的确定就显得相当重要（见图5-36）。

7. 进行路试并再次重新确定油量

由于没有油尺，因此标准量的检查极其重要，但有一个重要环节值得说明，即初期加油时，看似油溢出来了，但不一定是真正就够了，此时作业完毕后还需要至少2～5 km的路试，目的是充分排出变速器内部在换油过程中形成的气泡。人们经常说变速器内部的机油，既不能多加更不能少加，如果车主没有按照正常标准流程去进行，那么极有可能就会形成标准量的错误性，从而带来变速器的不正常工作，因此这一点最重要（见图5-37）。

图5-36　不懂变速器养护技术

图5-37　再次重新确定油量

技能项目

实习名称	自动变速器养护	实习目标	掌握自动变速器的养护流程
使用器材	实习车辆、举升机、国产车自动变速器、自动变速器油		

操作步骤

一、自动变速器换油须知

（1）有刚性故障（已经烧片）的自动变速器换油大多数是浪费的（见图5-38）。

图5-38 烧片

（2）有金属粉末和摩擦材料的自动变速器换油没用（见图5-39）。

图5-39 有金属粉末和摩擦材料的自动变速器

（3）进过水的自动变速器的密封圈、橡胶活塞和摩擦片已受伤，仅换油还会有后遗症。

（4）用过假油的自动变速器（见图5-40）可能会有结胶物，换油绝对是浪费。

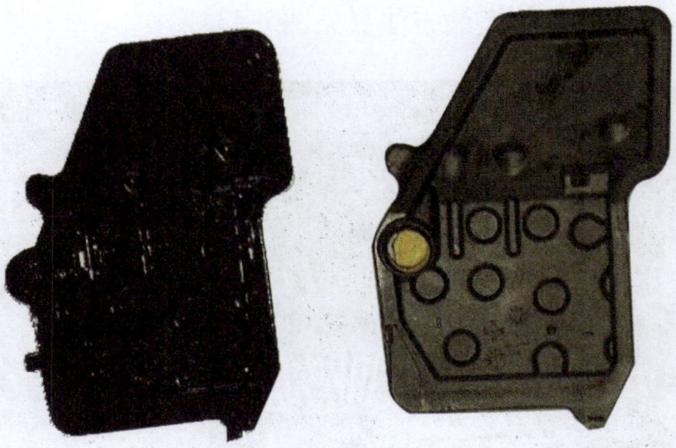

图5-40 用过假油的自动变换速器

（5）换油必须用品质油。劣质油、假油不如不换（图5-41）。

图5-41 劣质油、假油

（6）长久未保养的自动变速器，换新油后可能会形成工作不良的情况，须提前说明。应进行设备清洗换油（见图5-42）。

图5-42 设备清洗换油

（7）用设备换油是比较理想的换油方法（见图5-43）。

图5-43　用设备换油

（8）用换油机换油后，建议再换一个滤网。

（9）用换油机换油后，须短距离路试，以消除气泡并重新检查油面（见图5-44）。

图5-44　试车

（10）大修后的自动变速器行驶4 000～5 000 km换油和换滤网是完全有必要的。

二、自动变速器养护方法

1. 更换滤清器

去除自动变速器油中的灰尘、金属颗粒、沉淀物和摩擦片颗粒等杂质，保护自动变速器。

在众多厂家生产的自动变速器中有85%以上的滤清器（见图5-45）是非常容易更换的。拆下油底壳即可更换的滤清器如图5-46所示。

图5-45　滤清器

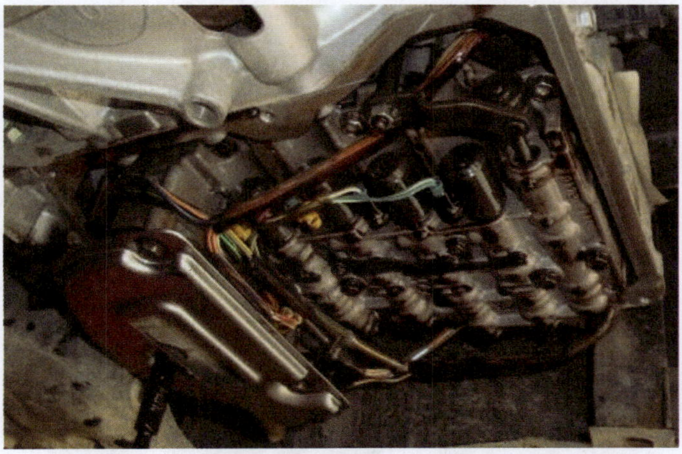

图5-46 独立滤清器

滤清器与自动变速器油底壳形成一个整体，拆卸油底壳即可更换滤清器。目前一些高端车型所用的高端自动变速器其滤清器与油底壳形成一个整体（见图5-47），这种结构类型的滤清器极少在换油保养时更换，其实就是在换油底壳。

滤清器在自动变速器内部更换比较麻烦（本田、现代等）。本田、现代的车型所用自动变速器的滤清器被安装在自动变速器内部（见图5-48），必须要解体才能更换，对这样的自动变速器而言，第一次换油不用更换滤清器，再次换油时才更换。

图5-47 整体式滤清器

图5-48 滤清器在自动变速器内部

换油保养的准备工作就绪后还有一些细节要注意，是不是所有车辆的自动变速器都具备换油条件，因此要掌握换油须知条款。

2. 传统的手工换油方法

具体操作步骤：

（1）自动变速器达到工作温度。

（2）拆开放油螺栓。

（3）将旧油放完后，再拧上螺栓。

（4）加入新的自动变速器油。

（5）启动；反复操作挡位。

（6）重复操作（2）～（5）。为了保证更换比较彻底，应该重复至少两次以上。

另外只有集成式冷却器（与发动机冷却器集成在一起）的变速器可以连接设备进行动态换油过程。但如果没有设备的话，不用传统手工换油方法也行，完全可以借助动态置换方式来进行，即发动机怠速运转下，断开散热器的回油管来回收旧油，要一边不断地加注新油，当回油管流出的油颜色鲜艳时，关闭发动机重新确定自动变速器油液标准量即可，这种操作需要注意的就是加注和回收时，应保证自动变速器内部机油的基本量不能缺少太多，好处就是旧油出来的比较彻底（见图5-49）。

图5-49 传统的手工换油

3. 设备换油方法

具体操作步骤：

（1）发动机处于未工作状态。

（2）正确连接自动变速器油交换机管路。

（3）交换机内加注足够新的自动变速器油。

（4）一切准备工作做好后调整好交换机的循环工作压力。

（5）先启动循环机，然后再启动发动机（怠速工况），观察并对比交换机两个观察窗（新旧自动变速器油观察窗）自动变速器油的颜色，关闭发动机和循环交换机，按要求检察自动变速器油的标准量（需路试消除气泡），如图5-50所示。

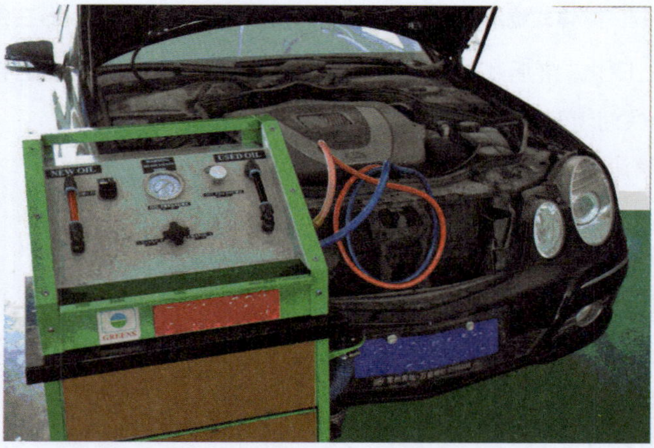

图5-50 自动变速器油交换机的换油方法

几点值得注意的问题：第一，对于放完旧油或大修的自动变速器需要重新加注时，不要先启动发动机，应先加注直至油从液位检查孔流出，再启动车辆，最好启动后运转30 s后再关闭发动机，新油再次流出时，再次启动发动机，然后去操作变速杆；第二，加注完毕后千万不要在举升机上运转变速器；第三，不要忘记最后一个细节，路试消除气泡，重新确定标准量。

技能鉴定

实习记录表如表5-1所示。

表5-1　实习记录表

实习名称	自动变速器养护	
需准备设备与工具材料等		
实习步骤	内　　容	注 意 事 项
准备工作		
具体步骤		
反思		
教师评价	教师评分： 教师建议：	

课堂思考

为什么要使用自动变速器油交换机对自动变速器进行养护？

随堂练习

作为一名汽车修理工，怎样选择自动变速器换油的方法？

任务二　自动变速器油的选择

相关知识

自动变速器油是专用的，它有两个作用，除了对行星齿轮组润滑、散热外，更重要的作用是传递动力，所以它不像手动变速器油那么“稠”。它的主要作用是液压传动，因此流动性非常好，抗气泡能力也比手动变速器油更强。

不同型号的自动变速器油是不能混加的，因为不同型号的自动变速器油的流动速率、密度、动态与静态摩擦性能、膨胀系数都有所不同。部分厂家根据自动变速器的特性推出了相匹配的自动变速器油，建议修理工按照要求选择相应的型号进行更换，不要自行更换其他型号（见图5-51）。

图5-51 零公里自动变速器油

自动变速器油品选择的原则：

（1）优先选择真正原厂售后服务用油，并且对号入座。

（2）自动变速器生产商或整车生产厂家配套的初装油也是很好的选择。

（3）选择替代用品的机油真实级别要等于或高于原厂级别，同时要符合原厂用油的标准。

目前国内知名机油企业针对汽车厂家及售后市场开发出一系列不同标准的自动变速器油（见图5-52），几乎可以适用国内市场中的95%以上的自动变速器。

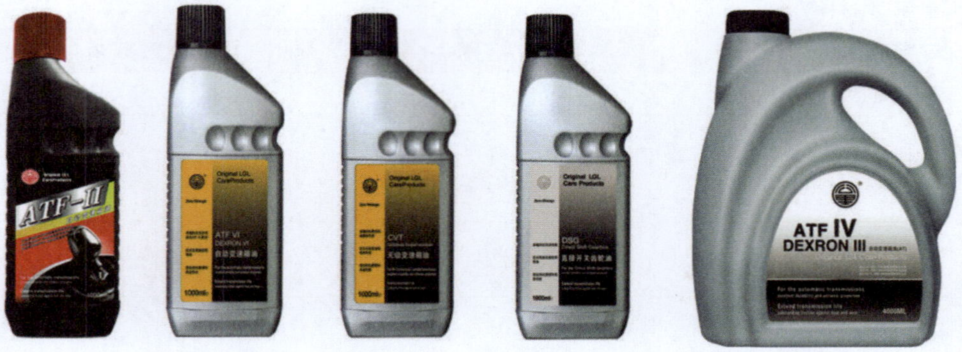

图5-52 自动变速器油

技能项目

<table>
<tr><td>实习名称</td><td>自动变速器油的选择方法</td><td rowspan="2">实习目标</td><td rowspan="2">掌握自动变速器油选择的方法</td></tr>
<tr><td>使用器材</td><td>实习车辆、举升机、国产车自动变速器、自动变速器油</td></tr>
</table>

操作步骤

可以选择零公里自动变速器油ATF-III（见图5-53），ATF-III是零公里石油化工有限公司最早推出的一款高端自动变速器油，主要针对普通车型配用的四、五挡自动变速器，目前市场占有量最大。

零公里无级变速器油CVT（见图5-54）属于一款高端无级变速器油，它可应用在国内除奥迪斯巴鲁链传动CVT、丰田普锐斯E-CVT及本田带启动离合器的CVT以外的所有钢带式变速器。

零公里双离合器变速器油（见图5-55），可以应用在所有双离合器变速器的自动变速器。

图5-53　自动变速器油ATF-III

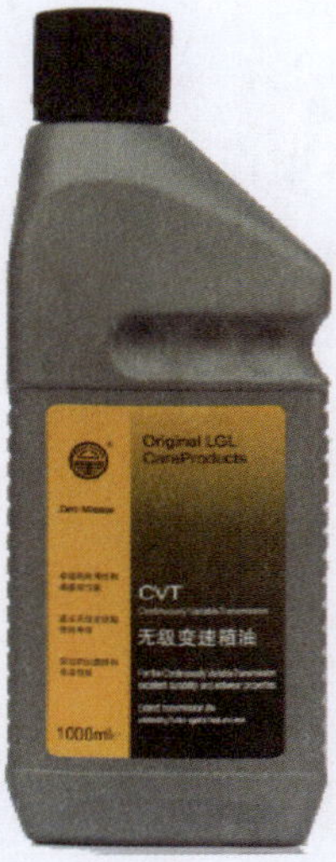

图5-54　零公里无级变速器油CVT

零公里自动变速器油ATF-VI（见图5-56）目前是零公里石油化工有限公司最高级别的高端自动变速器油，可以应用在所有六挡及六挡以上的自动变速器。

图5-55　零公里双离合器变速器油

图5-56　零公里自动变速器油ATF-VI

辨别自动变速器油可以采用以下方法：

(1) 看颜色：正品油呈黑色至黑绿色；

(2) 闻油味：正品油有一股焦糊味；

(3) 看油的流动性：正品油“挂瓶”后，很长时间不净；

(4) 看油的气泡：正品油摇动后，很少见气泡；

(5) 看油的黏稠度：正品油沾手不易去掉，能拉丝。

技能鉴定

实习记录表如表5-2所示。

表5-2 实习记录表

实习名称	自动变速器油的选择	
需准备设备与工具材料等		
实习步骤	内　容	注 意 事 项
准备工作		
具体步骤		
反思		
教师评价	教师评分： 教师建议：	

课堂思考

怎样辨别自动变速器油的品质？

随堂练习

作为一名汽车修理工，怎样选择自动变速器油？

任务三 四挡自动变速器换油保养

相关知识

一、大众01M/01N型自动变速器换油保养

大众生产的01M/01N型自动变速器（见图5-57）大部分被VW/AUDI自身车型所使用。后来在宝来及高尔夫车型中也在使用。

过去四挡自动变速器都被规定严格使用ESSO公司的LT-71141型号自动变速器油，其实就是大众奥迪的原厂用油，型号是G 052 162 A2的机油。而作为已通过大众VW5020/50500认证并为一汽集团OEM的零公里自动变速器油（见图5-58），一直被自动变速器保养后市场认可。

在前面的内容介绍中零公里自动变速器油从品质到使用参数等都达到了大众的技术标准，可以使用在大众、奥迪、宝马车型所有四挡及五挡自动变速器，同时还包括ZF公司生产的所有四挡及五挡自动变速器，如大众车系：捷达、宝来、高尔夫、帕萨特、桑塔纳等使用01M和01N四挡自动变速器；奥迪、帕萨特使用01V（5HP-19）五挡手自一体变速器，同时还包括ZF公司生产的国产奇瑞4HP-14变速器、宝马5HP-18/19/24/30变速器、别克凯越4HP-16变速器以及雪铁龙4HP-20和AL4等等。

图5-57　01M自动变速器

图5-58　零公里自动变速器油

二、大众001型自动变速器换油保养

上海大众早期波罗轿车所使用的四挡自动变速器来自日本捷特科公司生产的001型自动变速器（见图5-59）。

该自动变速器的用油要求并不是特别高，使用零公里自动变速器油即可，不过该自动变速器没有油尺并采用独立冷却控制形式。

图5-59　001型自动变速器

三、雪铁龙AL4型自动变速器换油保养

由于雪铁龙生产的AL4型自动变速器（见图5-60）具有德国ZF自动变速器的血统。

自动变速器油完全可以使用零公里自动变速器油，值得注意的是该自动变速器滤清器需要解体变速器后才能更换。

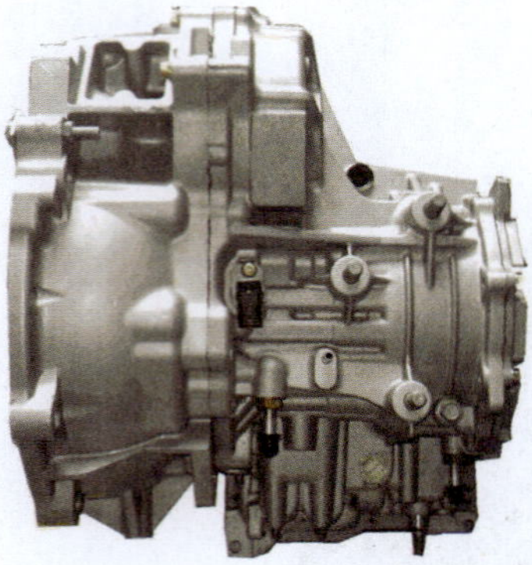

图5-60 雪铁龙AL4型自动变速器

四、通用4HP-16型自动变速器换油保养

通用小排量轿车选用ZF公司生产的4HP-16型四挡自动变速器（见图5-61）。

用油要求与大众四挡和ZF五挡要求一样，使用零公里自动变速器油即可。由于结构不同，换油操作时，要注意加注、排放及检查位置。

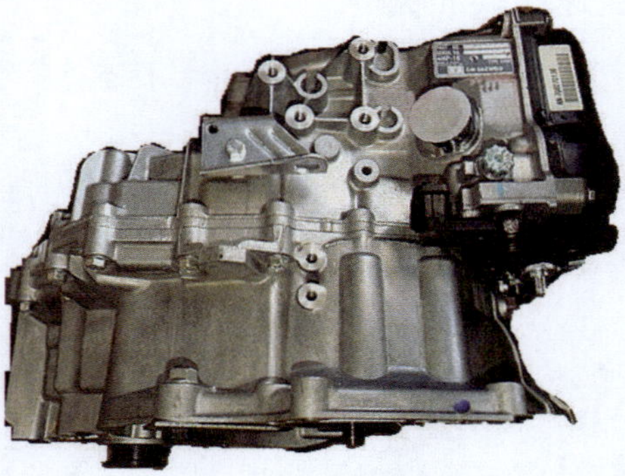

图5-61 4HP-16型四挡自动变速器

五、通用4T45E型自动变速器换油保养

通用生产的4T45E型自动变速器（见图5-62）其实是一款过渡产品，其结构与4T65E型相似，只是减少了几个元件而已，不过这款自动变速器却取消了油尺及油尺管，虽然用油要求是一样的，但换油操作步骤大不相同。

图5-62 4T45E型自动变速器

技能项目

实习名称	四挡自动变速器换油保养	实习目标	掌握四挡自动变速器换油的方法
使用器材	实习车辆、举升机、国产车自动变速器、自动变速器油		

操作步骤

一、01N型自动变速器换油项目

在养护过程中必须要更换自动变速器滤清器。在换油时首先要确定图5-63标出的几个位置，即放油螺栓位置、加油位置及液面高度检查位置。01M型自动变速器已经在市场中使用十余年，但仍然还有一部分修理工认为油底壳上的那颗螺栓就是放油螺栓（拆下此螺栓只能放出一升多的机油），假设有放油螺栓，也只能认为那个塑料的溢流管就是放油螺栓，拧下塑料溢流管进行放油。

自动变速器油首次加入量为5.5L（更换约3.5L）。使用加油器将自动变速器油加到自动变速器内，如图5-63所示。

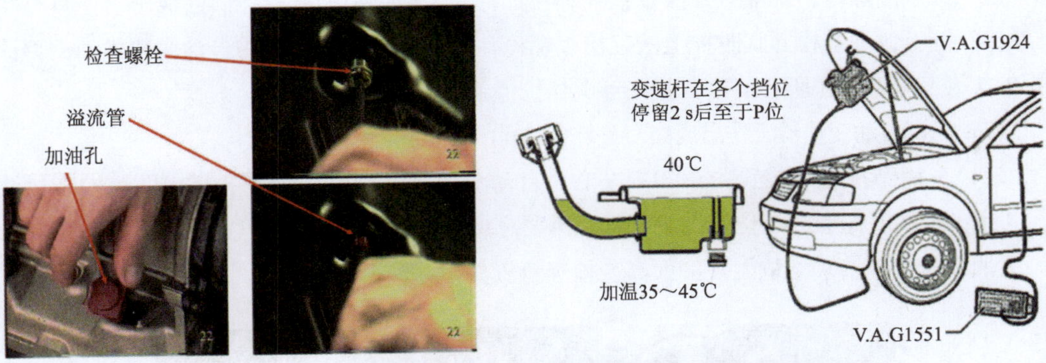

图5-63　放油螺栓位置、加油位置及液面高度检查位置

1. 检查自动变速器油的液位

（1）自动变速器不处于紧急运行状态，自动变速器油温不超过30℃。

（2）车辆水平放置。

（3）自动变速器挡位置于P位。

（4）把自动变速器油加注器V.A.G1924安装在汽车上。

（5）连接计算机检测仪。

2. 检查和调整自动变速器油的步骤

（1）启动发动机，怠速运行。

（2）举升车辆，并保持车辆水平。

（3）把废油盘放在自动变速器下面。

（4）拆下自动变速器上的自动变速器液位检查螺栓。此时流出的油量为溢油管中的存油。

（5）操作V.A.G1552，观察02-08-005组数据流，当自动变速器油温度在35～45℃时，若溢

油管内的自动变速器油缓慢流出，则液位达到标准。

(6) 若溢油管内的自动变速器油大量溢出，说明自动变速器油太多，应将油从溢油管中放出，直至缓慢流出为止。

(7) 若溢油管内无自动变速器油流出，则需要补充自动变速器油。用螺丝刀撬开加油管的防松盖，拔出封闭塞，用V.A.G1924加注自动变速器油，直到溢油管缓慢滴出为止。

更换自动变速器油液位检查螺栓上的密封垫，拧紧螺栓（15 N·m）。在加油管上装上密封塞，并装上新的防松盖。

注意：自动变速器油太多或太少都将影响自动变速器的正常使用。

3. 自动变速器油液位检查要求

(1) 发动机在怠速工况下，保证自动变速器工作温度在35～45℃之间，打开液位检查螺栓。

(2) 车辆停在水平位置，变速杆必须在动力挡位置保持2 s后，再移至P位。

(3) 在40 ℃左右，自动变速器油能够从溢流孔流出即可安装放油螺栓。大修量：5.5 L左右；普通更换量：3 L左右；循环清洗机更换量：8～10。（注：最终以标准的液位检查为准。）

二、大众001型自动变速器换油项目

(1) 把放油螺栓、加油盖及液位检查螺栓都打开，通过放油螺栓把旧油放出。

(2) 拧上放油螺栓并临时拧上液位检查螺栓，先从加油孔添加新的自动变速器油，再让发动机在怠速工况下试挂所有挡位，并在每个挡位停留2 s，最终置于P位。

(3) 保证自动变速器工作温度在35～45℃之间，打开液位检查螺栓。

(4) 车辆停在水平位置，在40℃左右，自动变速器油能够从溢流孔流出即可安装放油螺栓。（注：最终以标准的液位检查为准，但不要忘记更换滤清器。）

放油螺栓位置、加油位置及液面高度检查位置如图5-64所示。

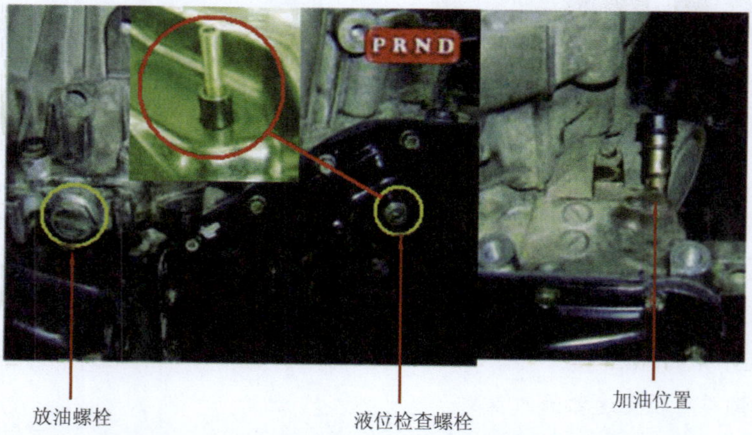

图5-64 放油螺栓、加油位置及液面高度检查位置

三、雪铁龙AL4型自动变速器换油项目

(1) 卸下加油螺栓、液位检查螺栓以及带溢流管的放油螺栓并把旧油放净，先拧上溢流管和检查螺栓，重新加注约5 L的新的自动变速器油，拧上加油螺栓（见图5-65）。

（2）启动发动机，把变速杆拨到各挡位并停留片刻。

（3）把变速杆放在P位，让发动机怠速旋转。

（4）通过ELIT或PROXLA（专用设备）观察自动变速器油温，上升到58~68℃时，才能检查液面。

（5）卸下液位检查螺栓，让多余的油流出，然后一滴一滴往下滴，则说明液面高度正常。

（6）短时间路试让油温处于58～68℃，再次重新确定液位标准，完成整个作业过程。

图5-65　放油螺栓位置、加油位置

四、通用4HP-16型自动变速器换油项目

（1）打开自动变速器下面的放油螺栓，同时也要打开半轴附近的加注及液位检查螺栓（同一个螺栓）排除自动变速器内部旧油（见图5-66）。

（2）拧上放油螺栓，从加油孔添加新的自动变速器油，并试挂所有挡位，同时在各挡位停留2 s，最后将变速杆置于P位。

（3）在发动机怠速下，自动变速器油温在35℃左右，看加注过程中是否有油从加油孔流出来。

（4）最后将加油及液位检查螺栓拧紧。（注：最终以标准的液位检查为准）

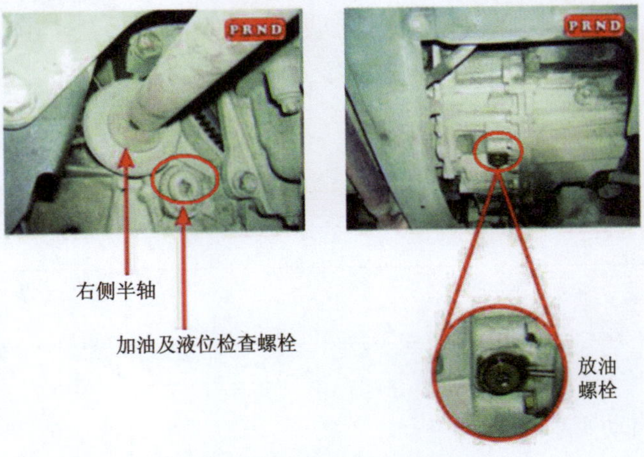

图5-66　放油螺栓位置、加油位置

五、通用4T45E型自动变速器换油项目

（1）该自动变速器油底壳上没有放油螺栓，只能先将油底壳拆下来，并排除所有旧油，其实这种设计目的是更换滤清器（见图5-67）。

（2）安装新的滤清器和油底壳后，从自动变速器正上方的加油孔处添加新的自动变速器油，并试挂所有挡位，同时在各挡位停留2 s，最后将变速杆置于P位。

（3）拆下液位检查螺栓，在发动机怠速下，自动变速器油温在60～80℃之间，从液位检查螺栓处看加注过程中，是否有油从加油孔流出来。

（4）最后将液位检查螺栓和加油孔螺栓拧紧。（注：最终以标准的液位检查为准。）

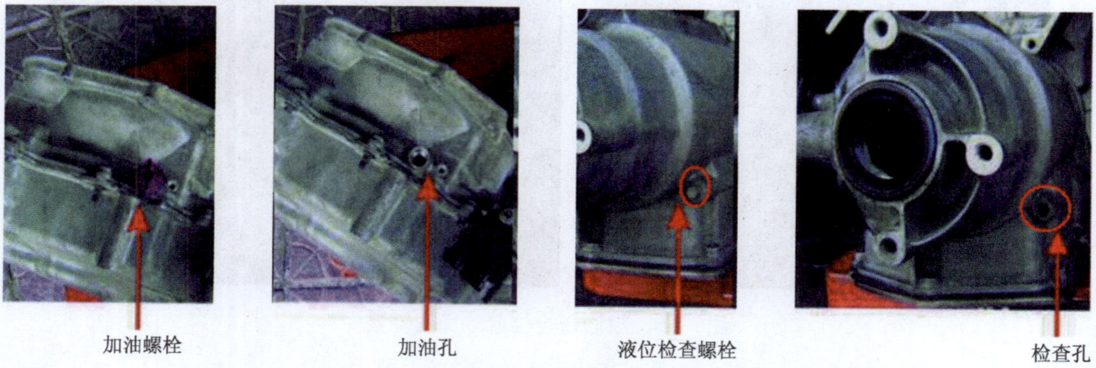

图5-67　液位检查螺栓、加油螺栓

技能鉴定

实习记录表如表5-3所示。

表5-3　实习记录表

实习名称	四挡自动变速器换油保养	
需准备设备与工具材料等		
实习步骤	内　容	注 意 事 项
准备工作		
具体步骤		
反思		
教师评价	教师评分： 教师建议：	

课堂思考

怎样选择四挡自动变速器油品？

随堂练习

作为一名汽车修理工，怎样进行四挡自动变速器换油？

任务四　五挡自动变速器换油保养

相关知识

一、大众、奥迪01V型自动变速器换油保养

奥迪在1999年开始使用ZF公司生产的型号为01V型五挡手自一体变速器（见图5-68），并一直用到2005年。

采用的车型有老款的上海大众帕萨特B5 1.8T、2.8V6，上海大众帕萨特06款领驭1.8T和2.8V6，09款领驭1.8T和2.8V6，上海大众05款途安1.8T，第5代奥迪A6 1.8T、2.4T和2.8T，第6代奥迪A4 1.8T、2.4T、3.0T，第7代06款奥迪A4 1.8T、3.0T。

用油要求与大众四挡和ZF五挡自动变速器要求一样，使用零公里自动变速器油即可。由于结构不同，换油操作时，要注意加注、排放及检查位置。

图5-68　01V型五挡手自一体变速器

二、宝马、路虎5HP-24型自动变速器换油保养

ZF系列的5HP-24型自动变速器（见图5-69）放油孔是独立的，而加油孔和液位检查孔采用一个螺栓，用油要求与其他ZF五挡自动变速器一样，推荐使用零公里自动变速器油。

三、福特JF506E型自动变速器换油保养

目前在国内装有日本JATCO生产的JF506E型五挡自动变速器比较多，比如名爵所用的就是这款自动变速器，其他车型使用该款自动变速器的有捷豹、陆虎、蒙迪欧、马自达、大众夏朗等。

JF506E型五挡自动变速器（见图5-70）也没有油尺，单独的加油孔，单独的放油孔以及单独的液位检查位置。厂家要求必须使用合格的专用自动变速器油，可以选择零公里ATF-VI自动变速器油。

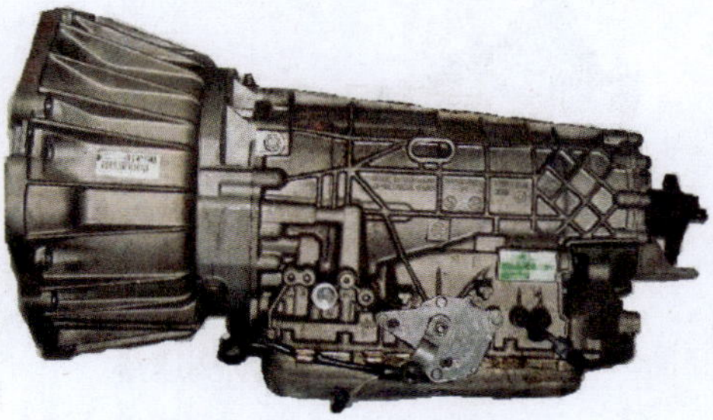

图5-69　5HP-24型自动变速器

四、通用5L40E型自动变速器换油保养

GM公司生产的5L40E型五挡自动变速器（见图5-71）普遍应用在通用品牌旗下的车辆上，同时宝马、五十铃等车型也在选用。

图5-70　JF506E型五挡自动变速器

图5-71　5L40E型五挡自动变速器

5L40E型五挡自动变速器与其他自动变速器加油位置和螺栓略有差异，不过操作流程是一样的。该自动变速器的用油要求执行DEXRON-VI（德士龙6代标准），使用零公里ATF-VI自动变速器油，零公里ATF-VI自动变速器油是国内唯一通过此认证标准的油品。

五、克莱斯勒5R55型自动变速器换油保养

早期部分克莱斯勒车型包括吉普系列所用的5R55N和5R55W型五挡自动变速器（见图5-72）用油要求也比较严格，它必须符合克莱斯勒公司的标准，零公里ATF-VI自动变速器油完全可以取代。

对于五挡的后轮驱动和四轮驱动的5R55N和5R55W型自动变速器来说，液位检查方法及检查位置是一样的，都在油底壳上，但加注位置有所不同（见图5-73）。

图5-72　5R55W型五挡自动变速器

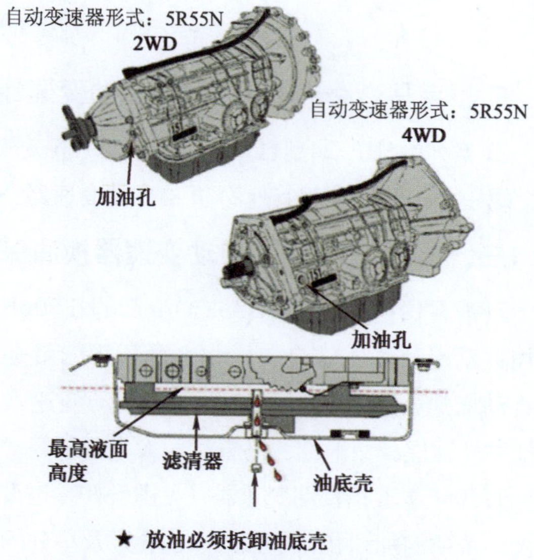

图5-73　5R55N和5R55W型自动变速器液位

技能项目

实习名称	五挡自动变速器换油保养	实习目标	掌握五挡自动变速器换油保养的方法
使用器材	实习车辆、举升机、国产车自动变速器、自动变速器油		

操作步骤

一、大众、奥迪01V型自动变速器换油项目

大众、奥迪AG5 01V（5HP-19）型五挡自动变速器与AG4 01M唯一区别就是AG5 01V型加油孔和液位检查孔使用的是一个孔，有一个单独放油孔（见图5-74）。液位的检查及加注方法与AG4相同。大修量：9 L左右；普通更换量：4 L左右；循环清洗机更换量：12～14 L。（注：最终以标准的液位检查为准。）

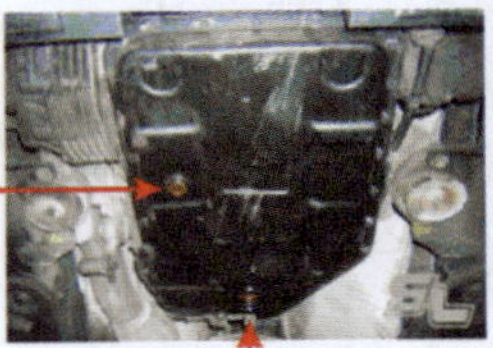

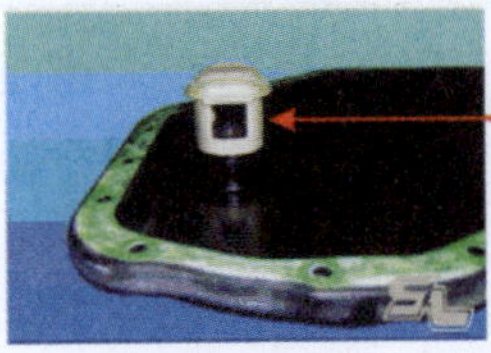

图5-74　大众奥迪01V型变速器加油及放油位置

二、宝马、路虎5HP-24型自动变速器换油项目

（1）自动变速器不应在应急状态，车辆水平停放。

（2）在发动机怠速下，切换各挡并在每个挡位停留2 s，变速杆置于P位，使发动机怠速运转。

（3）关闭空调及暖风，开始检查时，自动变速器油温度不应高于45℃，必要时先让自动变速器冷却，自动变速器油从液位检查孔流出即可（见图5-75）。

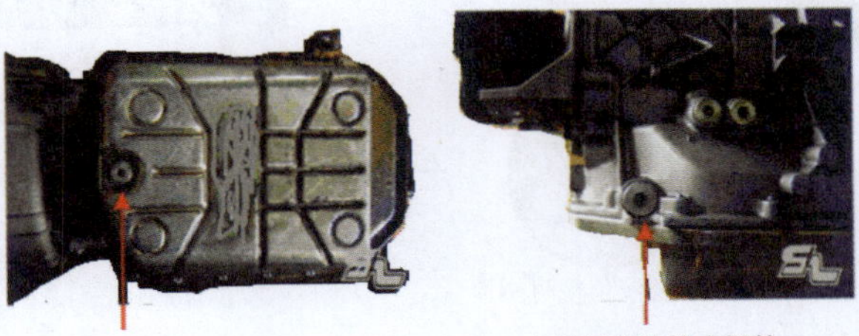

图5-75　放油螺栓、加油及液位检查螺栓位置

三、福特JF506E型自动变速器换油项目

（1）将车辆举升，用扳手拆除放油螺栓排除自动变速器油。

（2）按安装要求加注自动变速器油（见图5-76）。

（3）启动发动机，将变速杆从P位移过所有挡位，在各挡停止2～3 s并返回到P位。

（4）在发动机依然运转时，用5 mm的通用扳手拆除放油螺栓，排净多余液体并废弃密封垫。

注意：自动变速器油位必须只在自动变速器油温度介于35～45℃（95～113°F）之间时检查。如果温度超出这个范围，读取的数值会不准确。

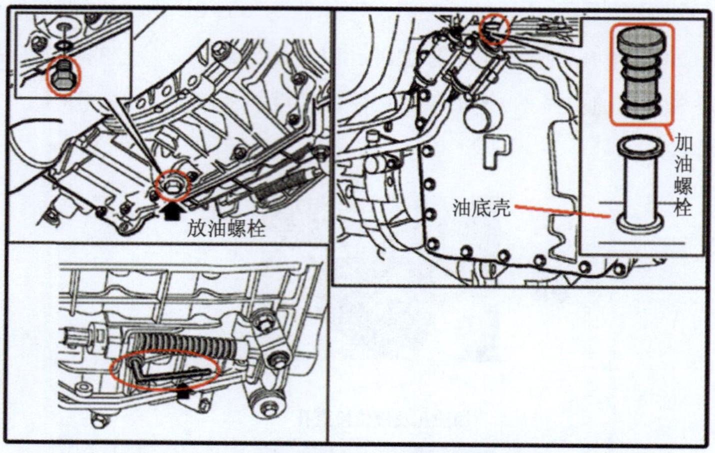

图5-76　福特JF506E型自动变速器放油螺栓、加油螺栓

四、通用5L40E型自动变速器换油保养项目

（1）将加油螺栓和油底壳上的放油螺栓同时拆下，将旧油完全排净，拆卸油底壳，更换新的滤清器。

（2）安装油底壳并拧上放油螺栓，从加油螺栓处加注新的自动变速器油，当有自动变速器油流出后试挂所有挡位，并在每个挡位停留2 s左右，最后将变速杆置于P位。

（3）通过诊断仪得到自动变速器油温度刚好在50℃左右时，再次检查自动变速器油是否从加油孔流出（见图5-77）。（注：最终以标准的液位检查为准。）

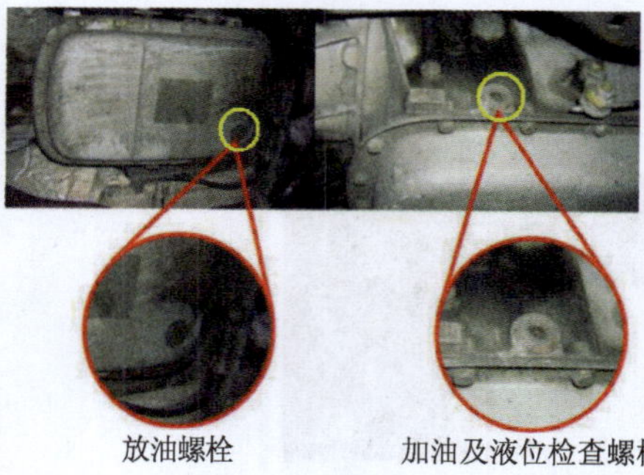

（a）形式一

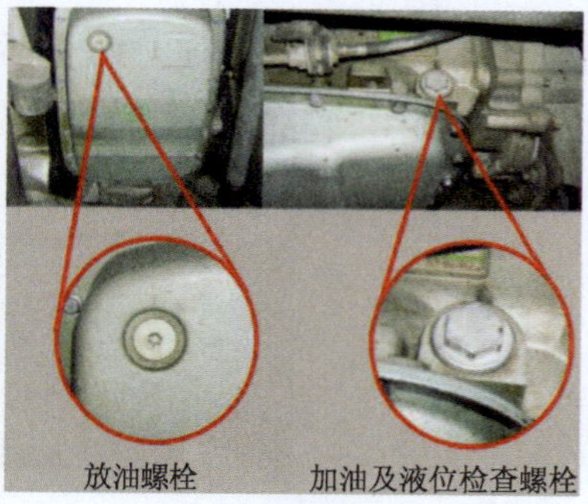

（b）形式二

图5-77　通用5L40E型自动变速器放油、加注及检查油面位置图

五、克莱斯勒5R55型自动变速器换油项目

（1）车辆置于水平位置。

（2）拆卸油底壳，放出旧的自动变速器油并更换新的滤清器。

（3）安装油底壳，打开加油螺栓和液位检查螺栓。

（4）添加足够的新的自动变速器油。

（5）运转发动机及自动变速器，利用诊断仪读出自动变速器油温度在80～90℃时，打开液位检查螺栓（变速杆位于P位）。

（6）自动变速器油从检测孔排出即可。

（7）利用规定力矩拧紧液位检查螺栓及加油螺栓。（注：最终以标准的液位检查为准。）

技能鉴定

实习记录表如表5-4所示。

表5-4　实习记录表

实习名称	五挡自动变速器换油保养	
需准备设备与工具材料等		
实习步骤	内　容	注 意 事 项
准备工作		
具体步骤		
反思		
教师评价	教师评分： 教师建议：	

课堂思考

怎样选择五挡自动变速器油品？

随堂练习

作为一名汽车修理工，怎样进行五挡自动变速器换油？

任务五　六挡自动变速器换油保养

相关知识

一、大众、奥迪09G型自动变速器换油保养

日本爱信为大众奥迪配套的六挡自动变速器有两种：前轮驱动和后轮驱动。前轮驱动的装

车量最大，就是大众型号为09G型自动变速器（厂家型号为TF-60SN），主要被国产一汽大众及上海大众车型所采用，如一汽大众的新宝来、速腾、迈腾、高尔夫、新捷达等，上海大众的波罗、途安、朗逸、斯柯达等，同时宝马迷你和奥迪TT也在使用该自动变速器（见图5-78）。

这两款自动变速器所用的自动变速器油在大众奥迪配件系统中零件号是G 052 025 A2，这两款自动变速器均可以使用零公里ATF-VI自动变速器油。

图5-78　09G型自动变速器

09G型自动变速器液位检查螺栓和放油螺栓的结构与前面的大众01M/01N型自动变速器是一模一样的，但值得注意的是该款自动变速器的溢流管长度有好几种，原因是该自动变速器与多种排量发动机进行匹配，如1.4 L、1.6 L、1.8 L、2.0 L以及3.2 L发动机等。所以，当油底壳上的溢流管损坏后，重新购买时一定要注意长短，否则会影响自动变速器的油量标准。另外一点就是进口车型，如奥迪TT、进口车型09G和国产车型09G加油位置有所区别。

二、大众、奥迪09D型自动变速器换油保养

大众、奥迪09D型自动变速器（见图5-79）以后轮驱动为主，如大众途锐、吉普、奥迪Q7，包括保时捷卡宴所用的09D型自动变速器（厂家型号为TR-60SN）。

用油要求与大众四挡自动变速器和ZF五挡自动变速器要求一样，使用零公里自动变速器油即可。由于结构不同，换油操作时要注意加注、排放及检查位置。

图5-79　大众、奥迪09D型自动变速器

三、ZF6HP-XX型自动变速器换油保养

大众奥迪高端车系配备使用的六挡自动变速器均是ZF公司生产的，比如2003年后，奥迪A8L所配的09E（6HP-26A）型全时四驱变速器（见图5-80）；2005年后，大众辉腾、奥迪A6L等所配的09L（6HP-19A）型全时四驱变速器以及奥迪Q7所配的0AT型六挡全时四驱变速器。同时，ZF6HP系列自动变速器（见图5-81）还应用在宝马、捷豹、陆虎、林肯、吉普、雅科仕等高端车型上。

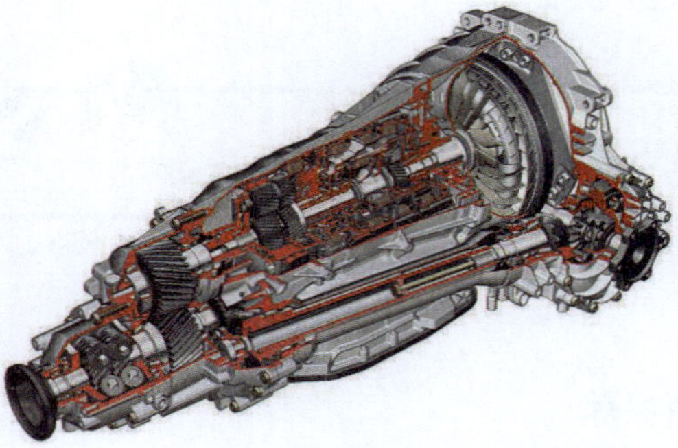
图5-80　6HP-26A全时四驱变速器

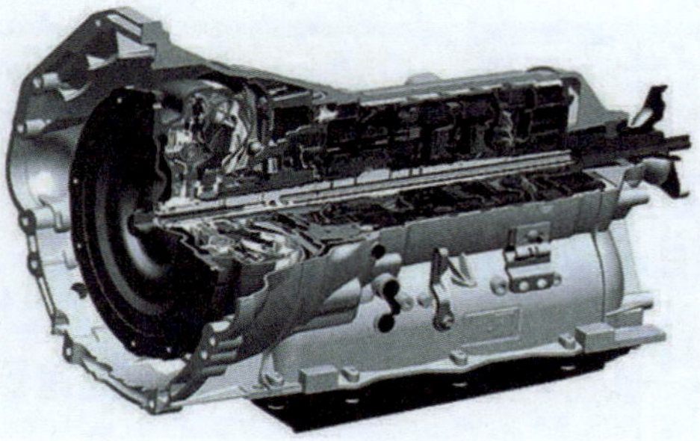
图5-81　ZF6HP系列自动变速器

因此，这种自动变速器对油品的使用要求非常高，可以选择零公里ATF-VI自动变速器油。

四、通用6T、6L系列自动变速器换油保养

通用旗下生产六挡自动变速器有两种：前轮驱动和后轮驱动。其中前轮驱动还有几种，分别是6T35E、6T40E、6T45E、6T70E和6T75E。其实6T35E、6T40E、6T45E（见图5-82）为一个系列，主要应用车型有：君威、君越、赛欧、凯越、克鲁兹、新GL8等。

而6T70E和6T75E（见图5-83）为一个系列，昂克雷在使用。同时通用还生产了后轮驱动的6L45E、6L50E和6L80E型自动变速器（见图5-84），主要应用在通用大排量汽车上，比如凯迪拉克等。

图5-82　6T45E型自动变速器

图5-83　6T75E型自动变速器

这几款六挡自动变速器对油品要求也是比较严格的，必须使用DEXRON-VI（德士龙6代标准），在这里推荐使用零公里ATF-VI自动变速器油，零公里ATF-VI自动变速器油是国内唯一通过此认证标准的油品。

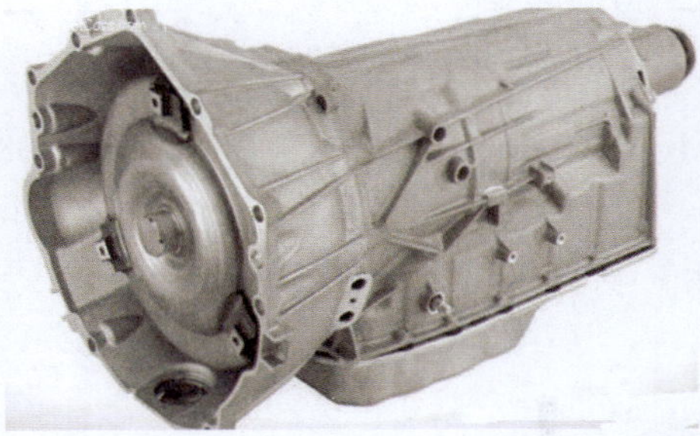

图5-84　6L80E型自变速器

五、现代、沃尔沃、福特AWF21（TF-80/81SC）型自动变速器换油保养练习

现如今各个汽车厂家在传动系统中均采用多挡位自动变速器，现代车系也不例外，早在2006年以后韩国现代维拉克斯（SUV）越野车就选用型号为AW21型六挡自动变速器，其实这款自动变速器是日本爱信公司生产的，与前面的大众09G系列结构极其相似。目前该自动变速器在新款雪铁龙C5轿车（TF-70）、蒙迪欧、通用新君越、沃尔沃S80等系列车型上应用比较广泛（见图5-85）。

其厂家对用油要求是严格使用型号为JWS-3309（T-4）自动变速器油，完全可以用零公里ATF-VI自动变速器油来代替。该自动变速器也取消油尺、加油位置及液位检查位置。

六、现代A6LFX自动变速器换油保养

2009年后，韩国现代汽车厂家推出自身研发的A6LFX型六挡自动变速器，新圣达菲和北京现代iX35越野车都在使用这款自动变速器（见图5-86）。

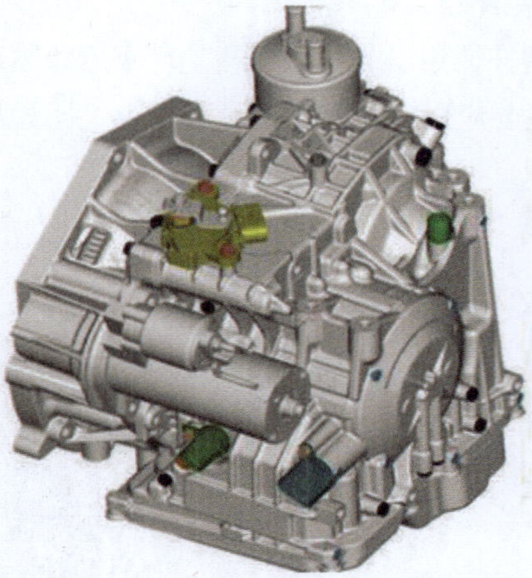

图5-85　TF-70SC型自动变速器

图5-86　A6LFX型六挡自动变速器

由于从结构控制上都与AWF21型有所不同，因此养护方式也不同，厂家规定自动变速器油必须使用SP-IV型专用自动变速器油，其实零公里ATF-VI自动变速器油完全可以代替。

七、克莱斯勒62TE自动变速器换油保养

克莱斯勒推出的前轮驱动六挡自动变速器型号为62TE（见图5-87）。

厂家要求使用原厂ATF+4型自动变速器油，零公里ATF-VI自动变速器油完全可以替代。

八、丰田U660E/760E自动变速器换油保养

丰田公司大部分车型所用的U660E六挡自动变速器（见图5-88）有两种：前轮驱动U660E（大霸王、佳美、凌志等）、U760E（汉兰达和雷克萨斯等车型）；后轮驱动A760/761/960E（皇冠、锐志等）。

图5-87　62TE型六挡自动变速器

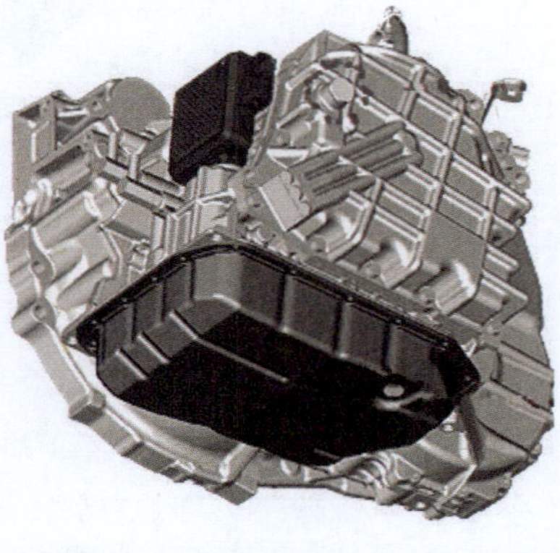

图5-88　丰田U660E六挡自动变速器

厂家对六挡自动变速器要求严格使用丰田的TOYOTA ATF WS品牌用油，零公里ATF-VI自动变速器油完全可替代，因为质量要求及使用标准肯定没有问题，同时在价位上，零公里ATF-VI自动变速器油还是有优势的。

九、丰田A760/761/960E自动变速器换油保养

丰田A760/761/960E自动变速器（见图5-89），应用在丰田皇冠、锐志等轿车所使用的六挡后轮驱动车辆上。

厂家要求严格使用丰田的TOYOTA ATF WS品牌用油，零公里ATF-VI自动变速器油完全可替代，因为质量要求及使用标准肯定没有问题，同时在价位上，零公里ATF-VI自动变速器油还是有优势的。

图5-89　丰田A760/761/960E自动变速器

技能项目

<table>
<tr><td>实习名称</td><td>六挡自动变速器换油保养</td><td rowspan="2">实习目标</td><td rowspan="2">掌握六挡自动变速器换油保养的方法</td></tr>
<tr><td>使用器材</td><td>实习车辆、举升机、国产车自动变速器、自动变速器油</td></tr>
</table>

操作步骤

一、大众、奥迪09G型自动变速器换油保养项目

（1）拆下自动变速器油底壳并放掉自动变速器油，更换滤清器。

（2）装上油底壳，从加注位置加注自动变速器油。

（3）发动机处于工作状态（怠速运转），自动变速器不得进入故障运行模式，自动变速器变速杆置于P位。

（4）自动变速器温度不得超过30 ℃。（连接V.A.G1551或V.A.G1552，进入地址02，功能08，数据组06，观察第一区，即为自动变速器温度。）

（5）水平举升车辆，并试挂所有挡位，拧下自动变速器油底壳液位检查螺栓。

（6）当油温达到35～45℃时，溢流管刚好有油滴出，液位高度符合标准；如没有油滴出，则要加以补充（见图5-90）。

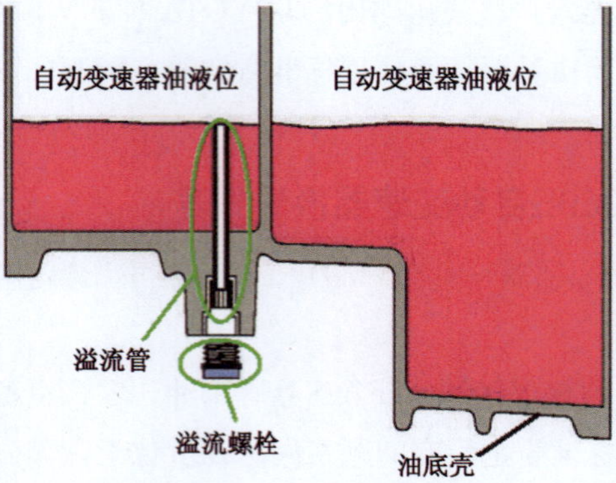

图5-90　09G型自动变速器液位检查标准

（7）用15 N·m力矩拧紧放油螺栓。（注：最终以标准的液位检查为准。）

对于09G型自动变速器而言，自动变速器油的加注位置有两种：早期的大众甲壳虫、途安等车型所用的09G型自动变速器的自动变速器油加注位置，在自动变速器左侧的电磁阀插头附近，这里有一个很短的加油管（与大众01M相似），通过先打开上面的防尘密封帽，然后再打开上面的螺栓进行加注；现在一汽大众速腾、迈腾、宝来、上海大众朗逸、斯柯达等系列09G型自动变速器的自动变速油加注位置有所改变，原有的位置已经被堵死，新的位置则设置在自动变速器右侧差速器附近，该加油位置利用一个螺栓取代过去的加油管（见图5-91）。

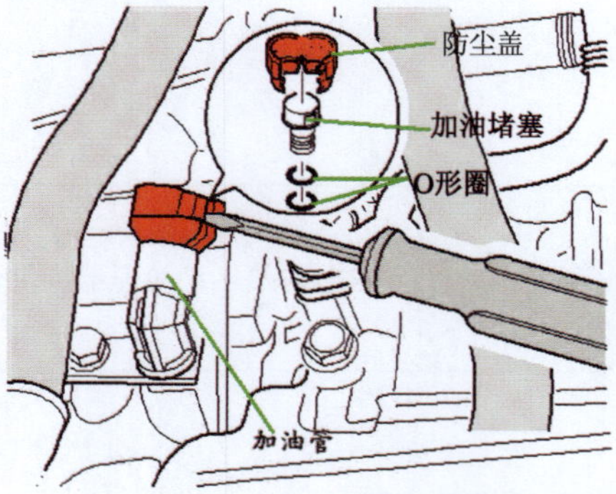

图5-91　09G早期和现在自动变速器油加注位置

注意：无论是更换自动变速器油还是日常的检查，都要按照标准严格遵循自动变速器油的检查要求及操作步骤进行，同时一定要选用符合厂家标准要求的自动变速器油，否则可能会导致自动变速器严重损坏。

二、大众、奥迪09D型自动变速器换油保养项目

对于大众途锐后轮驱动的09D型自动变速器来说，液位的检查标准、添加及排放方式跟前面的01V型自动变速器是一样的（见图5-92）。检查条件与09G型自动变速器一样。保时捷卡宴及奥迪Q7所使用的09D型自动变速器的养护方法及一些要求与途锐是完全一样的。

（1）拆下变速器油底壳并放掉自动变速器油，更换滤清器。

图5-92　9D型自动变速器加油及放油位置

（2）装上油底壳，从加注位置加注自动变速器油。

（3）发动机处于工作状态（怠速运转），自动变速器不得进入故障运行模式，自动变速器变速杆置于P位。

（4）自动变速器温度不得超过30℃。（连接V.A.G1551或V.A.G1552，进入地址02，功能08，数据组06，观察第一区，即为自动变速器温度。）

（5）水平举升车辆，并试挂所有挡位，拧下自动变速器油底壳液位检查螺栓。

（6）当油温达到35～45℃时，溢流管刚好有油滴出，液位高度符合标准；如没有油滴出，则要加以补充。

（7）用15 N·m力矩拧紧放油螺栓。（注：最终以标准的液位检查为准）

三、ZF6HP-XX型自动变速器换油保养项目

在ZF公司生产的六挡自动变速器中有两种油底壳：一种是塑料的与滤清器是一体的，还有一种是金属的与滤清器是分开的。但换油方式都是一样的：对于奥迪09L而言，该自动变速器的放油螺栓和液位检查螺栓都在油底壳上一大一小（大的是液位检查螺栓，小的是放油螺栓），而加油螺栓在变速器左后侧的油底壳上边一点[见图5-93（b）]，但需要拆卸油底壳更换滤清器。液位检查条件与01V一样，只不过对温度要求略有提前，在30～35℃时检查油液是否从液位检查孔流出来。

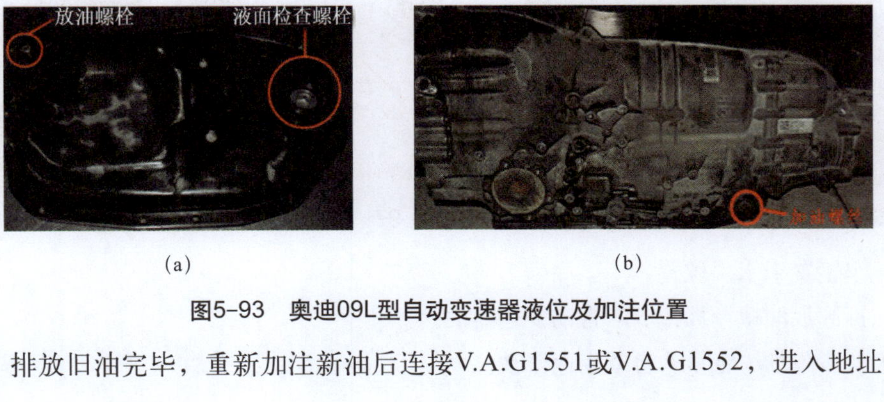

（a）　　　　　　　　　　（b）

图5-93　奥迪09L型自动变速器液位及加注位置

（1）排放旧油完毕，重新加注新油后连接V.A.G1551或V.A.G1552，进入地址02，功能

08，数据组06，观察第一区，即为自动变速器油温度。

（2）发动机怠速运行。

（3）水平举升车辆，并试挂所有挡位，拧下自动变速器油底壳液位检查螺栓。

（4）当油温达到30～35℃时，溢流管刚好有油滴出，液位高度符合标准；如没有油滴出，则要加以补充。

（5）用15 N·m力矩拧紧放油螺栓。（注：最终是以标准的液位检查为准。）

而针对宝马系列车型的6HP也略有区别，宝马3系和5系及部分7系所用的6HP19自动变速器其加油及液位检查螺栓是在自动变速器的左侧（见图5-94），塑料油底壳上仅仅是放油螺栓（保养换油时由于油底壳和滤清器形成一个整体，因此同时更换）；而部分宝马7系等大排量车型所用的6HP26自动变速器其加油及液位检查螺栓是在自动变速器的右侧（见图5-95），塑料油底壳上也仅仅是放油螺栓（保养换油时由于油底壳和滤清器形成一个整体，因此同时更换）。

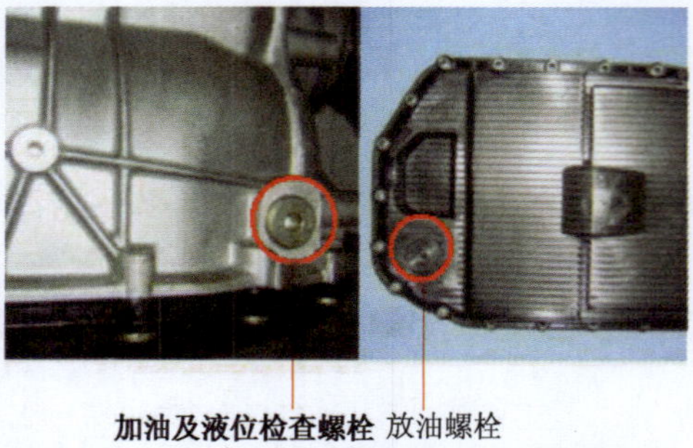

图5-94　6HP19油液排放、加注及检查位置

图5-95　6HP26油液排放、加注及检查位置

所有ZF系列六挡自动变速器的换油方法、液位检查要求及方法基本相同。

四、通用6T、6L系列自动变速器换油保养

1. 6T75E型自动变速器换油保养

通用昂克雷所使用的6T75E型自动变速器的放油螺栓在自动变速器的底部如图5-96所示，加油位置和油尺如图5-97所示。由于该自动变速器有油尺，因此养护作业就变得很容易。

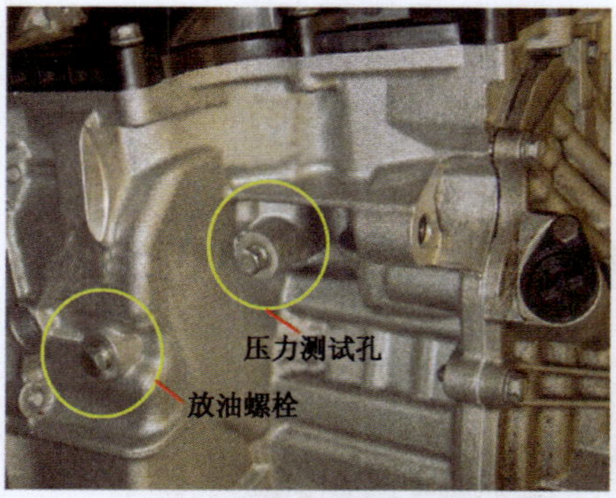

图5-96　6T75E型自动变速器的放油螺栓位置

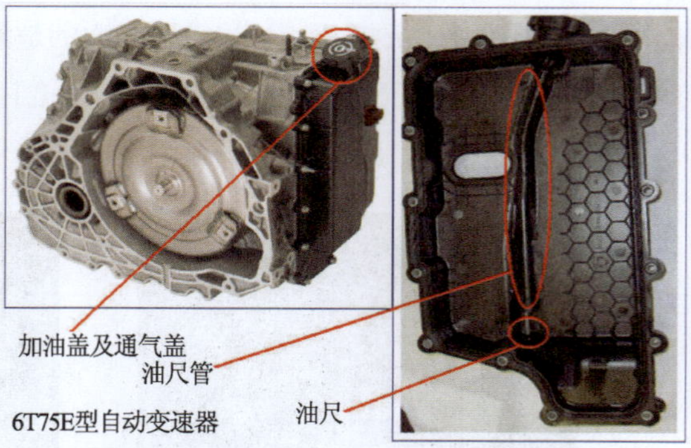

图5-97　6T75E型自动变速器的加油位置和油尺

（1）车辆置于水平位置。

（2）拆卸放油螺栓放掉旧的自动变速器油。

（3）初步添加一定量的自动变速器油。

（4）运行车辆使自动变速器油上升至80～90℃之间。

（5）拔下油尺，观测自动变速器油的准确位置并调整。

2. 6T35/40/45E系列自动变速器换油保养

6T35/40/45E系列自动变速器的养护略有不同，加油位置及液位检查孔和放油螺栓都在自动变速器的底部（见图5-98）。

（1）车辆置于水平位置。

（2）拆卸放油螺栓放掉旧的自动变速器油。

（3）安装油底壳，打开加油孔和液位检查螺栓。

（4）临时添加足够的新的自动变速器油（从液位检查孔流出即可）。

（5）运转发动机及自动变速器，利用诊断仪读出自动变速器油温度，在85～95℃时再次打开液位检查孔（变速杆在P位）。

（6）把多余的自动变速器油放出（从液位检查孔排出即可），利用规定力矩拧紧液位检查螺栓。（注：最终以标准的液位检查为准。）

3. 6L40/50/80E系列自动变速器换油保养

6L40/50/80E系列自动变速器的养护方法与前轮驱动的自动变速器有所不同，6L50/80E液位检查位置，如图5-99所示。

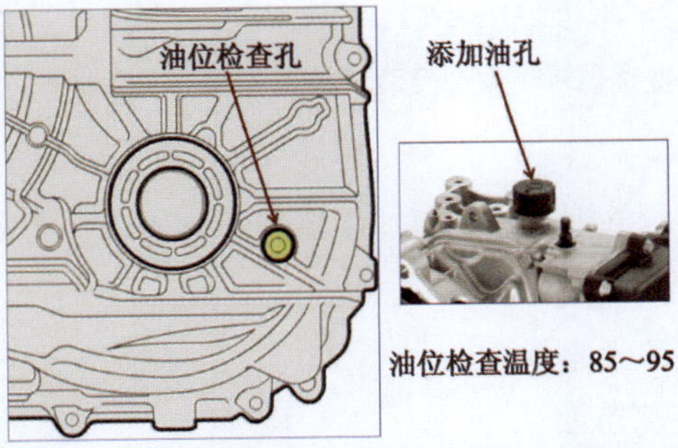

图5-98　6T45E型自动变速器加油位置及液位检查位置

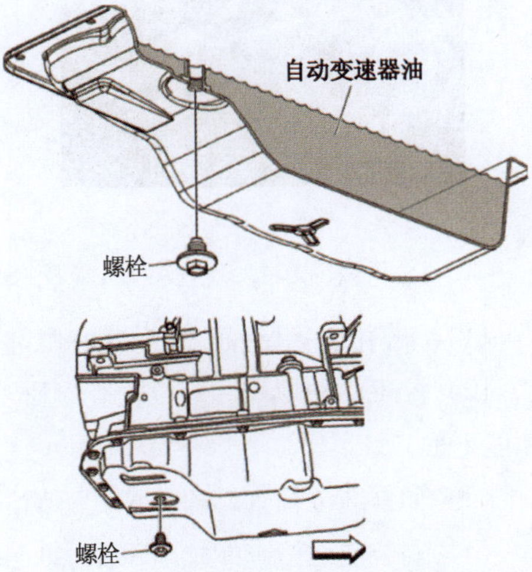

图5-99　6L50/80E液位检查位置

添加自动变速器油时可以从液位检查螺栓处加注，但必须使用专用工具，同时也可以从独立的加油孔添加（见图5-100）。

（1）车辆置于水平位置。

（2）拆卸油底壳放出旧的自动变速器油，并更换新的滤清器。

（3）安装油底壳，打开加油孔和液位检查螺栓。

（4）添加足够的新的自动变速器油。

（5）运转发动机及自动变速器，利用诊断仪读出自动变速器油温度在85～95℃时打开液位检查螺栓（变速杆位于P位）。

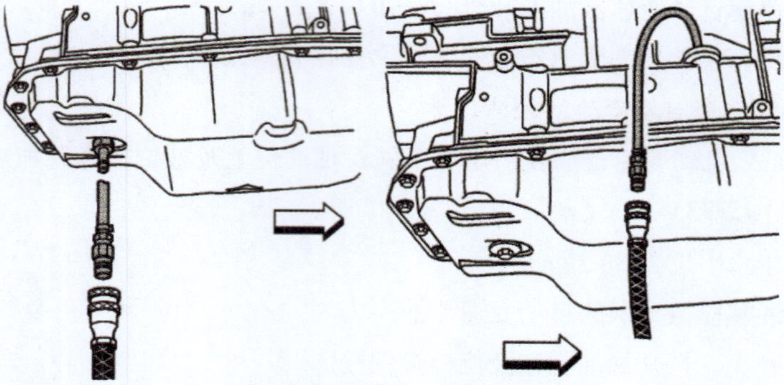

图5-100　6L50/80E自动变速器加油方法及加油位置

（6）把多余的自动变速器油放出（从检测孔排出即可），利用规定力矩拧紧液位检查螺栓。（注：最终以标准的液位检查为准。）

五、现代、沃尔沃、福特AWF21（TF-80/81SC）型自动变速器换油保养项目

该自动变速器也取消油尺，加油位置及液位检查位置如图5-101所示。

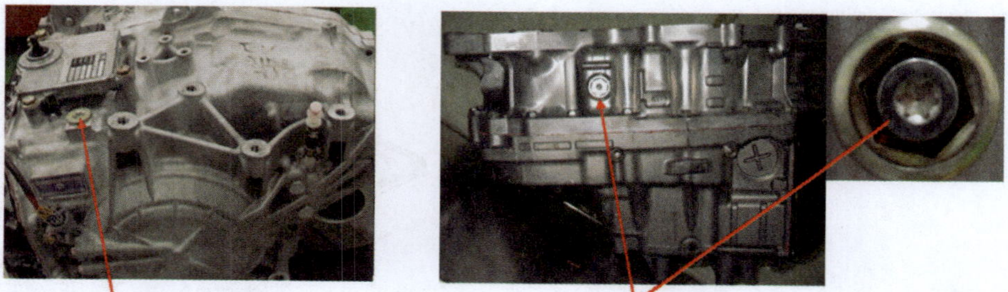

图5-101　现代AW21（TF-81SC）自动变速器ATF添加及液位检查位置

（1）车辆停在水平面上，发动机怠速运转。

（2）拧下加油螺栓和液位检查螺栓（换油需要拆卸油底壳，但滤清器必须解体，自动变速器才能更换）。

（3）如果液位检查螺栓检测孔不滴油就添加自动变速器油。

（4）安装液位检查螺栓后再添加0.5 L的自动变速器油。

（5）再次启动发动机，变速杆由P→D操作两次（每个位置停留2 s以上）。

（6）自动变速器油温达到50～60℃（利用诊断仪读出）的时候拧开液位检查螺栓。

（7）如果自动变速器油滴落，说明已达到标准量，拧紧液位检查螺栓（更换新的O形圈）。（注：最终以标准的液位检查为准。）

六、现代A6LFX自动变速器换油保养项目

现代A6LFX自动变速器的加油位置及液位检查位置如图5-102所示。

（1）首先打开加油口盖，添加一定量的自动变速器油（SP-IV）。

（2）启动发动机保持怠速运转（不要通过失速测试的方法进行暖机）。

（3）暖机直到油温达到 55℃左右（50～60℃）（使用诊断仪检测）。

图5-102　现代A6LFX自动变速器加油位置及液位检查位置

（4）变速杆由P → D 操作两次，后放置在 P 位。

（5）举升车辆，拆卸溢流塞。

（6）如果滴油，安装溢流塞，油量正常。

（7）否则添加自动变速器油，重复步骤（1）直到滴油。（注：最终以标准的液位检查为准。）

七、克莱斯勒62TE自动变速器换油保养

克莱斯勒62TE型六挡自动变速器有专用油尺（作为专用工具来使用），但没有放油螺栓，须拆卸油底壳放油，加油位置在侧油底壳油尺管处，加油位置如图5-103所示。专用油尺如图5-104所示，油尺上面有刻度线。

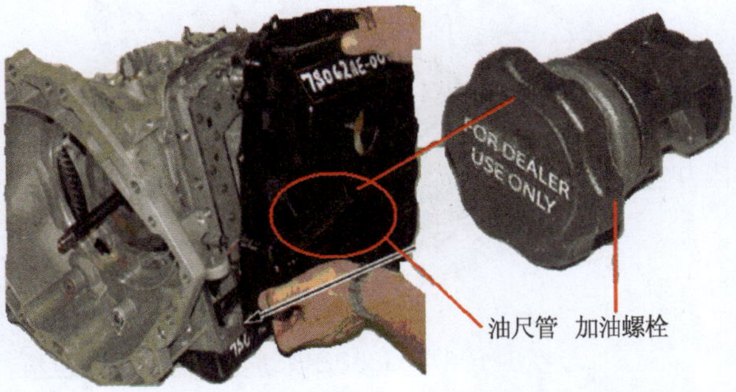

图5-103　62TE型六挡自动变速器加油位置

图5-104　专用油尺

（1）车辆置于水平位置。

（2）拆卸油底壳，放出旧的自动变速器油并更换新的滤清器。

（3）安装油底壳，打开加油螺栓。

（4）添加足够的新的自动变速器油。

（5）变速杆置于P位，运转发动机及自动变速器，利用诊断仪读出自动变速器油温度。在不同温度时利用油尺来观测对应的自动变速器油位置，严格来讲，应与不同温度下液位曲线表相对应。62TE型六挡自动变速器液位对照如图5-105所示。

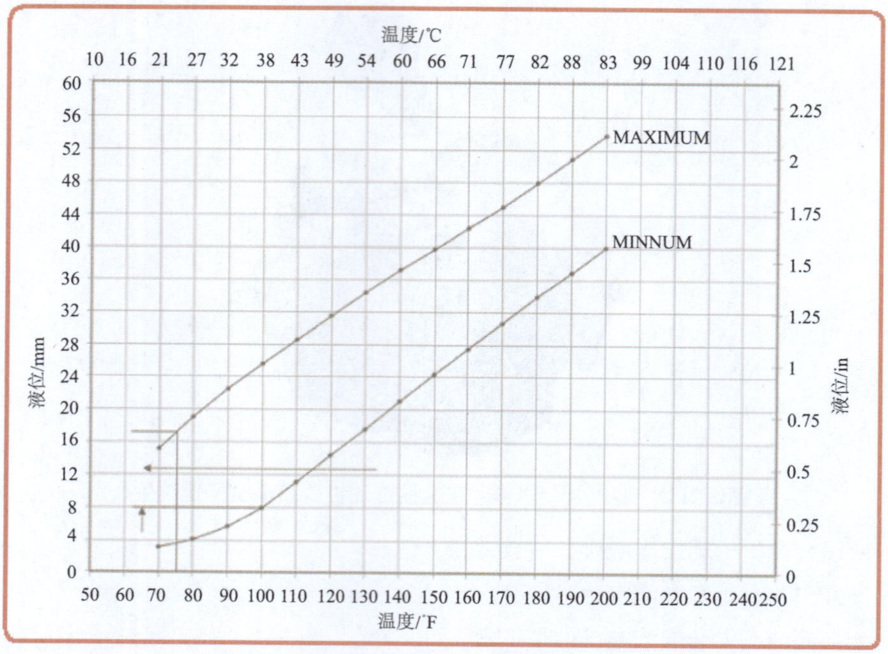

图5-105　62TE型六挡自动变速器液位对照

八、丰田U660E/760E自动变速器换油保养项目

对于前轮驱动的U660E自动变速器的保养方法与后轮驱动的自动变速器一样，但加油等位置略有不同，如图5-106所示。

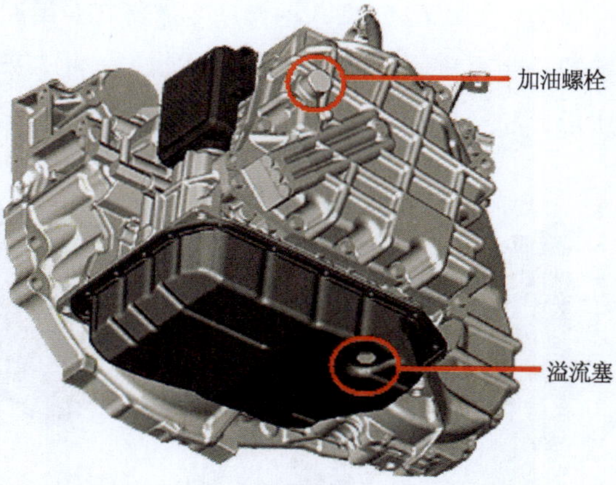

图5-106　U660E自动变速器的加油位置

1. 换油操作步骤（有专用检测仪）

（1）举升车辆。

（2）拆下加油螺栓和溢流塞，同时拆下油底壳并排出旧的自动变速器油，换上新的滤清器并安装油底壳。

（3）从加油孔加新的自动变速器油，直到从自动变速器油溢流塞孔流出。

（4）临时安装溢流塞。

（5）有必要时从加油孔加自动变速器油。

（6）装上加油螺栓。

（7）降下车辆。

（8）连接智能检测仪（见图5-107）。

（9）启动发动机。

（10）变速杆挂入各挡位（在各挡位停留2 s左右），最后置于P位。

（11）在显示屏上检查自动变速器油的温度，当自动变速器油温度在40～45℃时再次打开溢流塞，如有少量的自动变速器油流出即可。

（12）按照规定力矩安装溢流塞。（注：最终以标准的液位检查为准。）

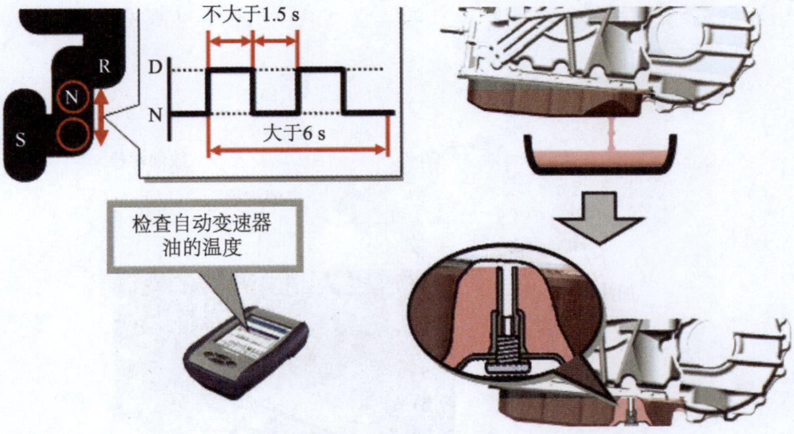

图5-107　使用诊断仪检测自动变速器油液位

2. 换油操作步骤（没有专用检测仪）

在没有专用检测仪的情况下进行自动变速器的养护作业，完成“换油操作步骤（专用检测仪）”中的（1）～（7）步后，按照以下步骤进行操作：

（1）连接DLC3（诊断插座）的 TC 和CG两个端子。

（2）启动发动机。

（3）移动变速杆到所有挡位。

（4）在N和D位置交替切换变速杆位置。

（5）挂 P位并拆下 SST（诊断插座连接器）。

（6）发动机暖机直到D位指示灯闪亮（见图5-108）。

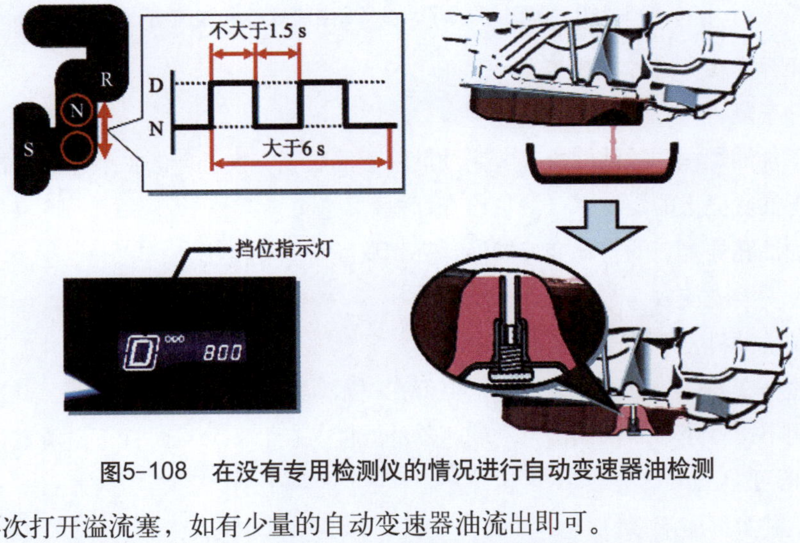

图5-108　在没有专用检测仪的情况进行自动变速器油检测

（7）再次打开溢流塞，如有少量的自动变速器油流出即可。

（8）按照规定力矩安装溢流塞。（注：最终以标准的液位检查为准。）

九、丰田A760/761/960E自动变速器换油保养项目

由于丰田新款车型的后轮驱动自动变速器也取消了油尺，因此一定要严格按照厂家的要求进行自动变速器的养护作业。对于丰田皇冠、锐志等轿车所使用的六挡后轮驱动自动变速器的放油、加

油及液位检查位置如图5-109所示。溢流螺栓和溢流管（液位检查标准高度）如图5-110所示。

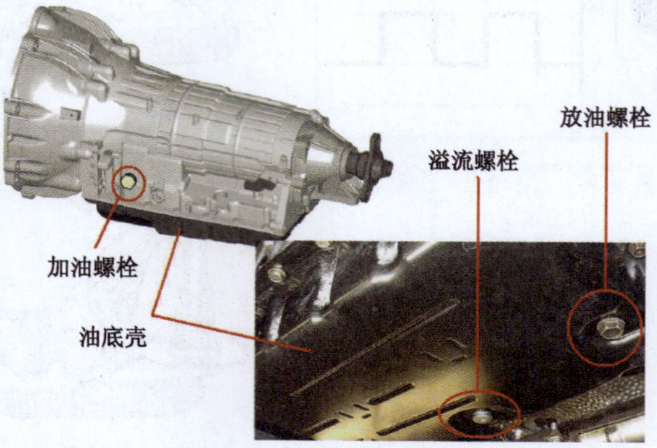

图5-109　丰田A760/761/960E自动变速器放油、加油位置及溢流螺栓位置

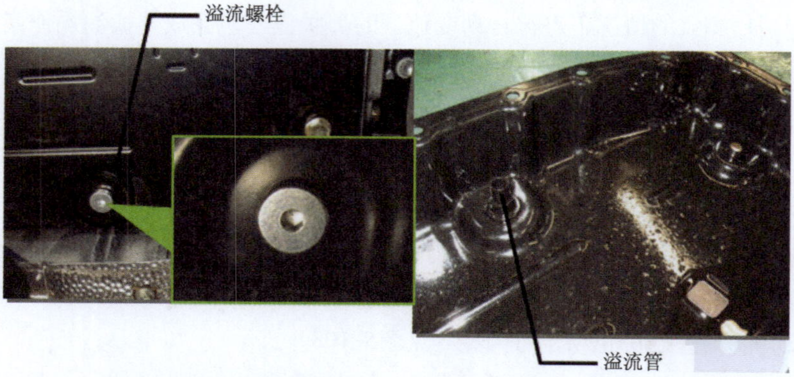

图5-110　丰田A760/761/960E溢流螺栓和溢流管

1. 换油操作步骤（有诊断仪器）

（1）举升车辆。

（2）拆下加油螺栓和放油螺栓，放完油后拆下油底壳，换上新的粘纸型滤清器。

（3）拆下油底壳上的溢流塞（液位检查螺栓）。

（4）从加油孔处加新的自动变速器油，直到从溢流塞孔流出。

（5）临时安装溢流塞。

（6）启动发动机。

（7）变速杆在各个挡位上移动一遍，停留在P位（各个挡位停留2 s左右）。

（8）利用丰田专用诊断仪读出自动变速器油温度，在45～55℃时拧下溢流塞，有少量自动变速器油流出即可。

（9）装上并紧固溢流塞。

2. 换油操作步骤（没有诊断仪器）

完成“换油操作步骤（有诊断仪器）”中的（1）～（5）步后，完成以下操作：

（1）用SST连接诊断插座中的CG和TC两个端子（见图5-111）。

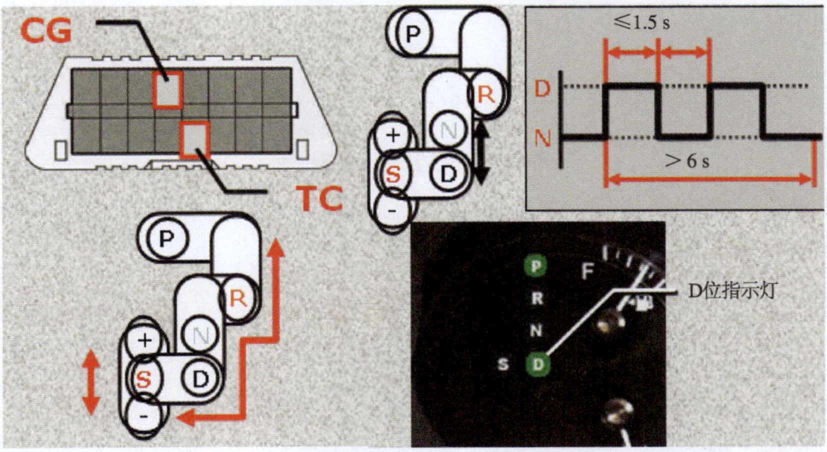

图5-111　无诊断仪器时的操作流程图

（2）启动发动机。

（3）在所有挡位进行换挡操作。

（4）变速杆由 N → D 交替变换挡位。

（5）确认组合仪表中D位指示灯点亮2 s。

（6）从诊断插座上拆下 SST。

（7）此时打开溢流塞，有少量的自动变速器油流出即可，同时安装并紧固溢流塞。

3. 换油操作步骤（仅带自动变速器油加热器的车辆）

完成“换油操作步骤（有诊断仪器）”中的（1）～（5）步后，完成以下操作：

（1）发动机转速升至2 500 r/min并保持90 s（见图5-112）。

（2）怠速运转20 s。

（3）再次将发动机转速升至2 500 r/min并保持 90 s。

（4）检查D位指示灯点亮（自动变速器油温度检查）。

（5）发动机运转时举升车辆。

（6）通过溢流塞从溢流塞孔处检查自动变速器油液面高度。

（7）重新上紧溢流塞。

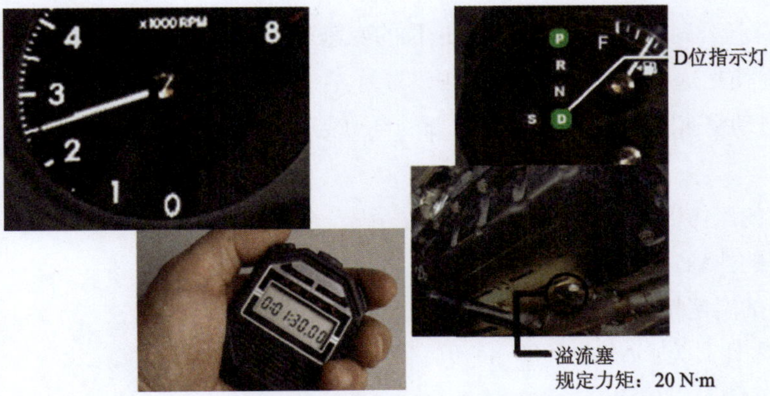

图5-112　对仅带自动变速器油加热器车辆的检查

技能鉴定

实习记录表如表5-5所示。

表5-5　实习记录表

实习名称	六挡自动变速器换油保养	
需准备设备与工具材料等		
实习步骤	内　容	注 意 事 项
准备工作		
具体步骤		
反思		
教师评价	教师评分： 教师建议：	

课堂思考

怎样选择六挡自动变速器油品？

随堂练习

作为一名汽车修理工，怎样进行六挡自动变速器换油？

任务六　七挡自动变速器换油保养

相关知识

一、奔驰722.9自动变速器换油保养

2003年，奔驰公司率先推出了七个前进位的变速器，称为722.9自动变速器。目前奔驰全系列车型几乎都在使用这款自动变速器（见图5-113）。

对应这款自动变速器，奔驰公司开发了新的自动变速器油（ATF 3353），新开发的自动变速器油具有：

（1）更高的摩擦因数。

（2）更好的热稳定性。

（3）更好的温度特性。

ATF 3353零件号为：A 001 989 45 03。

（1）722.3/4/5可以使用。

（2）722.6可以使用。

（3）722.9必须使用。

推荐使用零公里ATF-VI自动变速器油。

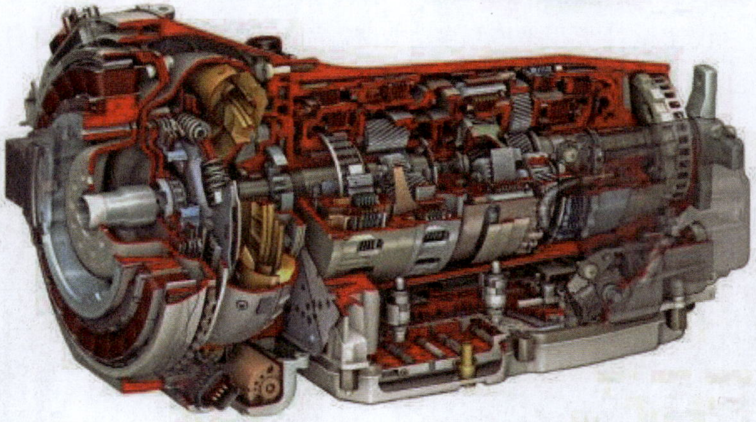

图5-113　722.9自动变速器

二、尼桑RE7R01A自动变速器换油保养流程

2009年，日本JATCO公司又为日产尼桑车系开发了RE7R01A型七挡自动变速器（见图5-114）。

厂家明确规定必须使用该自动变速器的专用ATF，零公里ATF-VI自动变速器机油完全可以代替。

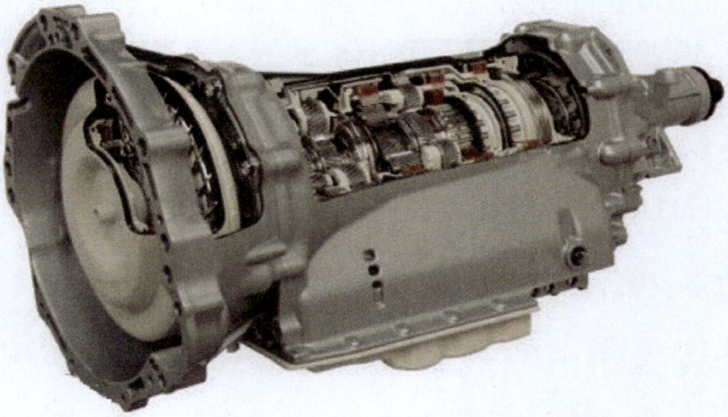

图5-114　RE7R01A型七挡自动变速器

技能项目

实习名称	七挡自动变速器换油保养	实习目标	掌握七挡自动变速器换油保养的方法
使用器材	实习车辆、举升机、国产车自动变速器、自动变速器油		

操作步骤

一、奔驰722.9自动变速器换油保养项目

该款自动变速器没有放油螺栓，也没有专门的加油位置。因此该自动变速器就是在油底壳上安装了一个螺栓，主要用来检测自动变速器油标准液位的，同时又是自动变速器油的加油孔。而自动变速器油溢流管与自动变速器油底壳为一体（见图5-115）。

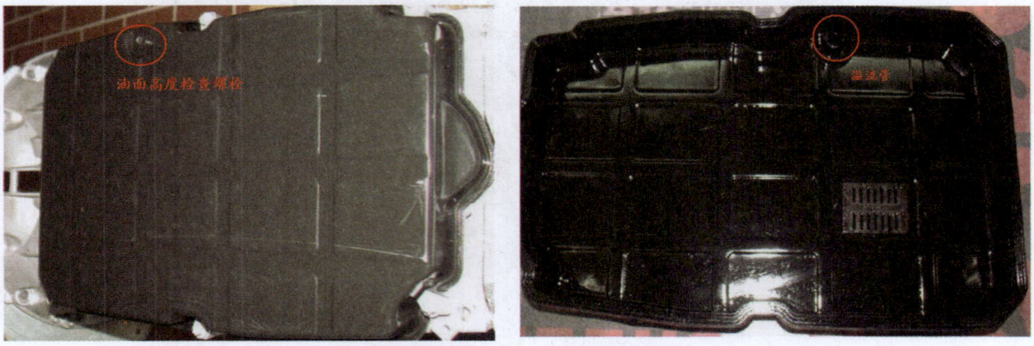

图5-115　奔驰722.9自动变速器油底壳

（1）车辆置于水平位置。

（2）拆卸油底壳放出旧的自动变速器油，并更换新的滤清器。

（3）安装油底壳，打开液位检查螺栓（溢流塞）。

（4）从液位检查螺栓孔添加足够的新的自动变速器油。

（5）临时安装液位检查螺栓（溢流塞）。

（6）启动发动机并预热，变速杆在各个挡位停留2 s，最后置于P位。

（7）当油温度达到30～40℃时（利用诊断仪检测到），再次拆下液位检查螺栓，如有少量的自动变速器油流出，说明液位正常。

（8）按照规定力矩拧紧液位检查螺栓。（注：最终以标准的液位检查为准。）

二、尼桑RE7R01A自动变速器换油保养项目

注意：执行以下各步骤，同时用CONSULT-III，确认自动变速器油温度后更换。

（1）用CONSULT–III 确认自动变速器油温度小于或等于40ºC（104ºF）。

（2）顶起车辆。

（3）从油底壳拆下放油螺栓及油底壳，并排出自动变速器油，安装新的滤清器。

（4）从油底壳上拆下溢流塞。

（5）将自制管子插入溢流塞孔并注入约3 L的自动变速器油。

（6）暂时将溢流塞拧紧至油底壳。

（7）启动发动机，变速杆在各个挡位停留2 s后置于P位。

（8）使自动变速器油温度约为40 ºC（104 ºF）。注：因为自动变速器油受温度的极大影响，应使用CONSULT–III 检查温度。

（9）如果自动变速器油温度达到40 ℃（104 ℉），则顶起车辆并从油底壳上拆下溢流塞。

（10）如果自动变速器油处于小滴状态，则将溢流塞按规定力矩拧紧到油底壳上，作业结束（见图5-116）。（注：最终以标准的液位检查为准。）

注意：切勿重复使用溢流塞。

图5-116　尼桑RE7R01A自动变速器液位检查螺栓

技能鉴定

实习记录表如表5-6所示。

表5-6　实习记录表

实习名称	七挡自动变速器换油保养	
需准备设备与工具材料等		
实习步骤	内　容	注 意 事 项
准备工作		
具体步骤		
反思		
教师评价	教师评分： 教师建议：	

课堂思考

怎样选择七挡自动变速器油品？

随堂练习

作为一名汽车修理工，怎样进行七挡自动变速器换油？

任务七　八挡自动变速器换油保养

相关知识

一、丰田AA80E八挡自动变速器换油保养

丰田公司最高挡位的自动变速器在2006年就问世了，最早应用在雷克萨斯SL460上，型号为AA80E（见图5-117）。

AA80E自动变速器目前也早已达到换油保养周期，厂家依然执行其自身标准，但零公里

ATF-VI自动变速油完全可以满足这一要求。

二、奥迪0BK八挡自动变速器换油保养

2008年以后，德国ZF公司推出8HP系列八挡自动变速器，广泛应用在宝马、路虎、捷豹等高端车型上，而奥迪则是在2010年开始启用这款自动变速器。它是6HP系列自动变速器的升级版本，从六挡直接跨越到八挡，可见这款自动变速器的技术含金量有多高（见图5-118）。

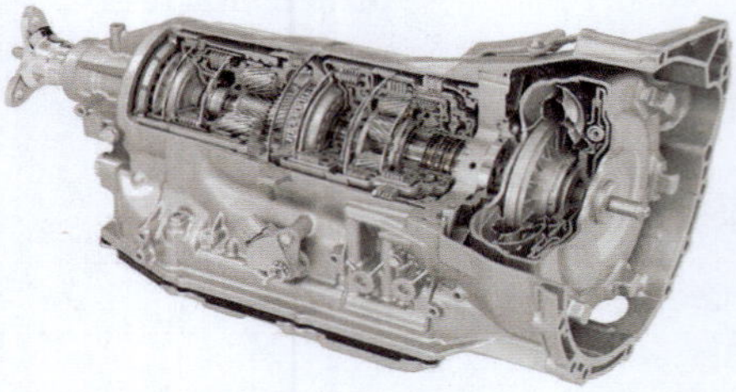

图5-117 AA80E自动变速器

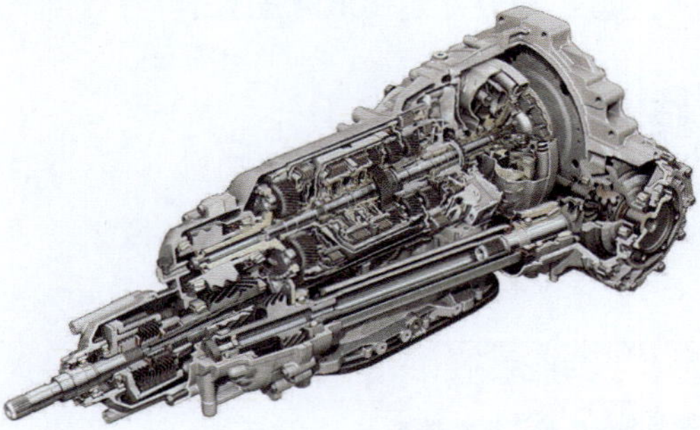

图5-118 奥迪0BK八挡自动变速器

因此，在用油方面又提出了更高的要求，特别是针对奥迪系列车型。由于采用全时四驱技术，所以对油品质量的要求会更高一些。这样厂家便推出符合这款自动变速器的高质量高级别的自动变速器油（可以说达到了极限级别），零公里ATF-VI自动变速器油完全可以满足这款八挡变速器的用油要求。

三、大众0C8自动变速器换油保养

大众0C8自动变速器是日本爱信由六挡自动变速器09D升级开发出来的，并连同大众Volk swagen 工程师们所提供的大量专业技术知识，成功调整变速器以达到大众Volkswagen在技术上的提升需求。大众Volkswagen在2011年的途锐（Touareg）车款首次采用这款八挡自动变速器。紧接着途锐、保时捷卡宴以及奥迪Q7均在使用这款自动变速器（见图5-119）。

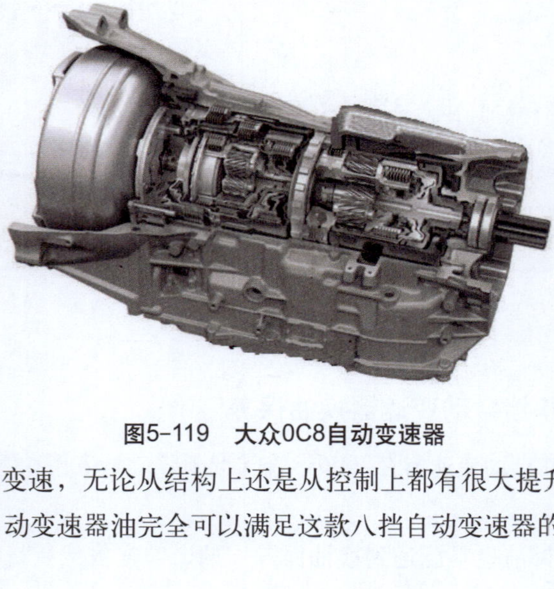

图5-119 大众0C8自动变速器

由六挡升级到八挡变速，无论从结构上还是从控制上都有很大提升和改进，对用油要求会更高，零公里ATF-VI自动变速器油完全可以满足这款八挡自动变速器的用油要求。

技能项目

实习名称	八挡自动变速器换油保养	实习目标	掌握八挡自动变速器换油保养练习的方法
使用器材	实习车辆、举升机、国产车自动变速器、自动变速器油		

操作步骤

一、丰田AA80E、现代A8L/TR1八挡自动变速器换油保养项目

AA80E自动变速器也没有油尺和油尺管，其加油螺栓位置在自动变速器左后侧，放油螺栓和液位检查螺栓均在油底壳上（见图5-120）。

（1）举升车辆。

（2）拆下放油螺栓先排放旧油，放完油后拆下油底壳，换上新的滤清器。

（3）拆下油底壳上的溢流塞（液位检查螺栓）。

（4）从加油孔处加新的自动变速器油，直到油从溢流塞孔流出。

（5）临时安装溢流塞。

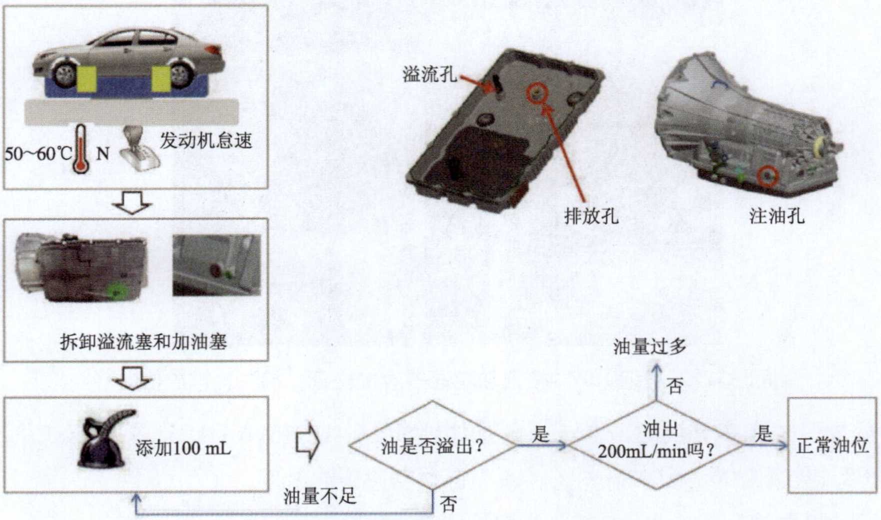

图5-120　现代A8L/TR1变速器换油流程

（6）启动发动机

（7）变速杆在各个挡位上移动一遍，停留在P位（各个挡位停留2 s左右）。

（8）利用专用诊断仪读出自动变速器油温度，50～60℃时拧下溢流塞，有少量自动变速器油流出即可。

（9）装上并紧固溢流塞。（注：最终还是以标准的液位检查为准。）

二、奥迪0BK八挡自动变速器换油保养项目

针对奥迪0BK八挡自动变速器（A4L、Q5、A8L等）而言，这个自动变速器有三个系统：前差速器系统为齿轮油部分、后边的托普森差速器部分也是齿轮油部分。行星齿轮机构则使用高端的自动变

速器油（见图5-121）。

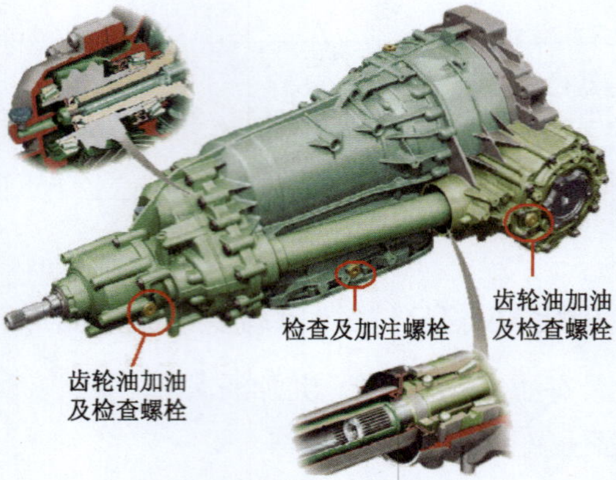

图5-121　奥迪0BK变速器润滑系统

单独进行该自动变速器保养时的操作流程与前面的大众奥迪六挡变速器是一样的。在该自动变速器油底壳上有独立的放油螺栓，液位检查螺栓及加油螺栓在自动变速器的右侧（见图5-122）。（注：液位检查螺栓流油时的自动变速器的温度要求为35℃左右。）

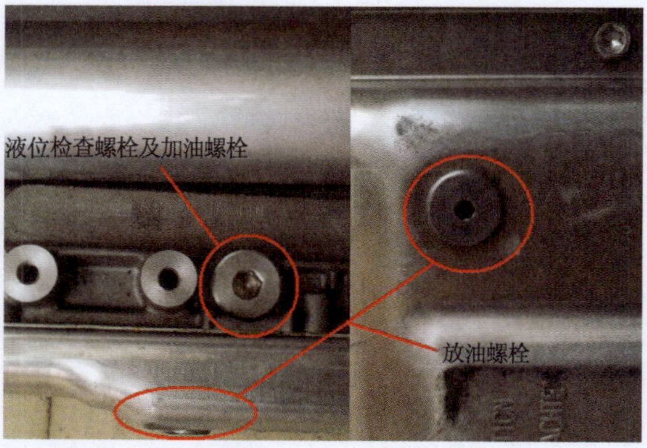

图5-122　奥迪0BK八挡自动变速器液位检查、加注、排放位置

（1）排放旧油完毕更换滤清器。重新加注新油后，连接V.A.G1551或V.A.G1552，进入地址02、功能08、数据组06、观察第一区，即为自动变速器油温度。

（2）发动机怠速运行。

（3）水平举升车辆并试挂所有挡位，拧下自动变速器右侧液位检查螺栓及加油螺栓。

（4）当油温为30～35℃时，检查加油螺栓刚好有油滴出，液位高度符合标准。如没有油滴出，则要加以补充。

（5）用15 N·m的力矩拧紧放油螺栓。（注：最终以标准的液位检查为准。）

三、大众0C8自动变速器换油保养项目

大众0C8自动变速器油底壳上仅有一个螺栓，主要用来对自动变速器油的加注及检查，而螺栓的里面刚好有一个塑料溢流管，油面高度是以它为准的，拆下溢流管就是放油过程。因此，该溢流管也就是放油螺栓（见图5-123）。换油操作流程与前面的09D型自动变速器换油操作流程一样。

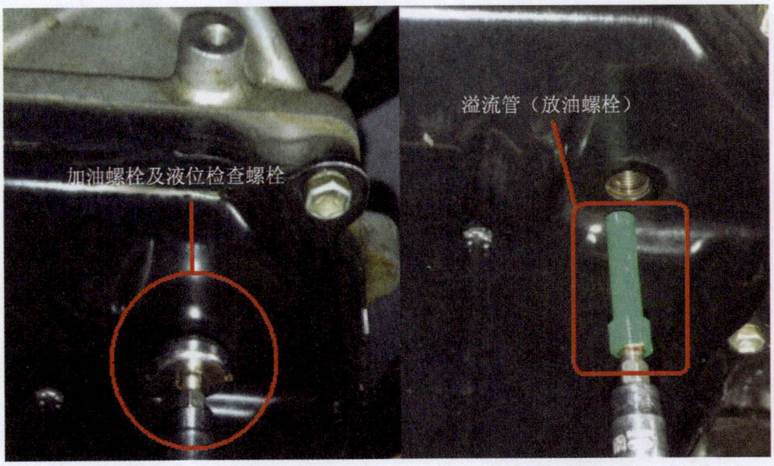

图5-123　大众0C8八挡自动变速器加油、液位检查及放油螺栓位置

（1）拆下自动变速器油底壳并放掉自动变速器油，更换滤清器。

（2）装上油底壳，从加油位置加注自动变速器油。

（3）发动机处于工作状态（怠速运转），自动变速器不得进入故障运行模式，自动变速器变速杆置于P位。

（4）自动变速器温度不得超过30 ℃。连接V.A.G1551或1552，进入地址02，功能08，数据组06，观察第一区，即为自动变速器温度。

（5）水平举升车辆，并试挂所有挡位，拧下自动变速器油底壳液位检查螺栓。

（6）当油温为35～45℃时，溢流管刚好有油滴出，液位高度符合标准；如没有油滴出，则要加以补充（见图5-124）。

（7）用15N·m力矩拧紧放油螺栓。（注：最终以标准的液位检查为准。）

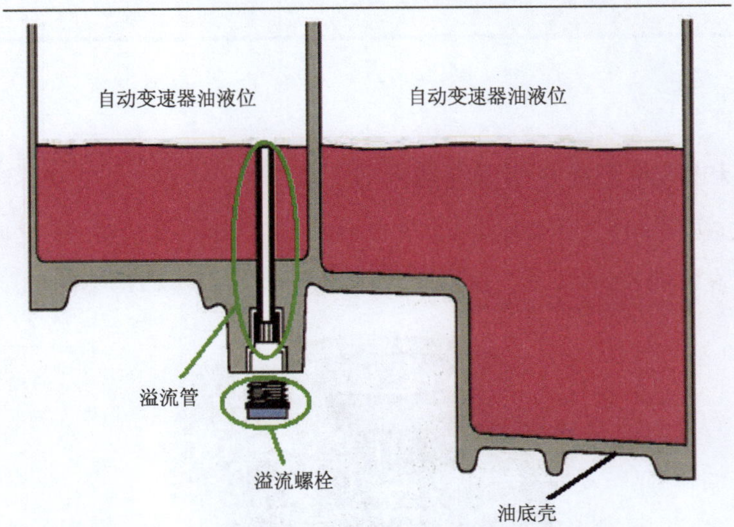

图5-124　大众0C8八挡自动变速器液位检查标准

技能鉴定

实习记录表如表5-7所示。

表5-7　实习记录表

实习名称	八挡自动变速器换油保养	
需准备设备与工具材料等		
实习步骤	内　容	注 意 事 项
准备工作		
具体步骤		
反思		
教师评价	教师评分： 教师建议：	

课堂思考

怎样选择八挡自动变速器油品？

随堂练习

作为一名汽车修理工，怎样进行八挡自动变速器换油？

任务八　无级变速器换油保养

相关知识

一、VT1F和VT2F无级变速器换油保养

VT1F和VT2F无级变速器目前普遍应用在国产小排量的各个品牌车型上（见图5-125）。它的原型是ZF公司为宝马迷你开发的一款钢带式小型CVT变速器（见图5-126）。

图5-125　奇瑞 VT无级变速器

图5-126　宝马迷你CVT变速器

厂家在用油方面的要求是，必须使用ESSO-EZL799A型号的油，但对于钢带式CVT而言，零公里CVT完全满足这款自动变速器用油要求。

二、奥迪01J/01T/0AN无级变速器换油保养

奥迪01J无级变速器（见图5-127）采用多片式链带的传动组件，这种组件大大拓展了无级变速器的使用范围，能够传递和控制峰值高达280 N·m的动力输出，其传动比超过了以前各种自动变速器的极限值。

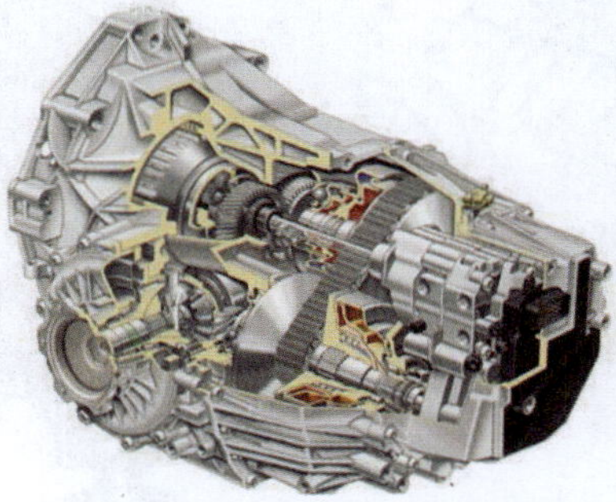

图5-127　奥迪01J无级变速器

奥迪01J无级变速器主要由飞轮减振装置、前进挡离合器、倒挡制动器、行星齿轮装置、传动链变速器、液压控制单元和变速器控制单元等组成（见图5-128）。

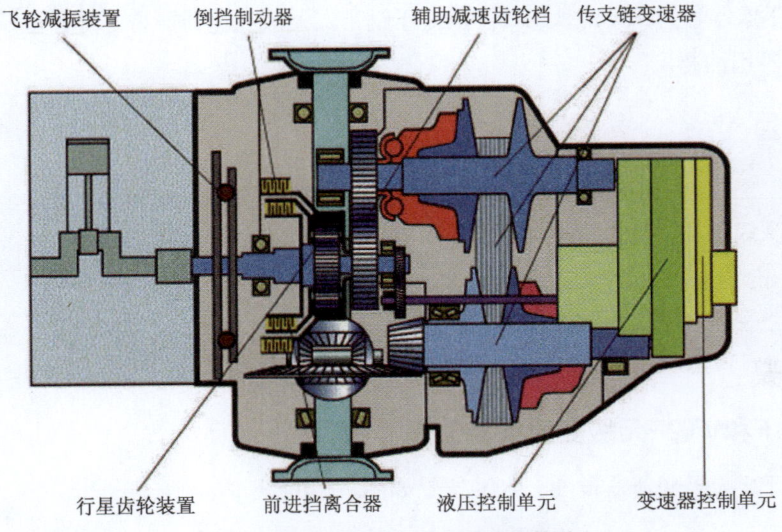

图5-128　奥迪01J 无级变速器构造

发动机输出转矩通过飞轮减振装置或双质量飞轮传递给变速器，前进挡离合器和倒挡制动器都是湿式摩擦元件，两者均为启动装置。倒挡的旋转方向是通过行星齿轮装置改变的。发动机的转矩通过辅助减速齿轮传到速比变换器，并由此传到主减速器、差速器。液压控制单元和电子控制单元集成一体，位于自动变速器内部。

使用奥迪01J无级变速器的车辆，其变速器油须使用厂家要求的专用油。早期的01J（六速手动模式）和新款的01T（七速手动模式）无级变速器，厂家规定使用的ATF零件号为G 052 180 A2，而2009年，奥迪A4L使用0AW（八速手动模式）无级变速器，厂家规定使用ATF零件号为G 052 516 A2。但对于钢带式01J无级变速器而言，零公里CVT油完全满足这款自动变速器用油要求。

三、奥迪0AW无级变速器换油保养

奥迪轿车在2005年改款，型号开始改为01T和0AN，到了2009年，在奥迪A4L上搭载最新0AW无级变速器（见图5-129）。

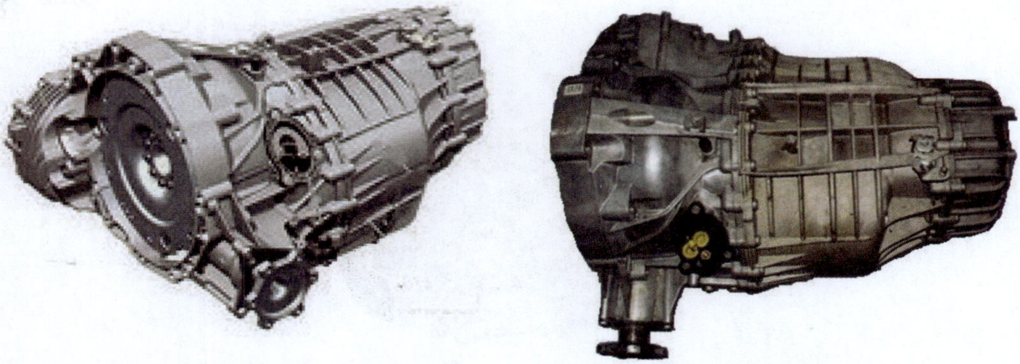

图5-129　0AW无级变速器

使用奥迪0AW无级变速器的车辆，其变速器油须使用厂家要求的专用油。厂家规定使用的ATF零件号为G 052 180 A2，而2009年，奥迪A4L使用0AW（八速手动模式）无级变速器，厂家规定使用的ATF零件号为G 052 516 A2。但对于钢带式无级变速器而言，零公里CVT油完全满足这款自动变速器用油要求。

技能项目

<table>
<tr><td>实习名称</td><td>无级变速器换油保养</td><td rowspan="2">实习目标</td><td rowspan="2">掌握无级变速器换油保养的方法</td></tr>
<tr><td>使用器材</td><td>实习车辆、举升机、国产车自动变速器、CVT油</td></tr>
</table>

操作步骤

一、VT1F和VT2F无级变速器换油保养项目

VT1F和VT2F无级变速器放油、加油位置如图5-130所示。

图5-130　VT1F和VT2F无级变速器放油、加油位置

换油保养放油后或变速器大修后的初次注油，油位的正确检查方式如下：

（1）首先从自动变速器的加油孔处添加至少（4.1±0.05）L的新的坦博ATF-D传动液，启动发动机并怠速运行至少10 s。（注意：发动机启动时听到气流在系统内循环的声音是很正常的。）

（2）将变速杆切换到不同挡位，并在每个挡位上至少停留5 s。

（3）换挡到D位（前进挡）。

（4）松开制动踏板。

（5）加速到最少60 km/h（发动机转速一定不要高于2 500 r/min，这一过程目的是让自动变速器升温）。

（6）松开节气门，慢至停车（刚启动时气流循环引起的一切噪声都会消失）。

（7）通过第（5）步使油升温，小心驾驶至少5 min或待自动变速器的温度约到60 ℃。

（8）将车停在平地或斜坡上。

（9）踩制动踏板，等2 s。

（10）换挡到N位（空挡），等10 s。

（11）换挡到P位（驻车挡）。

（12）发动机怠速运行。

（13）拆下液位检查螺栓。

（14）确定拆掉油位螺栓后至少能有0.2 L的油从油管内流出；否则就证明初始油量不足。

（15）等几分钟，直到油开始从油位螺栓口滴落。

（16）重新拧上油位螺栓。

总结：充分排出自动变速器内部气泡后，当自动变速器温度刚好处于60 ℃时以液位检查螺栓有油流出为标准。

二、奥迪01J/01T/0AN无级变速器换油保养项目

对于奥迪01J 无级变速器的养护方法比较简单，虽说该自动变速器没有油底壳，但在变速器的下边有两个螺栓分别是放油螺栓和加油及液位检查螺栓（见图5-131），也就是加油和液位标准量的检查用的是一个螺栓。

自动变速器油液面高度的检查条件及操作步骤：

（1）自动变速器不应在应急状态。

（2）车辆水平停放。

（3）打开放油及加油螺栓排出旧的自动变速器油。

图5-131　奥迪01J 无级变速器放油、加油及液位检查螺栓

（4）按照规定力矩安装放油螺栓，同时利用专用工具从加油螺栓处添加一定量的新的自动变速器油并临时安装加油螺栓。

（5）启动发动机，踩下制动踏板并拉紧驻车制动拉杆，在怠速时切换各挡（P、R、N、D），在每个挡位停留2 s。

（6）变速杆置于P位，使发动机怠速运转。

（7）关闭空调及暖风。

（8）开始检查时，自动变速器油温度不应高于30 ℃（利用诊断仪测量），必要时先让自动变速器冷却，自动变速器油不够时再继续添加，一直到从加油孔流出自动变速器油即可。

（9）按照规定力矩拧紧加油螺栓。（注：最终以标准的液位检查为准。）

三、奥迪0AW无级变速器换油保养项目

新型奥迪0AW无级变速器不像01J和01T那样，它没有单独的放油螺栓，自动变速器下边只有一个螺栓，主要是用来检查油液标准量的（见图5-132），而要想放油，需要把加油及液位检查螺栓拆下来之后再把里面的黑色塑料溢流管拆下来才能做到。

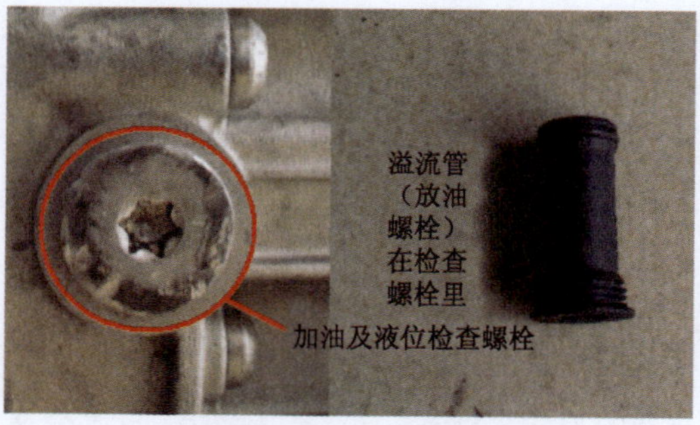

图5-132　新型奥迪0AW无级变速器加油、检查及放油螺栓位置图

自动变速器油液面高度的检查条件及操作步骤：

（1）自动变速器不应在应急状态。

（2）车辆水平停放。

（3）打开放油螺栓及加溢流管排出旧的自动变速器油。

（4）按照规定力矩安装放溢流管，同时利用专用工具从放油螺栓处添加一定量的新的自动变速器油并临时安装放油螺栓。

(5) 启动发动机，踩下制动踏板并拉紧驻车制动拉杆，在怠速时切换各挡（P、R、N、D），在每个挡位停留2 s。

(6) 变速杆置于P位，使发动机怠速运转。

(7) 关闭空调及暖风。

(8) 开始检查时，自动变速器油温度不应高于30 ℃（利用诊断仪测量），必要时先让自动变速器冷却。打开放油螺栓，溢流管应有自动变速器油流出，如果自动变速器油不够时再继续添加，一直到从溢流管中流出自动变速器油即可。

(9) 按照规定力矩拧紧放油螺栓。（注：最终以标准的液位检查为准。）

技能鉴定

实习记录表如表5-8所示。

表5-8　实习记录表

实习名称	无级变速器换油保养	
需准备设备与工具材料等		
实习步骤	内　容	注 意 事 项
准备工作		
具体步骤		
反思		
教师评价	教师评分： 教师建议：	

课堂思考

怎样选择八挡自动变速器油品？

随堂练习

作为一名汽车修理工，怎样进行八挡自动变速器换油？

任务九　DCT直接换挡双离合器式变速器换油保养

相关知识

一、大众、奥迪02E型双离合器式变速器

一汽大众及进口大众许多车型都在使用一种机械式电子控制自动变速器并命名为DSG（双

离合器控制），对于大众02E型变速器（见图5-133），使用车型有进口奥迪TT、高尔夫、迈腾、CC以及上海大众的新帕萨特等车型。

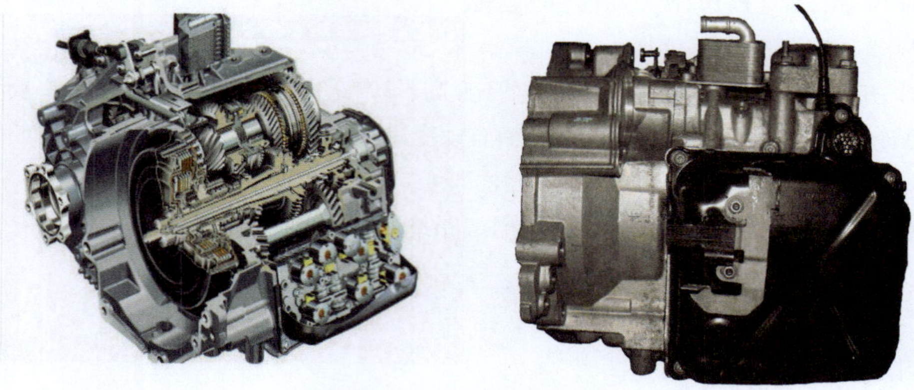

图5-133　大众02E型变速器

它采用的是湿式控制双离合器，因此对自动变速器油要求很严，对DSG用油要求很严，零公里DSG专用油完全可以使用。

二、奥迪0B5型双离合器式变速器

进口奥迪Q5在2009年开始使用一款型号为DL510（奥迪命名0B5）型S-tronic双离合器式变速器（大众DSG），如图5-134所示。该变速器为纵置全时四驱式湿式双离合器式变速器，润滑方面形成两个系统：一个是双离合器和液压模块控制部分，另一个是差速器的齿轮部分。

厂家明确规定每行驶60 000 km必须要更换DCTF变速器油。而且目前这款变速器的液压控制部分的DCTF变速器油还没有替代产品，只能使用厂家指定用油（见图5-135）。

图5-134　奥迪0B5型S-tronic双离合器式变速器

图5-135　奥迪0B5型七速DSG变速器专用DCTF变速器油

三、大众、奥迪0AM双离合器式变速器

目前大众公司又推出一款0AM型七速干式双离合器式变速器（见图5-136），使用车型有一汽大众高尔夫6、迈腾、速腾、宝来以及上海大众朗逸、斯柯达、波罗、途安、新帕萨特等。包括进口大众1.4T车型及奥迪A1、A3等车型。

图5-136　0AM型七速干式双离合器式变速器

四、沃尔沃6DCT450双离合器式变速器

注意：需确保变速器不处于故障模式且无诊断故障码。变速器油位的检查取决于标准要求油温。

油温过低时检查变速器油位将导致充填过度。

油温过高时检查变速器油位将导致充填不足。

如图5-137所示，该款变速器的设计特点是多腔式液压系统，TCM（变速器控制单元）和阀体有一个液压室，离合器和齿轮组也有一个液压室。TCM和阀体所需要的油液高度高于离合器和齿轮组室。

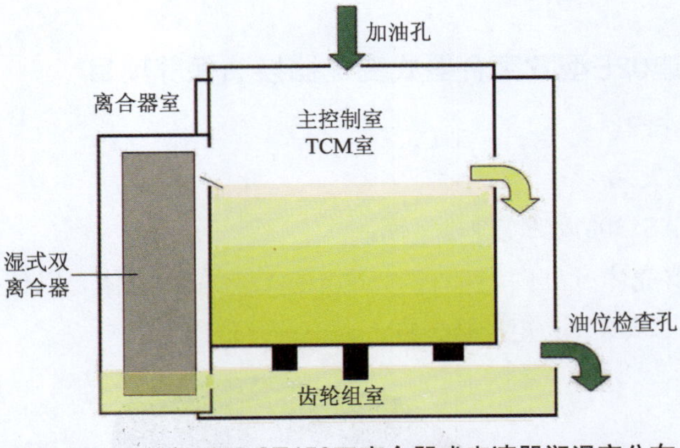

图5-137　沃尔沃6DCT450双离合器式变速器润滑室分布

注意：为了保证变速器的正常工作，变速器油及滤清器滤芯需要定期更换。

检查油位时需要确定变速器油处于正确的温度范围内，变速器油温可以通过专用诊断设备IDS读出。

任何情况下添加变速器油时都必须先打开液位检查孔，从变速器油添加孔加油，直到液位检查孔有油流出为止（这时才说明油位正常）。变速器油位正常与否对于变速器的正常工作来说至关重要。

五、奥迪Q3 0BH型双离合器式变速器

2012年后，进口和高产奥迪Q3开始使用一款横置全轮驱动式湿式双离合器式变速器（见图5-138）。

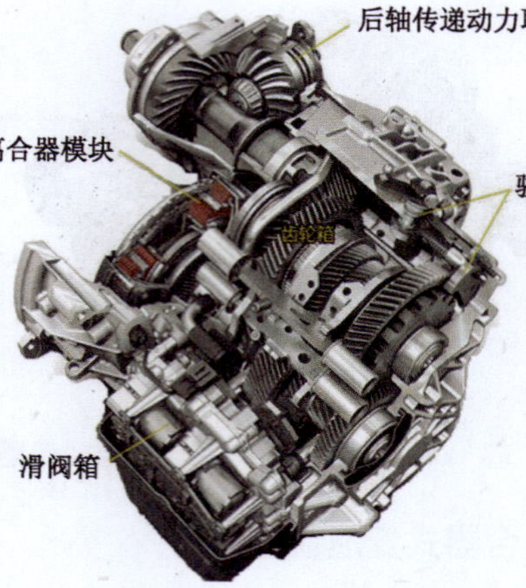

图5-138　Q3全轮驱动式湿式双离合器式变速器

技能项目

实习名称	DCT直接换挡双离合器式变速器换油保养	实习目标	掌握DCT直接换挡双离合器式变速器换油保养的方法
使用器材	实习车辆、举升机、国产车自动变速器、DCTF变速器油		

操作步骤

一、大众、奥迪02E型双离合器式变速器换油保养项目

换油方法及操作步骤：

（1）将发动机熄火。

（2）将接油盘VAS1306放到变速器下面。

（3）拧下滤清器壳体（见图5-139）。取下前轻轻敲击壳体，以使壳体内的油流回变速器，更换新的滤芯后以20 N·m力矩拧紧壳体。

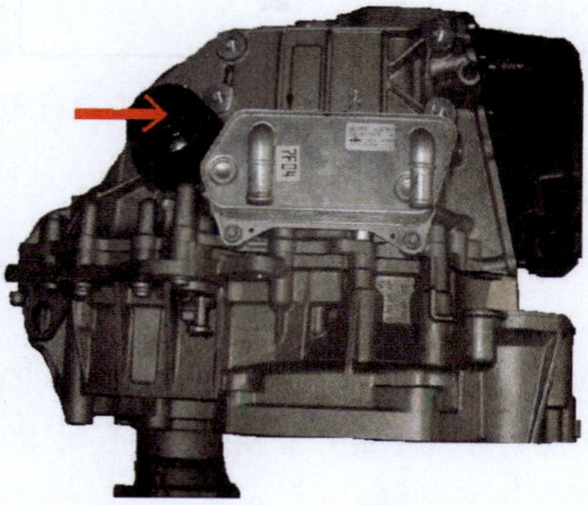

图5-139　02E型双离合器式变速器外部滤清器

（4）拧下箭头处的液位检查螺栓及放油孔内的溢流管，溢流管的长度决定了变速器油的液面高度（不同车型有不同长度的溢流管），约5 L的变速器油可以被放出。以3 N·m力矩将溢流管拧回放油孔（见图5-140）。

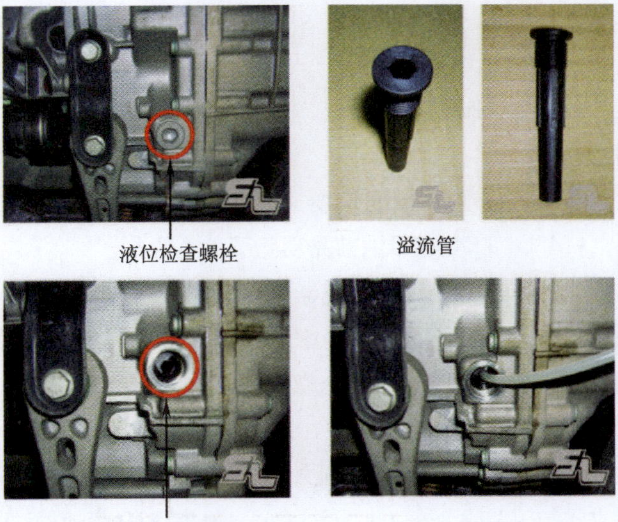

图5-140　液位检查及自动变速器油排放

（5）将专用工具VAS6262的螺纹接头A用手拧紧到放油孔内（其螺纹与液位检查螺栓螺纹是一样的）。

（6）打开变速器油前晃动几下，添加5.2 L左右的DSG油，专用工具必须高于变速器。

（7）启动发动机。接上VAS505X，读取变速器油温。

（8）踩下制动踏板，试挂所有挡位，每个挡位停留3 s，最后将变速杆置入P位。

（9）当变速器油温达到35～45 ℃时，拆下VAS6262的快速接头，让多余的变速器油流出。

（10）当变速器油开始滴出时,拧下VAS6262接头A，拧上放油螺栓,注意更换新的密封垫拧紧放油螺栓，拧紧力矩为45 N·m。

二、奥迪0B5型双离合器式变速器换油保养项目

（1）2009—2010年，双离合器变速器系统中的外部滤清器和冷却管路做成一个整体，因此换油保养作业时要连同冷却管路一起更换，原则上齿轮油不需要更换，但需要定期检查其液位标准。而DCTF变速器油的放油螺栓位置在油底壳上，检查及加油螺栓在变速器左侧（见图5-141）。

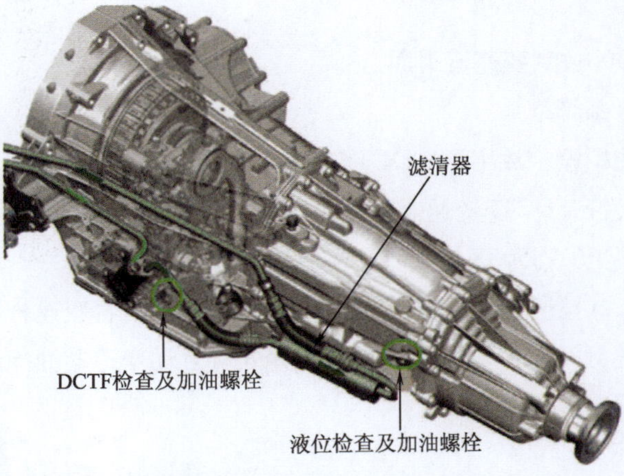

图5-141　早期奥迪0B5型七速DSG变速器油加注、检查及排放位置

换油方法及操作步骤：

① 将发动机熄火。

② 将接油盘VAS1306放到变速器下面。

③ 更换滤清器和冷却管路。

④ 用工具拧松放油螺栓，放出旧的DCTF变速器油。

⑤ 拧紧放油螺栓，打开DCTF变速器油前晃动几下后再添加。

⑥ 启动发动机，接上VAS505X，读取变速器油温。

⑦ 踩下制动踏板，试挂所有挡位，每个挡位停留3 s，最后将变速杆置入P位。

⑧ 当变速器油温达到35℃左右时，看检查螺栓处有自动变速器油流出即可。（注：最终以标准的液位检查为准。）

（2）2010年后，该变速器略有改进，特别是外部滤清器不再与冷却管路做成一个整体，而是一个连接在管路当中的独立式加压型滤清器（见图5-142），更换DCTF变速器油时单独更换内部的滤芯即可。

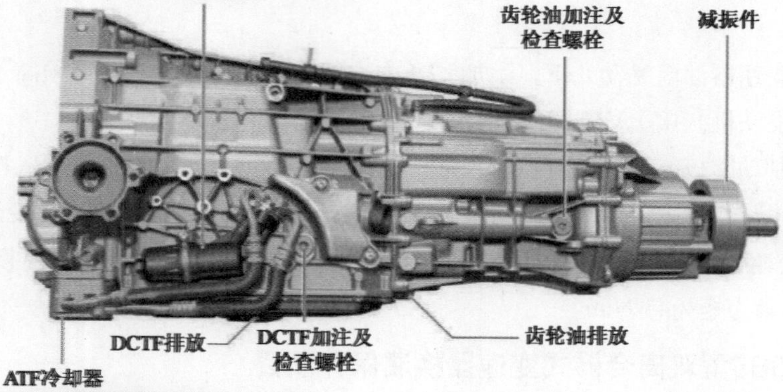

图5-142　新款奥迪0B5型七速DSG变速器机油加注、检查及排放位置

换油方法及操作步骤：

① 将发动机熄火。

② 将接油盘VAS1306放到变速器下面。

③ 更换滤清器和冷却管路。

④ 用工具拧松放油螺栓，放出旧的DCTF变速器油。

⑤ 拧紧放油螺栓，打开DCTF变速器油前晃动几下后再添加。

⑥ 启动发动机，接上VAS505X，读取变速器油温。

⑦ 踩下制动踏板，试挂所有挡位，每个挡位停留3 s，最后将变速杆置入P位。

⑧ 当变速器油温达到35℃左右时，看检查螺栓处有自动变速器油流出即可。（注：最终以标准的液位检查为准。）

三、大众、奥迪0AM双离合器式变速器换油项目

由于该变速器采用干式双离合器控制，因此用油量非常少，0AM双离合器式变速器有两个供油系统，两种变速器油都是由原厂添加：一个供油系统用于齿轮和传动轴，另一个供油系统用于直接换挡变速器的机械电子液压控制单元J743，俗称“控制单元油”，目前市场中没有替代用油。

注意：

① 不得向变速器油内掺入任何添加剂。

② 排出的机油不允许再次添加。

（1）齿轮油是一种长效机油，所以原理上在变速器中不需要检查油位，因此七挡DSG无油位检查装置，但有放油螺栓（见图5-143）。

（2）如果安装了变速器，则必须拆下蓄电池以及其托架来添加齿轮油。将变速杆置于P位并拆下变速杆，拆下盖子。

（3）通过开口添加1.7 L齿轮油。

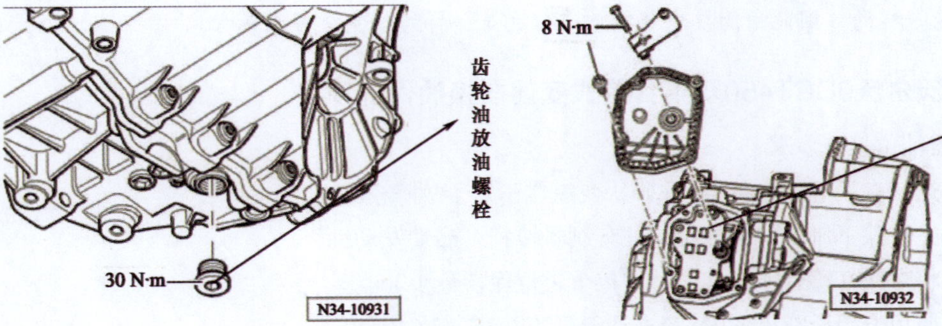

图5-143　0AM双离合器式变速器齿轮油的排放及添加

如果变速器没有拆下，则必须拆下起动机来加注液压油（电子液压控制单元所需用油）。

拆下机械电子液压控制单元J743的加油孔螺栓如图5-144中箭头所示。

通过开口添加1 L的液压油（阀体油）。

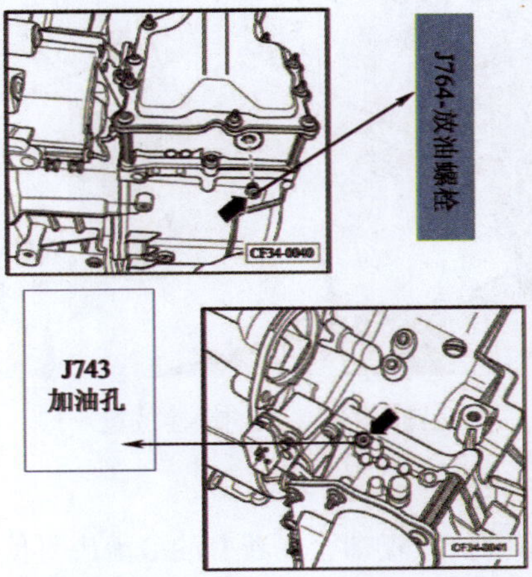

图5-144　机械电子液压控制单元用油的排放位置及添加位置

0AM双离合器式变速器两种油品的添加及排放位置如图5-145所示。

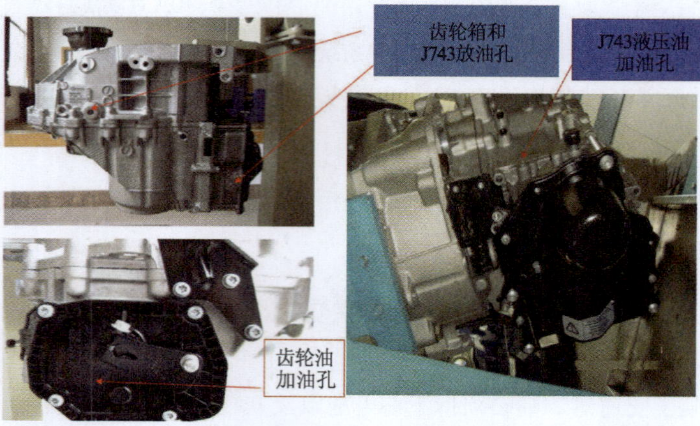

图5-145　0AM双离合器式变速器两种油品的添加及排放位置

说明：目前国产比亚迪车系所用七挡干式DSG变速器与大众0AM双离合器式变速器结构及控制原理是一样的，因此用油要求及操作流程也是一样的，完全可以参考。

四、沃尔沃6DCT450双离合器式变速器换油保养项目

变速器油位检查步骤：

（1）连接专用诊断设备IDS并确认变速器不处于故障模式。

（2）完全踩下制动踏板并拉起驻车制器拉杆，启动发动机。

（3）将变速杆移过所有挡位并在每个挡位保持最少2 s。

（4）使用专用诊断设备IDS检查油温是否在35~45℃之间。

（5）将钥匙关闭至0位。

（6）拆下空气滤清器，并拆下油液添加孔螺栓，如图5-146所示。

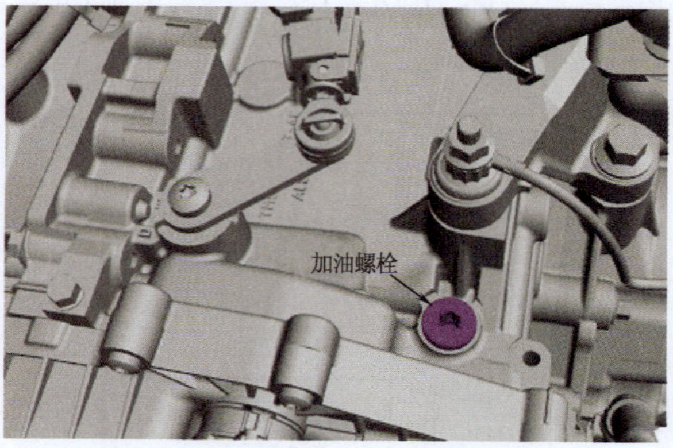

图5-146　加油螺栓位置

（7）举升车辆，拆下下护板。

（8）准备测量容器，拆下液位检查螺栓（若有油液流出可使用测量容器收集，直至油液呈滴落状）如图5-147所示。

（9）每次以250 mL变速器油缓慢倒入变速器油液添加孔，直至有油液从液位检查孔流出为止。此时，变速器油位为正常位置。

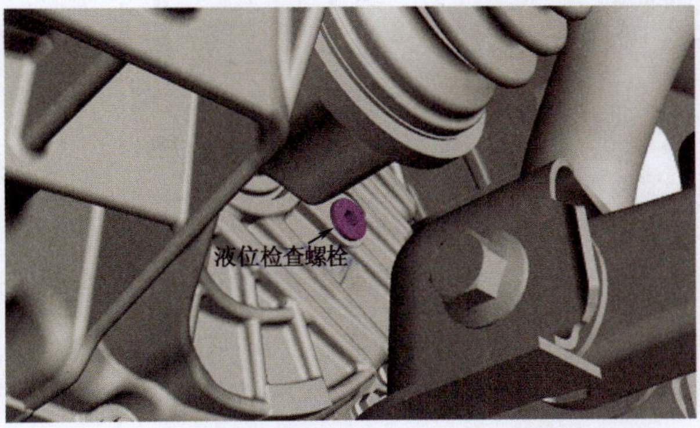

图5-147　液位检查螺栓位置

五、奥迪Q3 0BH型双离合器式变速器换油保养项目

该变速器与前面的02E型变速器用油方式是一样的，变速器齿轮部分与液压离合器部分用的是一种专用型DCTF变速器油而四驱锥齿轮传动装置用的是专用齿轮油，DCTF变速器油添加油量和齿轮油添加油量（厂家提供的换油信息）如表5-9、表5-10所示。

表5-9　DCTF变速器油添加油量

加注量	全轮驱动双离合器变速器0BH
新加注	（7.01+0.1）L
更换	约5.5 L
更换周期	厂家要求换油时间
机油	双离合器变速器油→电子版配件目录

表5-10　齿轮油添加油量

加注量	锥齿轮传动装置
新加注	0.9 L
更换	一次性加注，无须更换
机油	厂家要求使用的机油在电子版配件目录上查找

该变速器有专门的放油螺栓（见图5-148）和单独加油及液位检查螺栓（见图5-149），液位检查螺栓里面是可拆卸溢流管（注意：维修时一定注意溢流管的长短）。放油时同时拆下放油螺栓和液位检查螺栓，必要时也要把溢流管拆下来（放得比较干净一些）。添加新的DCTF变速器油时先把放油螺栓和溢流管拧上，利用加油设备从检查螺栓处添加。

图5-148　奥迪0BH型双离合器变速器放油螺栓

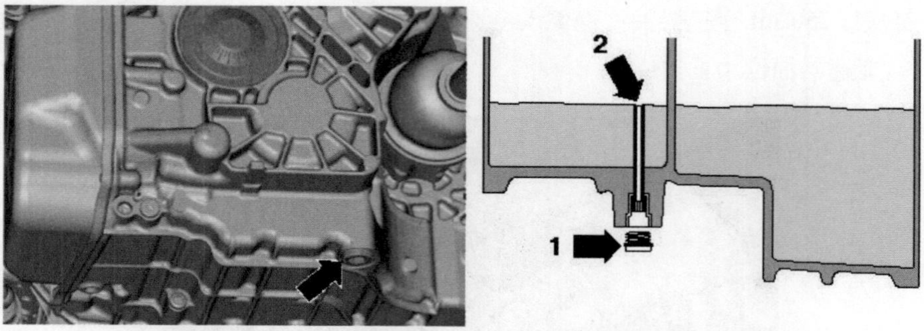

图5-149　奥迪0BH型双离合器式变速器检查螺栓和溢流管

1—液位检查螺栓；2—溢流管

换油方法及操作步骤：

（1）将发动机熄火。

（2）将接油盘VAS1306放到变速器下面。

（3）拧下滤清器壳体，取下前轻轻敲击壳体，以使壳体内的油流回变速器，更换新的滤芯后以20N·m力矩拧紧壳体。

（4）拧下液位检查螺栓及放油孔内的溢流管，溢流管的长度决定了变速器油的液面高度（不同车型有不同长度的溢流管），约5 L的变速器油可以被放出。以3 N·m力矩将溢流管拧回放油孔。

（5）将专用工具VAS6262的螺纹接头A用手拧紧到放油孔内（其螺纹与液位检查螺栓螺纹是一样的）。

检测条件：

（1）变速器不处于紧急运行模式。

（2）将车辆停在四柱升降台上或装配地沟上，以使其处于绝对水平位置。

（3）变速杆在P位。

（4）拉起驻车制动拉杆，以接合电控机械式驻车制动器。

（5）接通的废气抽排装置的抽排软管已连接。

（6）发动机怠速运转。

（7）空调和暖风已关闭。

（8）准备连接设备，读取变速器油温度。

（9）开始操作时，变速器油温度不允许高于30 ℃，必要时先冷却变速器。

（10）标准检查温度为35～45 ℃。

（11）连接车辆诊断测试仪并在“引导功能”中对车辆进行识别。

（12）选择“双离合器式变速器”。

（13）选择“检查油位”。

（14）检测时如果油温高于30 ℃；应冷却变速器。

（15）尽量将容器瓶和加注适配接头VAS6262A（奥迪专用加注设备）放在双离合器式变速器的上方，使约5.5 L变速器油流入双离合器变速器。

（16）发动机怠速运行，变速杆位于P位。

（17）踩下制动踏板，在怠速下切换变速杆位置（P、R、N、D、S），每个位置至少停留3 s。

（18）最后将变速杆置于P位。

（19）不要关闭发动机。

（20）如果变速器油温度位于35～45 ℃之间时，如有一些DCTF变速器油流出（因进一步受热而流出），说明DCTF变速器油的油位正常。拧上放油螺栓，注意更换新的密封垫，拧紧放油螺栓，拧紧力矩为45 N·m。

提示：

① 变速器油油位随变速器油温度改变：过低的变速器油温导致加注过多；反之，过高的变速器油温导致加注不足。

② 未正确加注变速器油会影响变速器的功能。

技能鉴定

实习记录表如表5-11所示。

表5-11　实习记录表

实习名称	DCT直接换挡双离合器式变速器换油保养	
需准备设备与工具材料等		
实习步骤	内　容	注 意 事 项
准备工作		
具体步骤		
反思		
教师评价	教师评分： 教师建议：	

课堂思考

怎样选择DCT直接换挡双离合器式变速器油品？

随堂练习

作为一名汽车修理工，怎样进行DCT直接换挡双离合器式变速器换油？

模块六

汽车电气系统的检查与保养

6

本模块学习重点

汽车电气系统的检查与保养模块的主要任务有：

任务一　蓄电池的检查与更换

任务二　汽车灯光的检查

任务三　风窗刮水器、清洗与除霜装置的检查与保养

任务四　空调系统的基本检测与维护

现在车辆使用的电子装置越来越多。其原因在于其可靠性高，具有附加工作流程且更快，并能减小组件尺寸。在车辆中安装电子装置的最终目的在于使车辆更安全、更可靠、更舒适（见图6-1）。

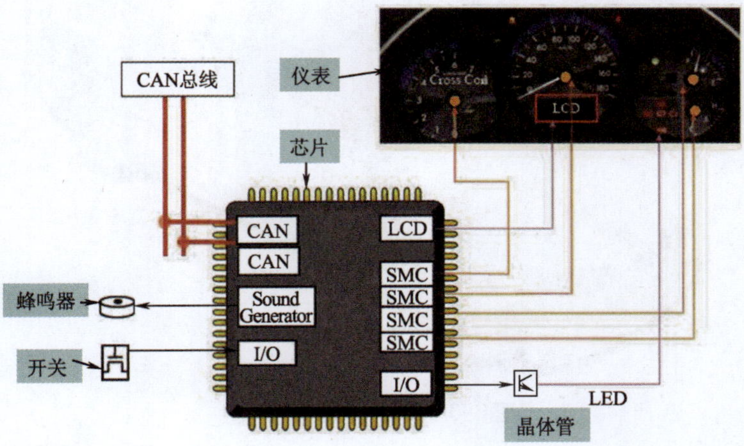

图6-1　在车辆中安装电子系统

在过去，作为一名汽车维修的技术人员，在其整个职业生涯中几乎完全不接触汽车电器是有可能的，他们的专业在于发动机、转向系统、悬架系统和制动系统等。

但在现在，没有一辆汽车上的系统能够没有电路。发动机控制、电控悬架系统以及防盗制动系统等，在现代汽车上应用很普遍。

甚至，曾被认为简单的电气系统已发展成了计算机控制。汽车前照灯现在使用高压侧驱动进行脉宽调制，将根据迎面而来的交通情况所影响的光密度来进行变亮和变暗的自动调整。现代汽车至少装配有20台计算机，如激光制导的巡航控制、声波定位的停车场辅助设备、红外线气温控制、纤维光学、射频雷达收发器及其解码器等（见图6-2）。

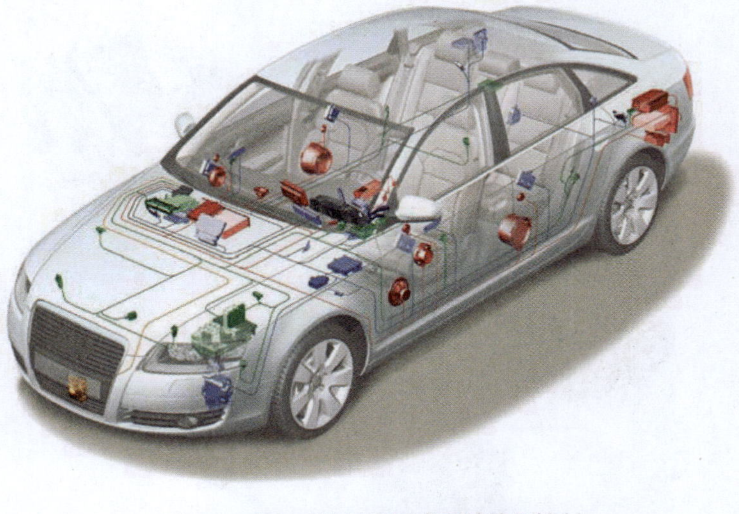

图6-2　电气系统已发展成了计算机控制

很多汽车的控制系统、驾驶系统、信息系统、传感执行系统、娱乐系统、GPS都通过如

CAN总线联系在一起，使汽车成为一个智能平台（见图6-3）。

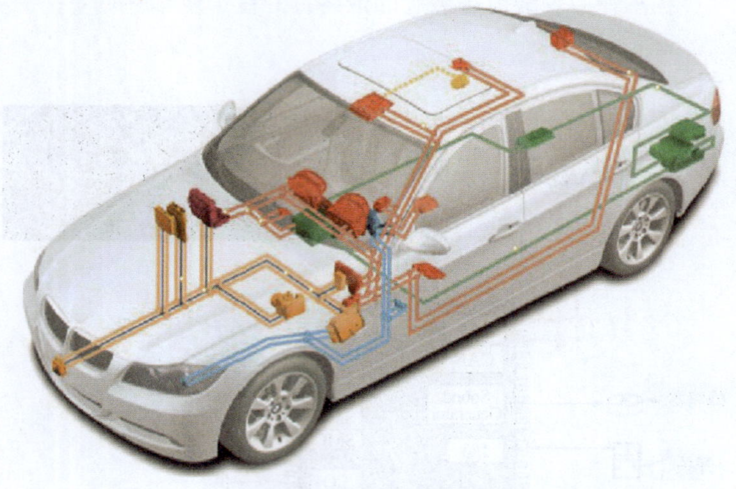

图6-3　使用CAN总线通信

以上事实充分说明，汽车电气系统正在迎来新的机遇，同时也不断更新人们对汽车的认识，汽车将由“会走的一堆钢铁”转变成“会走的计算机”。

任务一　蓄电池的检查与更换

相关知识

蓄电池是汽车电气系统的心脏。在汽车上，蓄电池的主要作用是在启动发动机时向起动机供电。蓄电池必须要有足够的电流和电压才能保证起动机的正常运转和用电设备的稳定工作。其在启动时消耗的电能将由发电机在随后对其充电慢慢补充回来（见图6-4）。

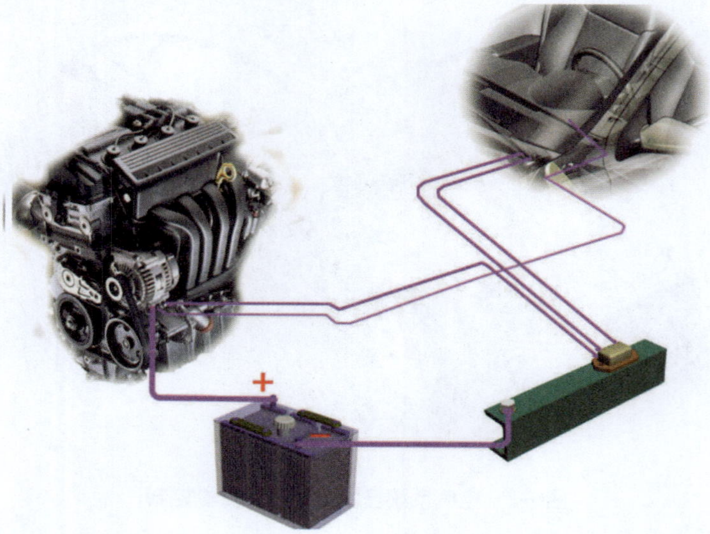

图6-4　汽车电源系统

蓄电池为可再充电型，当发动机停止运行时，蓄电池可以作为电源使用；当发动机运转时，蓄电池存储使用的电量，蓄电池的结构如图6-5所示。

蓄电池型号标在蓄电池体上，标明蓄电池的尺寸和性能（即蓄电池的容量），如图6-6所示。

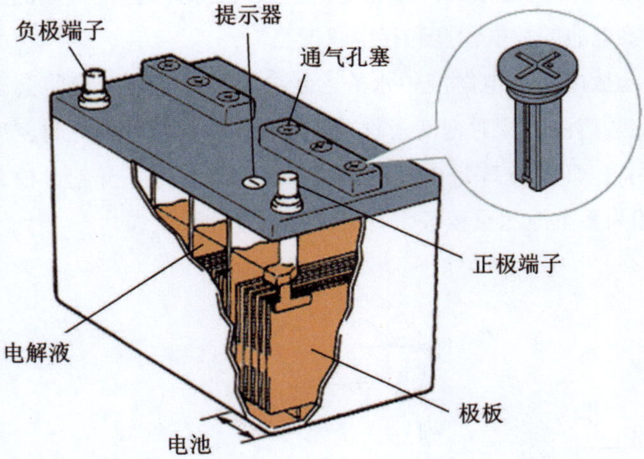

图6-5 蓄电池的结构

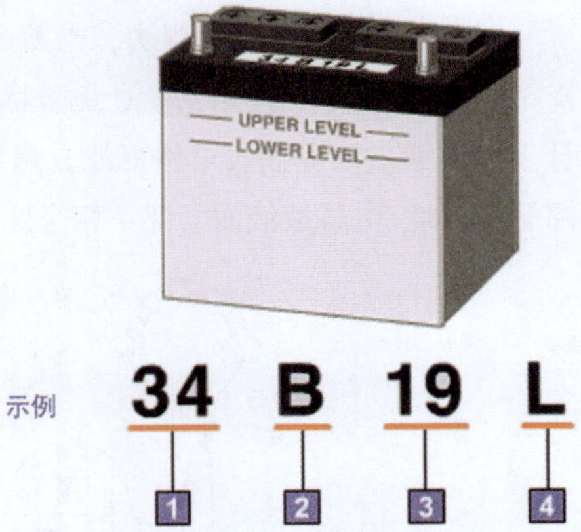

图6-6 蓄电池的型号

1—性能（蓄电池的容量代号）；
2—蓄电池的宽和高的乘积；
3—蓄电池长度；4—负极端子的位置

车用蓄电池型号根据各国标准有不同的型号：

80D26L或55D23R（日本JIS标准）：80表示容量代号；D表示宽与高的乘积；26表示长度（cm）；L（左）或R（右）是指负极端子位置。

6-QA-105：6表示蓄电池有6单格，每格2 V左右，即12 V蓄电池；Q表示启动用蓄电池；A表示干荷电型蓄电池；105表示蓄电池容量105A·h。

CCA 660 （德国标准）：CCA表示冷启动电流；660表示启动电流为660A。

技能项目

实习名称	蓄电池的检查与更换	实习目标	（1）掌握蓄电池的检查方法。 （2）掌握蓄电池的更换方法
使用器材	实习车辆、举升机、高率放电计、密度计、万用表		

操作步骤

一、蓄电池的检查

1. 灯光判断法

在夜间开前照灯情况下，接通起动机，通过灯光的减暗程度可以判断出蓄电池的存电量：

（1）如果起动机转动很快，灯光虽有稍许变暗，但仍有足够的亮度，则说明蓄电池能够保持一定的电压，技术状态良好而且充电较足。

（2）如果起动机转动无力，灯光又非常暗淡，则说明蓄电池放电过多，必须立即充电。

（3）如果接通起动机，灯光暗红，并迅速熄灭，则说明蓄电池放电已经超过了允许限度或者已经严重硫化。

2. 密度判断法

电解液密度是随蓄电池的放电程度成正比例变化的，放电程度越大，电解液密度就降低得越多。通过检测电解液密度可以检测出蓄电池的放电程度和存电状况。

（1）吸式密度计检测法。当蓄电池放电后，电解液中水的含量会增加，相对密度将会下降。如图6-7所示，使用密度计测量稀硫酸溶液的相对密度来确定放电程度。测量时，先将密度计下部的橡皮吸管插入单格电池，用手捏一下橡皮球，电解液被吸入密度计，浮子升起，检查浮子的高度，电解液液面与浮子相交处即为蓄电池比重读数，可读出其密度的数值。

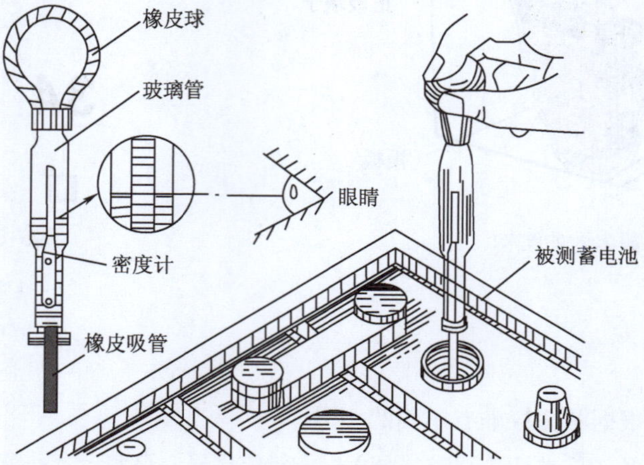

图6-7　蓄电池电解液密度的检查

（2）光学密度计检测法。图6-8所示为光学密度计。具体检测步骤如下：

① 打开盖板，用玻璃棒将电解液适量滴在棱镜表面上。

② 合上盖板，将仪器前端朝向明亮处，然后从目镜处观察，半蓝色明暗分界线即为电解液密度读数。

③ 检测完毕后，用含水棉纱将棱镜表面和盖板上的试液擦洗干净。

3. 免维护蓄电池放电程度检测

免维护蓄电池内部安装有一种可以快速指示其电量的密度计。蓄电池内部安装有电解液密度计，可自动显示蓄电池的存电状态和电解液液面的高低，如图6-9所示 。

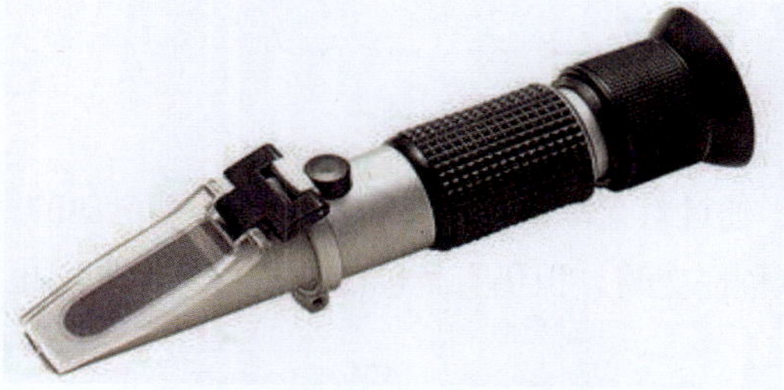
图6-8　光学密度计

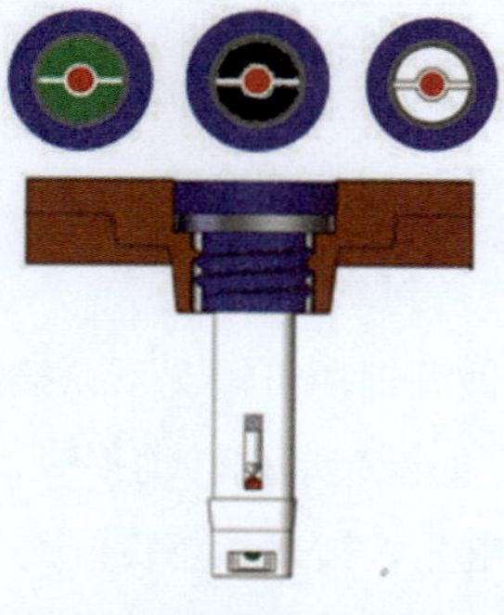
图6-9　检查蓄电池充电状态

当蓄电池存电充足（65%以上）时，密度计的塑料球就可以浮起。塑料球浮起来时，可以通过观察窗看到它，通常充电充足呈绿色；如果蓄电池存电不足，从观察窗中就看不到塑料球，观察玻璃颜色呈深绿色或黑色，需补充充电；如果电解液的液面较低，观察窗看起来会显示白色，表明蓄电池已接近报废，这时必须更换蓄电池。对这样的蓄电池进行充电会释放有害气体甚至引起爆炸。

4. 蓄电池负荷电压检测

铅蓄电池性能的最佳测试方法是负荷电压检测，这项检测准确而易于操作。测试时为保证得到正确结果，要求蓄电池的电量必须处于75%以上，在通过了放电程度检测或开路状态检测后方可进行。否则，应先充足电后再进行检测。

（1）使用高率放电计检测。高率放电计是模拟起动机工作状态，通过观察大电流放电条件下蓄电池所能保持的端电压，来判定蓄电池的存放电情况。

用力将新式12 V高率放电计的触针刺入正负极，保持15 s。若电压能保持在9.6 V（黄色区域）以上，说明该蓄电池性能良好，但电量不足，需要充电；若稳定在9.6～11.6 V（绿色区域）之间，说明该蓄电池电量充足；若电压迅速下降（红色区域），则说明该蓄电池严重亏电，要立即充电，才能使用；当开路电压测量达到12 V，但负载时指针迅速下降至红色区域以下时，说明该蓄电池已经损坏（见图6-10）。

图6-10　高率放电计

注意：此项检测不能连续进行，必须间隔1 min后才可以再次检测，以防止蓄电池损坏。

（2）在车测压法。如果没有高率放电计，在启动系统正常情况下，在汽车上用电压表在一定状态下测量蓄电池电压，根据测量值可判断蓄电池存电量。步骤如下：

① 在发动机正常温度下，将一只电压表接在蓄电池的正负极上。

② 启动发动机，连续运转15 s左右，观察电压表的读数，在起动机和线路连接良好的情况下，对于12 V蓄电池，如果电压为9.6 V或高于9.6 V，则说明蓄电池技术状况良好；如果电压低于上述值，则说明蓄电池技术状况不好，应进行检查和修理（见图6-11）。

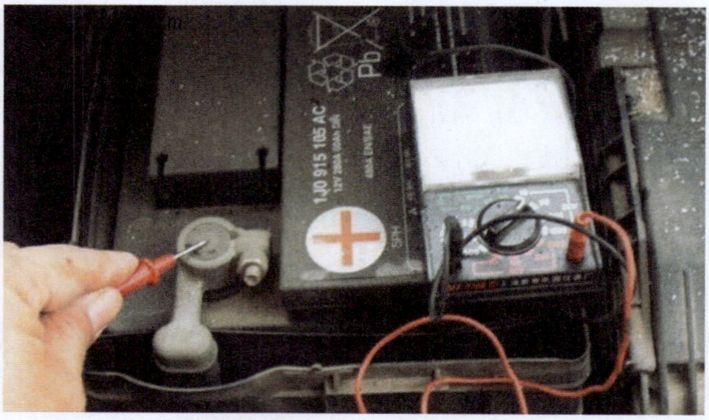

图6-11　测量蓄电池电压

注意：当蓄电池损坏或老化时，蓄电池存储的电量减小，不能提供足够的电流启动发动机。这一现象在寒冷的天气下尤其明显。

二、蓄电池的更换

通常情况下，应该先对蓄电池的外观进行检查，确保蓄电池没有外伤。因为电解液中含有一定量的硫酸，如果漏出来接触到皮肤或者车漆就有些得不偿失了。还要注意远离诸如打火机、香烟、烟花之类的火源，否则蓄电池有爆炸的危险。总而言之，安全第一。

1. 拆卸蓄电池

（1）首先接通点火开关，读取自诊断系统的故障码。

（2）将点火开关置于LOCK 位置，切断电源，将钥匙拔下，如图6-12所示。

图6-12　将点火开关置于LOCK 位置

（3）用10 cm套筒扳手依次拆卸蓄电池的“上固定卡”螺钉，如图6-13所示。

（4）先拧松负极端子上的电缆螺栓并取下电缆接头（见图6-14），再拧松正极端子上的电缆螺栓并取下电缆接头（见图6-15）。有些高档车换蓄电池的时候不可以让车身电器断电，因为断电后需要用专业汽车检测仪解码匹配，所以换蓄电池前一定要用一个备用蓄电池与车上的蓄电池（两极）并联起来。

图6-13　拆卸蓄电池的“上固定卡”螺钉

图6-14　拧松负极端子上的电缆螺栓

图6-15　拧松正极端子上的电缆螺栓

（5）拆下蓄电池固定架，如图6-16所示。

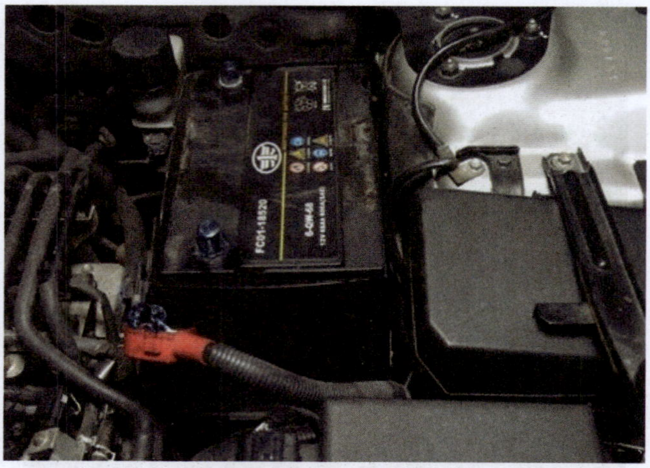

图6-16 拆下蓄电池固定架

提示：

①在拆卸之前，应该记录相关信息，如收音机频道、座椅位置（带有记忆系统）和转向盘位置（带有记忆系统）等。

②在拆卸蓄电池前，关闭点火开关和所有的用电器。

③开始拆卸蓄电池，首先取下负极电缆，然后取下正极电缆，然后拧下蓄电池固定支架上的螺栓，取下蓄电池。

2. 更换蓄电池

（1）拆开蓄电池外保护壳，取出蓄电池，如图6-17所示。

图6-17 取出蓄电池

（2）将新蓄电池放入蓄电池保护壳内，如图6-18所示。

（3）将新蓄电池放回发动机舱原来的位置，如图6-19所示。

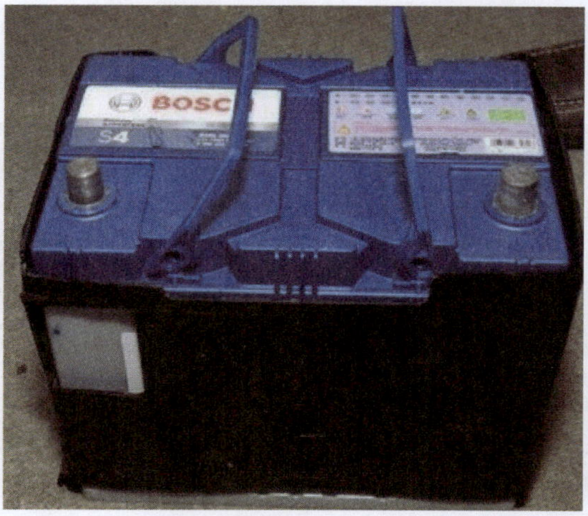

图6-18　将新蓄电池放入蓄电池保护壳内

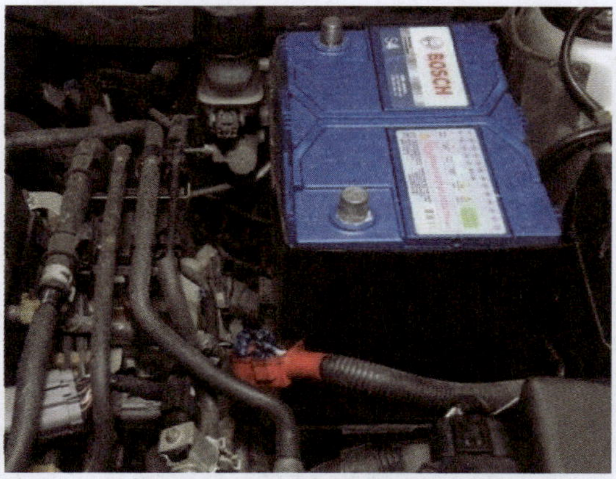

图6-19　将新蓄电池放回发动机舱原来的位置

提示：

① 新蓄电池必须与原蓄电池具有相同的电压（12 V）、结构形式以及安全标志。

② 新畜电池电流和容量应该与原蓄电池一致。

③ 由于蓄电池含有硫酸和铅，因此绝对不可以作为生活垃圾处理。

（4）装上蓄电池正极，盖好正极绝缘胶套，如图6-20所示。

图6-20　装上蓄电池正极

（5）接负极端子电缆及拧紧螺栓（注意，先接正极端子上的电缆接头，然后再接负极端子上的电缆接头；电缆不应绷得过紧）如图6-21所示。

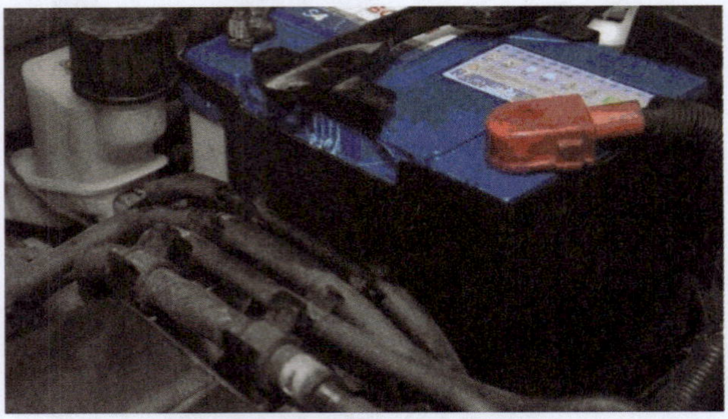

图6-21 接负极端子电缆

（6）装上压板，然后拧紧蓄电池固定架（底部有固定螺栓的则要拧紧螺栓）如图6-22所示。

图6-22 装上压板

（7）此时可以插钥匙，打开点火开关，检查仪表显示灯是否有异常。通常情况下，断电换蓄电池会造成部分电器无法正常工作，仪表处会有指示灯提醒，如图6-23所示。

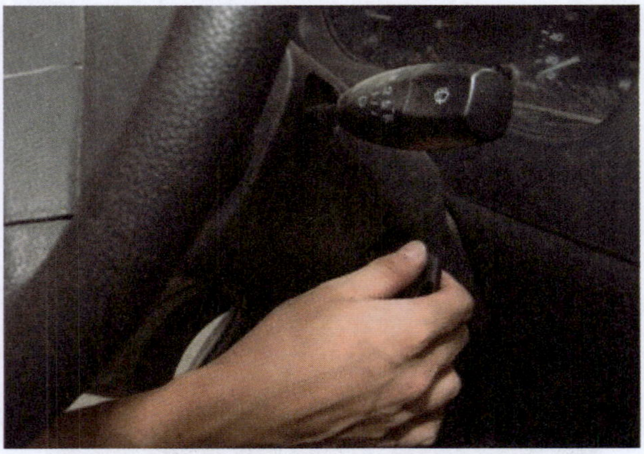

图6-23 打开点火开关检查

技能鉴定

实习记录表如表6-1所示。

表6-1　实习记录表

实习名称	蓄电池的检查与更换	
需准备设备与工具材料等		
实习步骤	内　容	注 意 事 项
准备工作		
具体步骤		
反思		
教师评价	教师评分： 教师建议：	

课堂思考

简述更换蓄电池的注意事项及蓄电池的选择方法。

随堂练习

填空题

（1）蓄电池充不进电的原因是________、________、________。

（2）蓄电池常见故障现象有________、________、________、________、________、________、________、________。

（3）蓄电池液面过低，极板上部外露与________接触而强烈氧化。

判断题

（1）如果把蓄电池放在冷地板上，蓄电池会自放电。（　　）

（2）如果蓄电池内部各部分温度不一样时，蓄电池会自放电。（　　）

（3）严重硫化的蓄电池在充电时电压迅速上升，电解液温度迅速升高。（　　）

（4）连接蓄电池时，应细心查明极性，正对正，负对负。（　　）

（5）对蓄电池充电时，要在通风良好的地方进行。（　　）

（6）要避免在蓄电池附近吸烟或使用明火，充放电时析出的气体极易爆炸。（　　）

看图识物

请说出图6-24所示观察孔中可以看到的颜色，并说出蓄电池的状态。

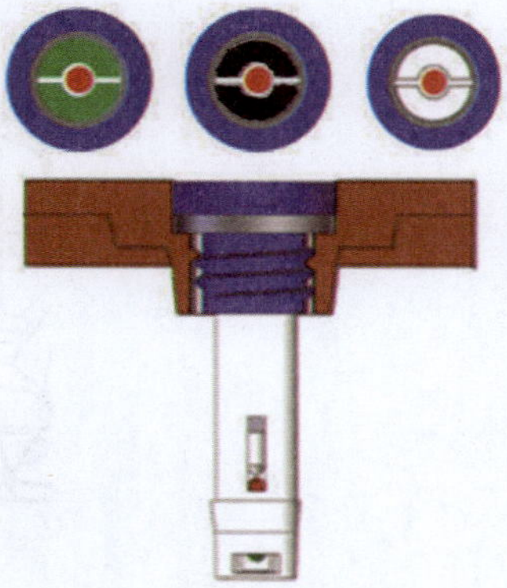

图6-24　观察孔

任务二 汽车灯光的检查

相关知识

为了保证汽车在夜间和雾中安全行驶，车上装有各种各样的灯，如前照灯、转向灯、制动灯、仪表灯、工作灯等，统称“灯光系统”，简称“灯系”。“灯系”是汽车电气系统中保养最频繁的系统。灯光是汽车的眼睛，若灯光不亮，就难以保证行车的安全，容易发生意外事故，必须及时修复（见图6-25）。

图6-25 灯光系统

技能项目

<table>
<tr><td>实习名称</td><td>汽车灯光的检查</td><td rowspan="2">实习目标</td><td rowspan="2">掌握汽车灯光检查的方法</td></tr>
<tr><td>使用器材</td><td>实习车辆</td></tr>
</table>

操作步骤

一、内部灯（顶灯/内部照明灯）检查

通常此灯位于顶棚中央或上侧后视镜内（见图6-26）。此灯开关通常有如下三种设置：

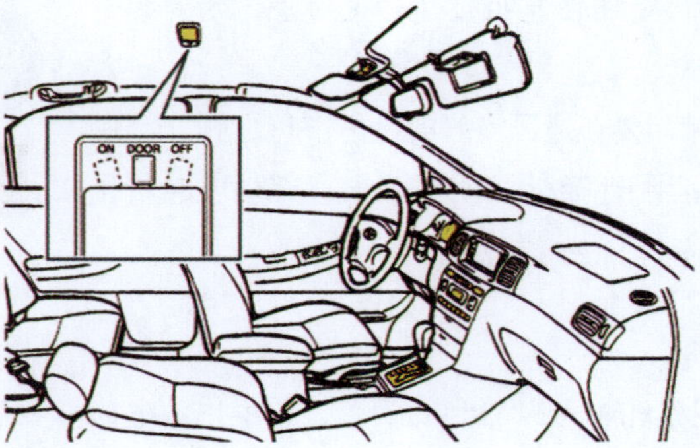

图6-26 顶灯/内部照明灯

（1）ON表示亮。

（2）OFF表示灭。

（3）DOOR表示只有门打开时照明。

检查内容：

（1）打开内部灯开关不同的挡位，进行检查。

（2）打到ON时，顶灯应该亮。

（3）打到DOOR时，开车门时顶灯应该亮。

二、汽车灯光的检查

1. 灯光组合开关的操作

（1）OFF（关闭）：所有灯均处于关闭状态（见图6-27）。

图6-27　OFF（关闭）

（2）挡：停车灯、尾灯、牌照灯和仪表板灯亮起（见图6-28）。

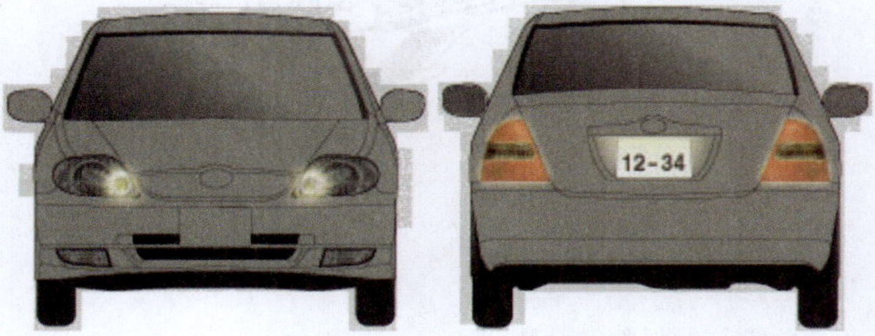

图6-28　停车灯、尾灯、牌照灯和仪表板灯亮起

（3）挡：近光灯及上述所有灯均亮起（见图6-29）。

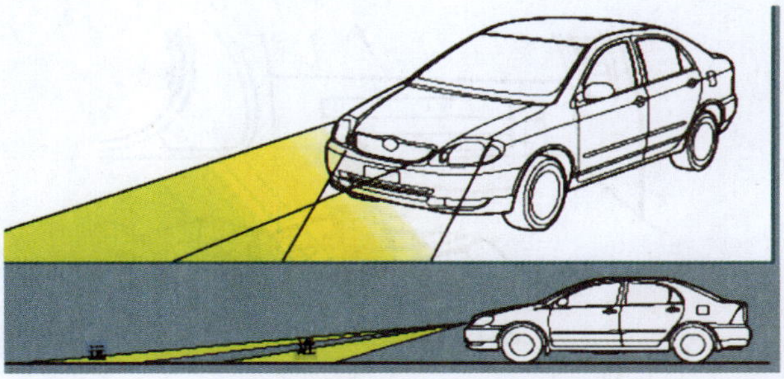

图6-29　近光灯及上述所有灯均亮

2. 转向信号（灯）的操作

（1）右转：将转向信号（灯）操纵杆完全推向上方。

（2）左转：将转向信号（灯）操纵杆完全推向下方。

转向完成后，转向信号（灯）将自动关闭，操纵杆也将恢复原位（见图6-30）。

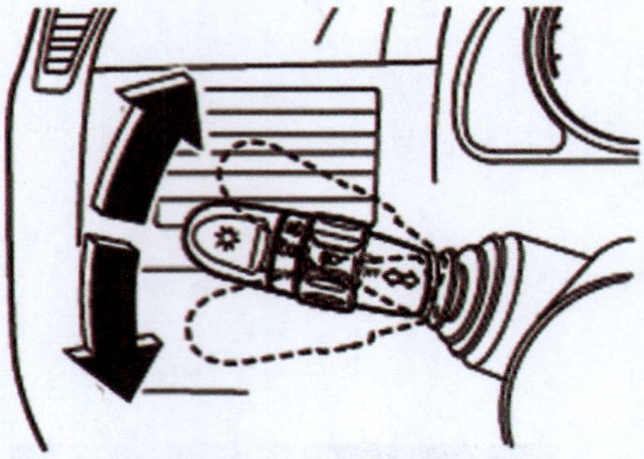

图6-30　转向信号（灯）操纵杆

3. 变光开关

（1）打开远光灯。将组合开关操纵杆朝仪表板的方向推，此时，前照灯远光指示灯亮起。

（2）恢复近光。将组合开关操纵杆朝上推，前照灯远光效果即切换为近光效果。

（3）变光。向上抬起组合开关操纵杆，则远光灯闪烁；松开时自动切换为近光（见图6-31）。

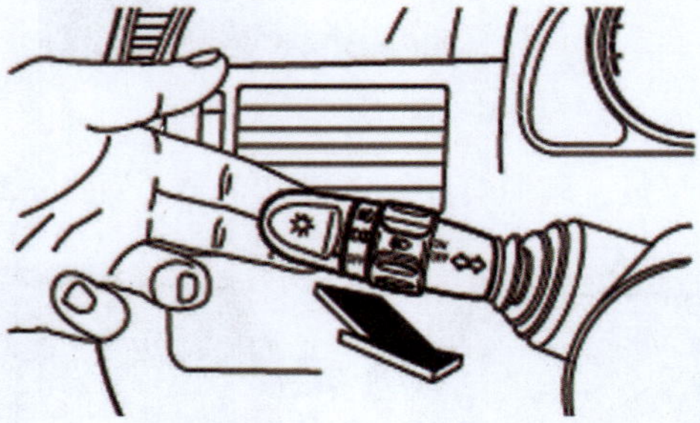

图6-31　变光开关

4. 雾灯检查

（1）前照灯处于近光或远光照明状态。

（2）旋转开关，前雾灯处于打开状态时。

（3）打开后雾灯时，仪表板上的后雾灯指示灯亮起。

（4）关闭前照灯开关，则同时关闭后雾灯（见图6-32）。

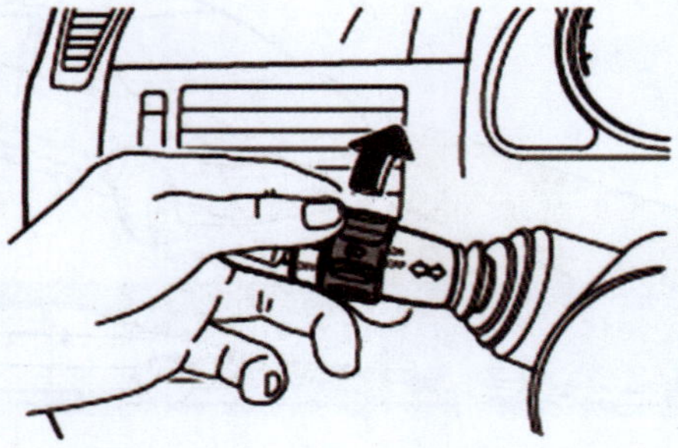

图6-32　前照灯的操作

技能鉴定

实习记录表如表6-2所示。

表6-2　实习记录表

实习名称	汽车灯光的检查	
需准备设备与工具材料等		
实习步骤	内　容	注 意 事 项
准备工作		
具体步骤		
反思		
教师评价	教师评分： 教师建议：	

课堂思考

进行灯光的检查，并记录检查过程。

随堂练习

填空题

(1) 汽车的照明系统包括________、________、________、________、________和________等。

(2) 典型的前照灯开关是“三位”形式，带有________、________和________三个工作位置。

(3) 前照灯的颜色总是________。

(4) ________用于前照灯在近光和远光之间的转换。

(5) 前照灯由________、________和________组成。

(6) 前照灯的灯泡中有________和________两个灯丝，使用中通过变光开关进行变换。

(7) 汽车的信号系统主要包括________、________、________、________、________、挂车标志灯、车灯和喇叭等。

(8) 汽车的转向灯系统包括________、________、________和转向指示灯等。

判断题

(1) 前照灯电路的变光开关仅仅控制近光灯电路的电流。(　　)

(2) 危险信号闪光灯电路和转向信号闪光灯电路通常使用同一个闪光单元工作。(　　)

(3) 对于封闭式的卤素前照灯，如被烧坏，整个前照灯组件都需要更换。(　　)

(4) 前照灯不可以调整光束的照射方向。(　　)

任务三 风窗刮水器、清洗与除霜装置的检查与保养

相关知识

随着汽车工业的发展，汽车上的辅助装置越来越多，性能越来越完善，可同时也越来越复杂了。有代表性的几个装置是风窗刮水器、清洗与除霜装置等（见图6-33）。

图6-33 风窗刮水器

为了保证驾驶人在雨天或雪天时有良好的视线，确保行车安全，在汽车的风窗玻璃上装有刮水器。刮水器的作用是刮除汽车风窗玻璃上的雨水、雪或灰尘，确保驾驶人有良好的视线，风窗洗涤器与其配合工作（见图6-34）。

图6-34 刮水器可确保行车安全

一、风窗刮水器

汽车上采用的刮水器根据其动力不同分为真空式、气动式和电动式三种。目前在汽车上广

泛采用的是电动刮水器。其开关具有高速、低速及间歇三个工作挡位，而且在每个工作挡位关断开关时，刮水器臂都有自动复位的功能（见图6-35）。

图6-35　电动刮水器开关

电动刮水器主要由电动机、传动机构和刮水片三部分组成。图6-36所示为电动刮水器的组成。

电动刮水器是由微型直流电动机驱动，通过传动机构，使风窗玻璃外表面的刮水片来回摆动。刮水片是一种橡胶合成物，刮水器臂处的压紧弹簧将刮水片紧紧地压在风窗玻璃上，以扫除风窗玻璃上的雨水、雪或灰尘。

电动刮水器的电动机绝大多数都是永磁式电动机，其结构简单、体积小、可靠性好，故广泛使用，永磁式电动机实物外形图如图6-37所示。

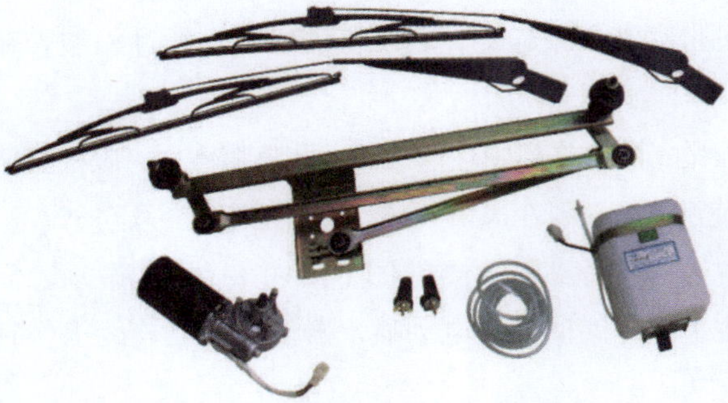

图6-36　电动刮水器的组成

图6-37　永磁式电动机实物外形图

永磁式电动刮水器工作原理是永磁式电动机的动力经一个涡轮传动机构进行减速增扭，通过三个电刷产生两种速度。常规速度是通过安置在相反位置的两个电刷来实现的。

高速时，第三个电刷开始工作，可以减少它们之间产生有效反电动势的电枢绕组数目，从而减少阻力，增加了速度。

接通点火开关后，把电动刮水器开关拨到2挡（低速挡），电流流向为：蓄电池正极→熔断器→点火开关→电动刮水器开关→电刷→电枢→电刷→搭铁→蓄电池负极（见图6-38）。

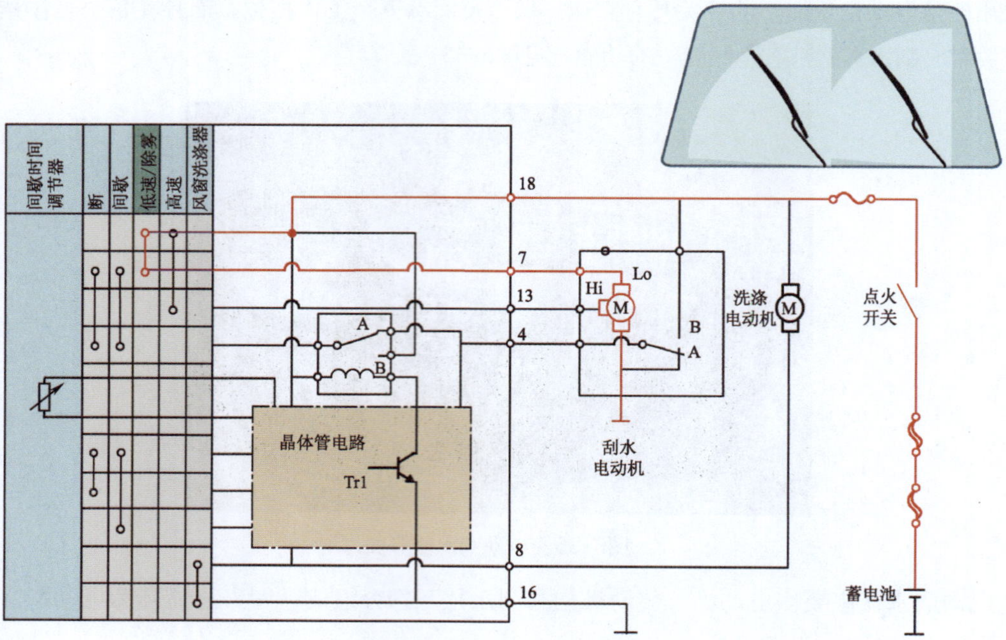

图6-38　永磁式电动刮水器电路

二、风窗洗涤器

刮水器在刮泥土、尘埃时，如果没水而干刮就很难刮净，甚至会划伤玻璃。现代轿车及部分载货车都加装风窗洗涤器，与刮水器配合使用，成为更完善的风窗玻璃刮水系统。

风窗洗涤器与刮水器配合工作，所以必须由同一电路来控制。一般和电动刮水器共用一个熔断器。当清洗控制开关接通时，洗涤电动机带动液压泵转动，将洗涤液加压，通过输液管和喷嘴喷洒到风窗玻璃表面。

风窗洗涤器的喷嘴有装一个的，也有装两个的，安装在风窗玻璃下面，其喷嘴方向可以根据使用情况调整，喷水直径一般为0.8～1.0 mm，能使洗涤液喷射在风窗玻璃的适当位置（见图6-39）。一般要求喷水量均匀，喷出的液体不应分散。也有把喷嘴装在刮水器臂上的，并和刮水器联动，定时地配合刮水片的刮刷动作，这是一种喷射效果较好的间歇式电动喷水器。清洗泵连续工作时间不应超过1 min，而且应先开清洗泵，然后接通刮水器，喷水停止后，刮水器应继续刮动3～5次，经这样的配合可以达到良好的清洁效果。

图6-39　风窗洗涤器喷嘴

风窗洗涤器电路原理图如图6-40所示。它是一个单线串联电路，工作时接通冲洗开关，洗涤电动机工作，把洗涤液从储油罐中吸出，经吸液阀从喷嘴喷洒到风窗玻璃上。

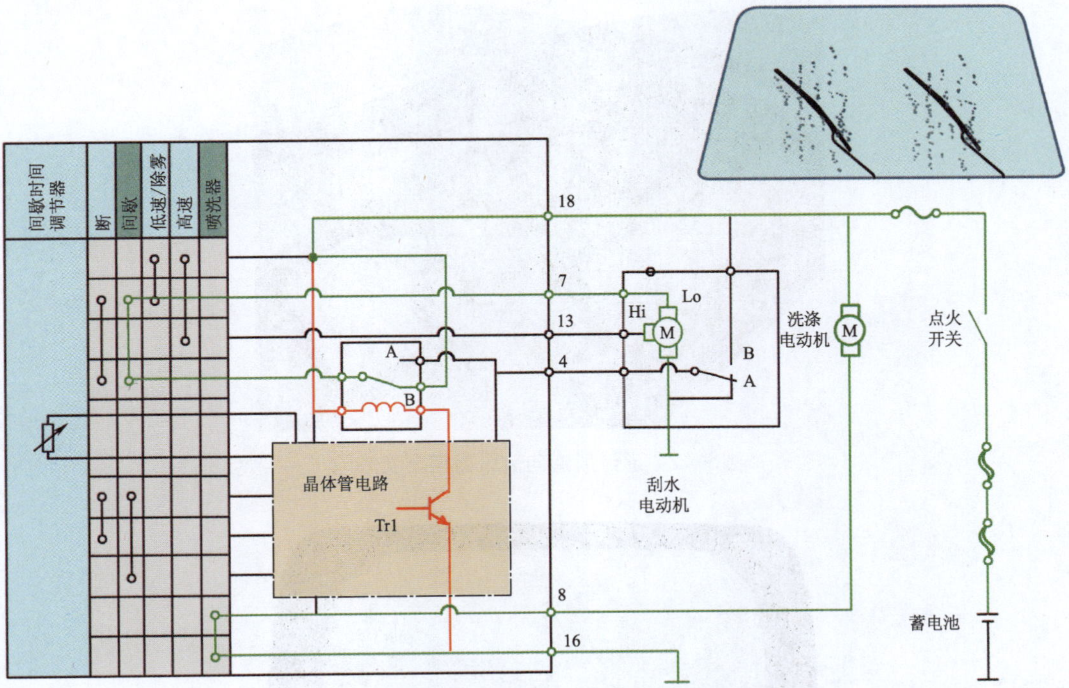

图6-40　风窗洗涤器电路原理图

三、风窗除霜（雾）装置

在较冷的季节，有雨、雪或雾的天气，空气中的水分会在冷的风窗玻璃上结成细小的水滴甚至结冰，从而影响驾驶人的视线（见图6-41）。

图6-41　风窗玻璃上结成细小的水滴

在装有空调或暖风系统的汽车上，可以通过风道向前面及侧面风窗玻璃吹热风以加热玻璃，防止空气中的水分凝结（见图6-42）。

对后风窗玻璃的除霜，常常是利用电热丝加热实现的，如图6-43所示。

在风窗玻璃内表面均匀、间隔地镀有数条很窄的导电膜，形成电热丝（镍铬丝），在需要时接通电路，即可对后风窗玻璃进行加热。这种除霜器的工作电流较大，因此电路中除设有开关外，有的还设有一个定时继电器。这种继电器在通电10 min后能自动断电，如霜还没有除净，驾驶人可再次接通开关，但在此之后每次只能通电5 min。

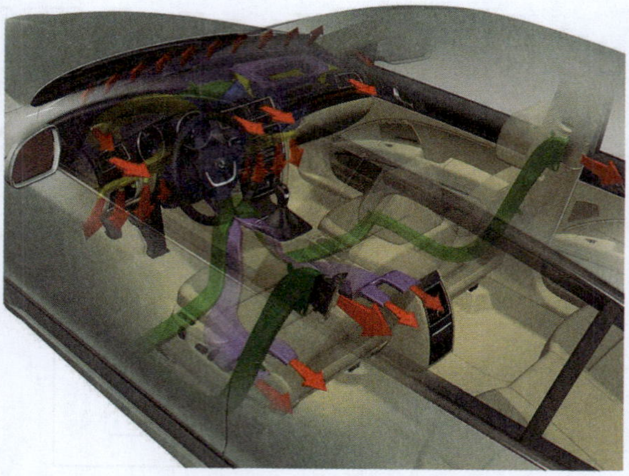

图6-42　通过风道向前风窗玻璃吹热风

图6-43　后风窗玻璃除霜器

除霜器的电阻值随温度的变化而变化，具有正温度系数。温度降低时，电阻值减小，电流增大；温度升高时，电阻值增加。因此，除霜器自身具有一定的调节功能。

技能项目

实习名称	风窗刮水器、清洗与除霜装置的检查与保养	实习目标	掌握风窗刮水器、清洗与除霜装置的检查与保养方法
使用器材	实习车辆		

操作步骤

风窗刮水器的检修

1. 刮水片的检查与维护

（1）必须经常检查刮水片，当发现刮水片严重磨损或脏污时，应及时更换或清洗，可用清水和中性肥皂水清理刮水片，不可用汽油清洗和浸泡；否则，刮水片会变形而影响其工作效果（见图6-44）。

（2）检查刮水器工作情况时，应先用水湿润和清洁风窗玻璃；否则，将刮伤玻璃和损坏橡胶刮片或烧坏刮水电动机。

（3）刮水片至少每年更换一次。

（4）检查刮水器的性能，如果刮水片的性能已经变差，必须更换（见图6-45）。

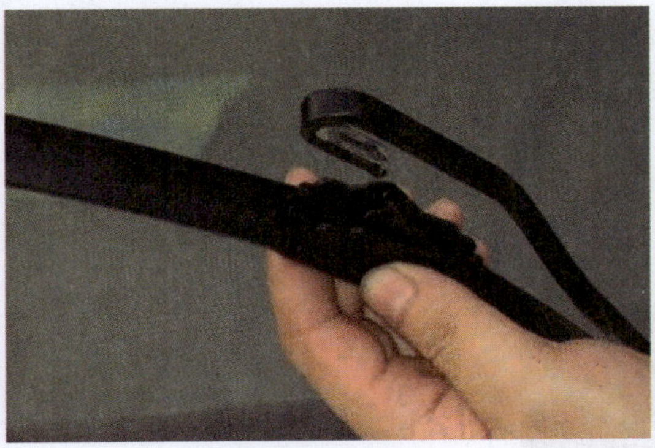

图6-44 检查刮水片

图6-45 检查刮水器的性能

（5）更换刮水片时，先将旧橡胶条拉出来，然后把新橡胶条插进去。注意不要把安装方向弄错，同时一定要把固定卡夹安装牢靠；否则，橡胶条很容易脱落（见图6–46）。

（6）冬季使用刮水器时，若刮水片被冻住或被雪团卡住，应立即断开开关，清除冰块、雪团后方可继续使用；否则，会因刮片阻力过大而烧坏刮水电动机。

2. 刮水电动机的检查与维护

（1）检查刮水器工作情况时，在接通刮水器开关后，应注意电动机有无异响，尤其当刮水电动机发出“嗡嗡”响声而不转动时，说明其机械部分已经锈死或卡住，应立即断开开关，以防烧坏刮水电动机（见图6–47）。

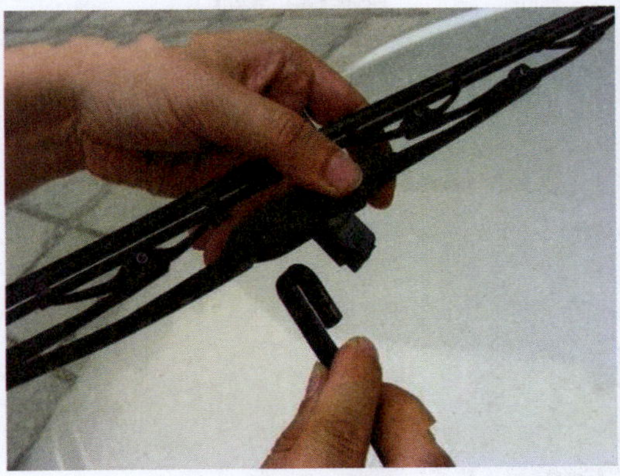

图6-46 更换刮水片

图6-47 检查刮水器工作情况

（2）刮水电动机接线须符合电路原理图，切勿接错。紧固刮水器固定螺栓时，注意边调速边紧固，以电动机曲轴及连杆等各运动部位运转灵活为准；定期检查心轴与固定螺栓内工作润滑情况，及时涂入润滑脂以减轻磨损。

（3）不要随意拆下刮水电动机。若因故障确需拆下刮水电动机时，要小心操作，切勿使电动机意外受损。因为刮水电动机大多是永磁直流电动机，其磁极多采用陶瓷材料，受冲击易损坏。

（4）刮水电动机多为封闭式，不可随意拆卸。必须拆卸时，要保持内部清洁，不可让铁屑之类的污物落入其中；装配时要给轴承的润滑毛毡加注少许机油，并更换或补充减速器内的润滑脂。

（5）在对刮水器系统故障检修之前，需要判定是电气故障还是机械故障。其最简单的判断方法就是从电动机上拆下连接刮水片的机械臂，接通刮水器系统，观察电动机的运行。如果电动机工作正常，则是机械问题，可进行检修或更换。

3. 风窗洗涤器的检修与维护

（1）检查风窗洗涤器罐内的液体存储量是否正常（见图6-48）。

（2）检查熔丝和电路连接是否正常（见图6-49）。

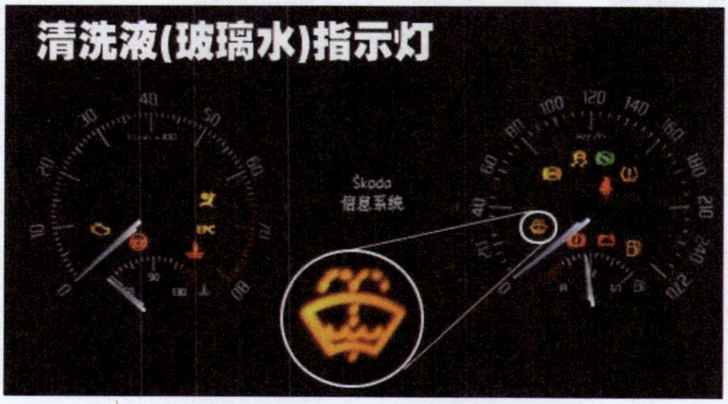

图6-48 检查风窗洗涤器罐内的液体存储量

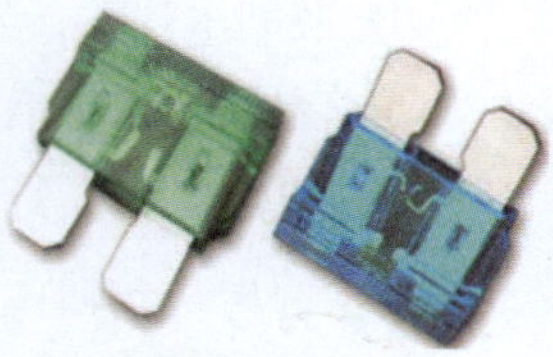

图6-49 被烧断的熔丝

（3）打开风窗洗涤器开关（见图6-50），同时观察电动泵是否运转。如果电动泵工作但不喷液，检查泵内有无堵塞，排除泵体内的任何异物；如果没有堵塞，须更换电动泵。

图6-50 风窗洗涤器开关

（4）如果电动泵不运转，表明风窗洗涤器电动机或其控制电路有故障。用电压表或试灯检查开关闭合时清洗泵电动机上有无电压。若有电压，用欧姆表检查负极回路，若负极回路良好，须更换电动机。

若电动机上没有电压，则故障在控制电路，应沿电路向开关查找，检测开关工作是否正常。如果开关上有电压输入，没有电压输出，须更换开关。

技能鉴定

实习记录表如表6-3所示。

表6-3　实习记录表

实习名称	风窗刮水器、清洗与除霜装置的检查与保养	
需准备设备与工具材料等		
实习步骤	内　容	注 意 事 项
准备工作		
具体步骤		
反思		
教师评价	教师评分： 教师建议：	

课堂思考

怎样选择刮水片，更换要注意什么？

随堂练习

填空题

（1）__________的作用是刮除汽车风窗玻璃上的雨水、雪或灰尘，确保驾驶人有良好的视线，电动_______与其配合工作。

（2）目前在汽车上广泛采用的是__________刮水器。其开关具有__________、__________和三个工作挡位，而且在每个工作挡位关断开关时，刮水器臂都有_____的功能。

（3）电动刮水器主要由_______、_______和_______三部分组成。

（4）电动刮水器的电动机绝大多数都是__________式电动机，其结构__________、体积_______、可靠性_______，故广泛使用。

（5）当刮水器停止工作时，为了不影响驾驶人的视线，刮水片应能够自动回到风窗玻璃的下部。为此，在刮水器系统中一般都装有_______功能装置。

判断题

（1）为了能刮掉风窗玻璃上的油、蜡等，洗涤液内应含强效洗涤剂。（　　）

（2）风窗玻璃喷水洗涤装置，与刮水器配合使用。先接通清洗泵还是先开刮水器没有限制，只是喷水停止后，刮水器应继续刮动3～5次，经这样的配合可以达到良好的清洁效果。（　　）

（3）在较冷的季节，有雨、雪或雾的天气，为了防止空气中的水分在风窗玻璃上凝结，设置风窗除霜（雾）装置，需要时可以对风窗玻璃加热。（　　）

（4）在风窗玻璃内表面均匀、间隔地镀有数条很窄的导电膜，形成电热丝，在需要时接通电路，即可对风窗玻璃进行加热。（　　）

（5）所有喷嘴都不工作，可能是喷射方向或喷嘴位置有问题。（　　）

（6）汽车前、后风窗玻璃是利用空调系统产生的暖风来除霜的。（　　）

（7）永磁式风窗刮水电动机用了两只电刷。（　　）

选择题

（1）现代汽车刮水器都加装了电子间歇控制系统，是为了在（　　）时使用。

A．雨量较大　　B．小雨　　C．随意　　D．小雨或雾天行驶

（2）开动刮水器间歇开关，使刮水器按一定周期自动间歇工作，即每一次刮水后停止（　　）。

A．1～2 s　　B．10～20 s　　C．1～3 s　　D．2～12 s

（3）清洗泵连续工作时间不应超过（　　）。

A．2～3 min　　B．5 min　　C．3 min　　D．1 min

（4）风窗洗涤器与刮水器（　　）工作，用（　　）电路来控制。一般和电动刮水器共用（　　）熔丝。

A．配合　　B．各自独立　　C．同一　　D．一个

（5）接通点火开关后，刮水器在所有挡位都不工作，故障的原因不可能是（　　）。

A．熔断器断路　　B．刮水器电动机或开关故障

C．刮水器电动机自动复位机构损坏　　D．插接件松脱

（6）电动刮水器由（　　）驱动。

A．发电机　　B．起动机

C．微型直流电动机　　D．发动机

（7）自动控制除霜装置中电热丝采用（　　）的镍铬丝，当结霜层厚度越大，传感器的电阻越（　　）。

A．正温度系数　　B．负温度系数　　C．大　　D．小

任务四　空调系统的基本检测与维护

相关知识

一、认识汽车空调

汽车空调是汽车空气调节系统的简称，即采用专用设备调节车内的温度、湿度、气流速度、洁净度等参数指标，从而创造清新舒适的车内环境（见图6-51）。

图6-51　汽车空调作用

汽车空调系统主要由以下几部分组成：

1. 制冷系统

制冷系统对车内空气或由外部进入车内的新鲜空气进行冷却或除湿，使车内空气变得凉爽舒适（见图6-52）。

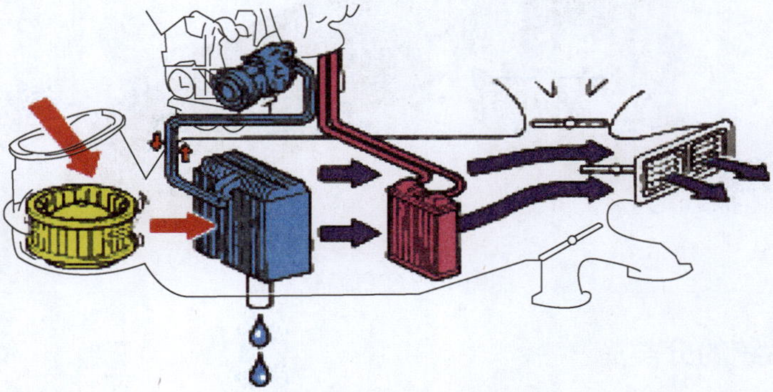

图6-52　制冷系统

2. 暖风系统

暖风系统主要用于取暖，对车内空气或由外部进入车内的新鲜空气进行加热，达到取暖、除湿的目的（见图6-53）。

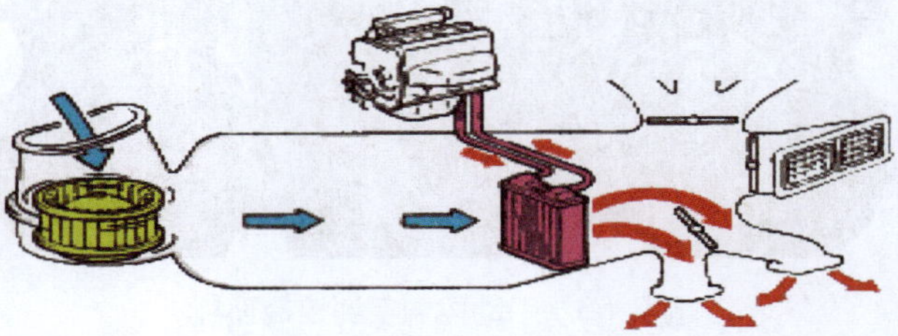

图6-53　暖风系统

3. 通风装置

通风装置将外部新鲜空气吸进车内，起通风和换气作用。同时，通风对防止风窗玻璃起雾也起着良好作用（见图6-54）。

图6-54　通风装置

4. 空气净化装置

空气净化装置用来除去车内空气中的尘埃、臭味、烟气及有毒气体，使车内空气变得清洁（见图6-55）。

图6-55　空气净化装置

二、空调系统的分类

空调系统控制有手动控制与自动控制之分。手动控制空调由驾驶人通过旋钮或拨杆对出风温度、出风速度等进行调节，无法根据阳光照射强度、发动机热辐射和人体热负荷等因素的变化进行调节（见图6-56）。

图6-56　手动控制空调控制面板

自动控制空调利用各种传感器随时检测车内外温度、阳光照射强度的变化，并把传感器的信号送到空调系统的电子控制单元（ECU），电子控制单元按照预先编制的程序对传感器信号处理，并通过执行元件不断地对工作状况进行调节，从而使空调系统始终保持在驾驶人设定的水平上（见图6-57）。

图6-57　自动控制空调控制面板

三、空调系统的制冷、制热工作原理

空调制冷系统就是利用了制冷液由液体蒸发变为气体的过程可以吸收周围环境的热量的原理来工作的。通过减压使液体制冷剂转化为气体吸收热量，通过压缩使气体制冷剂转化为液体释放热量，制冷过程中热量的转移是靠液体的状态变化实现的。汽车空调系统的工作原理如图6-58所示。

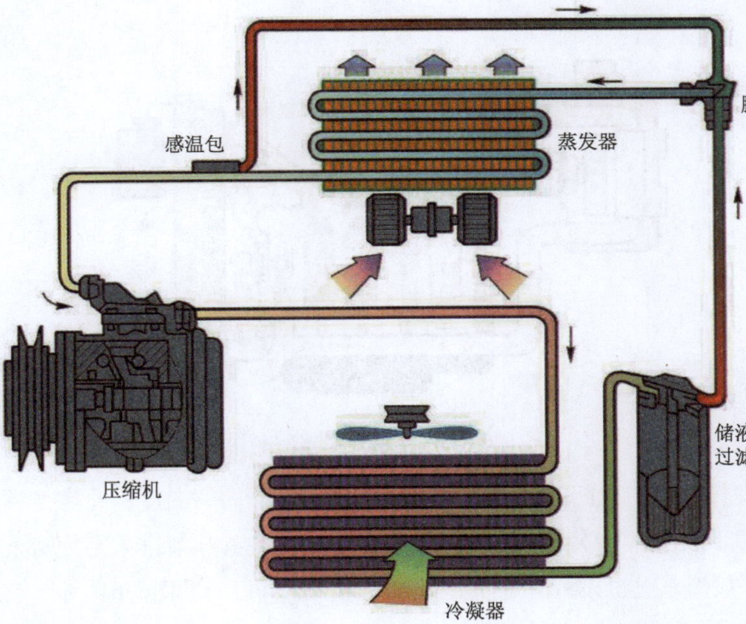

图6-58　汽车空调系统的工作原理

当压缩机运转时将使其吸气口处的压力下降，低压使蒸发器中的冷却剂蒸发，从而吸收车厢内空气的热量，使车内温度降低，压缩机出气口（高压部分）连接冷凝器，高压使制冷剂在此由气体转化为液体，从而把状态变化时吸收的热量释放到外部的空气中。

蒸发器安装于汽车内部，冷凝器则安装在有强大气流的汽车外部。压缩机用固定托架安装在发动机气缸体上，一般由发动机驱动。空调系统制冷工作过程如图6-59所示。

空调暖风系统可以将车内的空气加热，提高车内的温度。汽车暖风系统有许多类型，按热源的不同可以分为热水取暖系统、燃气取暖系统、废气取暖系统等。目前小车主要采用热水取暖系统。

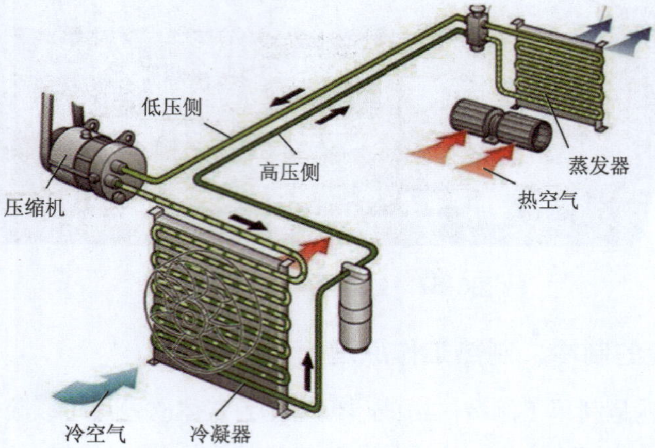

图6-59　空调系统制冷工作过程

热水取暖系统通常采用发动机冷却水为热源，使冷却水流过一个加热器芯，再使用鼓风机将冷空气吹过加热器芯，带走热量，使车厢内的温度升高，如图6-60所示。

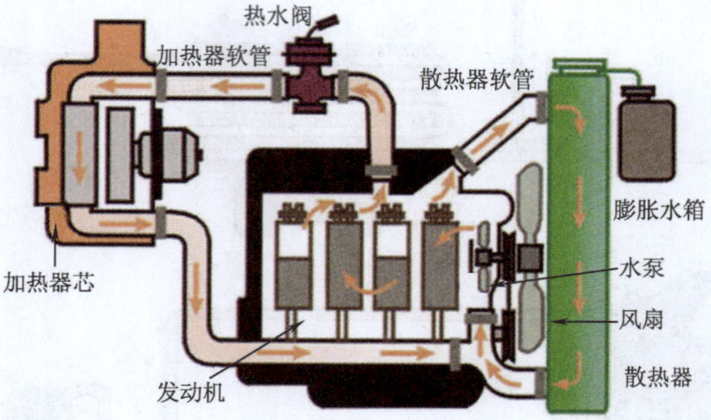

图6-60　空调暖风系统

通过一系列安排适当的风门的配合，可以有效调节车厢内的温度。通常，调节后的热空气在驾驶人或乘客脚下的出风口吹入车厢内，许多汽车在驾驶人和前排乘客侧窗上也有一些小的热空气出风口。一般汽车上也设计有定向的新鲜冷空气出风口（见图6-61）。

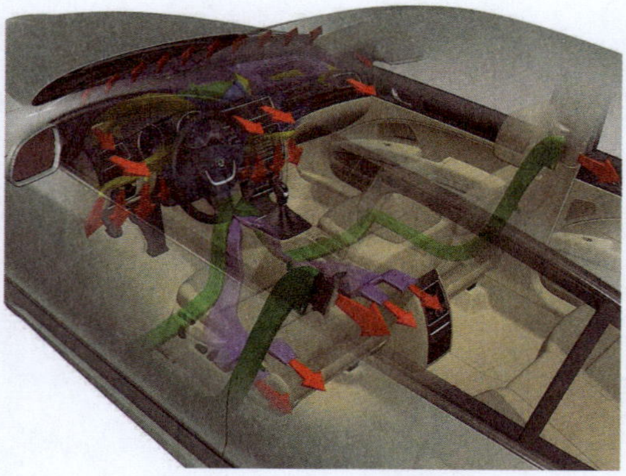

图6-61　热空气出风口

技能项目

实习名称	空调系统的基本检测与维护	实习目标	掌握空调系统的基本检测与维护方法
使用器材	实习车辆、真空泵、空调表		

操作步骤

一、空调系统的日常维护

（1）防止不洁空气进入：若汽车在尘土飞扬的道路上行驶时，应将空气入口置于再循环（RED）位置，以防车外灰尘进入。

（2）炎热季节，应将车内空气排出：车窗关闭时，空调系统的效率最高。但汽车若在阳光下停放时间较长，车内很热时，打开空调后，应开一会儿玻璃窗，待车内热气排出后再关闭。

（3）发动机大负荷时，应暂时关闭空调：炎热季节，发动机在大负荷下较长时间工作时，为防止发动机过热，应暂时关闭空调；否则，发动机一旦过热，既影响汽车行驶，也会影响空调的使用。

（4）合理选择空调的风速挡位：汽车正常运行中，为防蒸发器过度结霜，影响空调系统的运行，空调的送风速度及温度控制不应同时长时间置于最低。但是当车速低于25 km/h时，应将风速开关置于低速挡位，避免发电量不足和冷气不足。

（5）掌握发动机的启动程序：对于没有车速自动控制装置的汽车空调系统，使用时应先启动发动机，后开空调，以避免启动困难。

（6）空调效果较差时，应关掉空调及时检查：空调的降温效果较差时，表明该系统工作不良，及时关掉空调可有防止故障的扩大和恶化，对保护空调和延长空调的使用寿命十分重要。

（7）在不使用空调的季节，每隔2～3周应使空调工作几分钟，以使该系统保持良好的工作状态。

二、空调系统检修的基本操作

汽车空调系统检修的基本操作一般包括制冷系统工作压力的检测、从制冷系统内放出制冷剂、制冷系统抽真空、制冷系统的检漏、加注和补充制冷剂、加注和补充冷冻油等。汽车空调系统的检修作业通常需要歧管压力表（又称压力表组），如图6-62所示。

图6-62　歧管压力表

低压表既能显示低压力，又能显示真空度；高压表的测量值从0开始，直到最大压力。低压表和高压表都装在歧管压力表阀体上，阀体两端各有一个手动截止阀，下部分别连接有高、低压接头（见图6-63）。

图6-63　连接高、低压接头

三、排放空调制冷剂

1. 准备工作

（1）将歧管压力表接入空调系统中如图6-64所示。

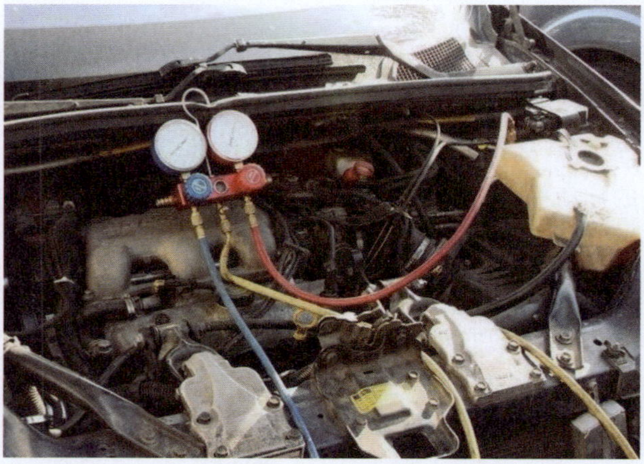

图6-64　将歧管压力表接入空调系统中

（2）调整控制器至最冷位置如图6-65所示。

图6-65　调整控制器至最冷位置

（3）启动发动机，并将发动机转速控制在1 000～2 000 r/min，运行10～15 min，如图6-66所示。

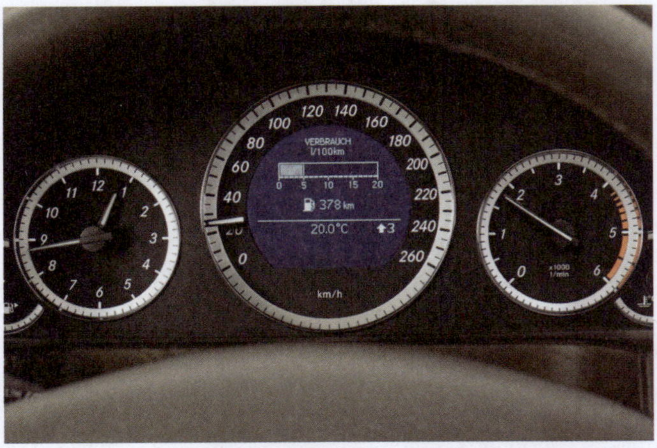

图6-66　发动机转速表显示转速

2. 排放制冷剂

（1）待发动机正常运转一段时间后，关闭发动机。

（2）慢慢开启高（红色旋钮）、低压侧手动阀（蓝色旋钮），让制冷剂经过中间黄色软管排出，如图6-67所示。

图6-67　空调表

（3）在中间软管开口端裹上白布，如有冷冻油排出，就会显示在白布上。此时，应关小手动阀，至刚好勿让冷冻油排出。

（4）表上显示高、低压力表读数均为1个大气压时，说明系统中的制冷剂已经放空，如图6-68所示。

图6-68　表上显示高、低压力表读数均为1个大气压

四、空调制冷系统抽真空

抽真空的目的是排除制冷系统内残留的空气和水分，同时也可进一步检查制冷系统的密闭性，为向系统内充注制冷剂做好准备。实际上，抽真空并不能直接把水分抽出制冷系统，而是压力降低后水的沸点也降低了，水汽化成水蒸气抽出制冷系统外，如图6-69所示。

图6-69　空调制冷系统

1. 准备工作

将歧管压力表上的高、低压管连接到制冷系统管路上，并打开高、低压手动阀，中间的软管则接在真空泵进口上，如图6-70所示。

2. 系统抽真空

（1）启动真空泵如图6-71所示。

（2）打开高、低压手动阀，观察歧管压力表，指针应向下偏摆，略有真空显示。

（3）真空泵运转10 min之后，低压表读数应大于79.8 kPa。

（4）当系统真空度接近100 kPa时，关闭高、低压手动阀及真空泵，放置5～10 min后，如果压力上升大于3.4 kPa，则说明系统有泄漏，应检查排除后再进行抽真空。

（5）如果低压表指针保持不动，则继续进行抽真空30 min以上，保证系统内空气与水气完全被抽出。然后关闭高、低压手动阀和真空泵。

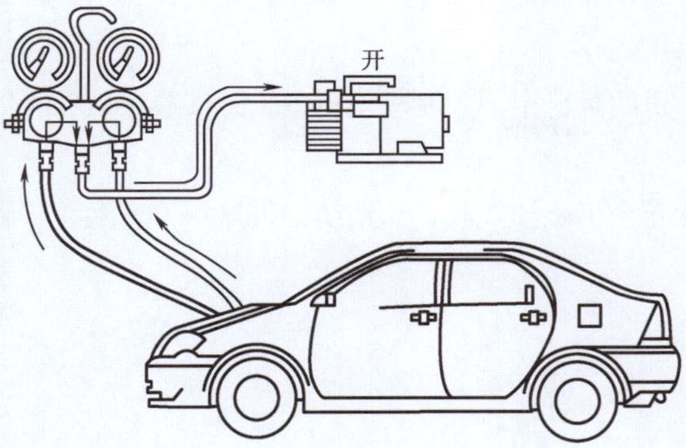

图6-70　抽真空

图6-71　启动真空泵

五、加注制冷剂

制冷剂的加注分为两种情况：一种是系统内部制冷剂不足，需要补充；另外一种是制冷剂完全漏光，需要重新加注，重新加注前应先对系统进行抽真空，在制冷系统经过抽真空并确认没有泄漏后，可开始对系统加注制冷剂。

1. 准备工作

（1）按逆时针方向旋转制冷剂注入阀手柄，直至阀针完全退回，如图6-72所示。

（2）将注入阀装到制冷罐上，按逆时针方向旋转板状螺母，直至最高位置，然后将制冷剂注入阀顺时针拧动，直至制冷剂注入阀嵌入制冷剂密封塞，如图6-73所示。

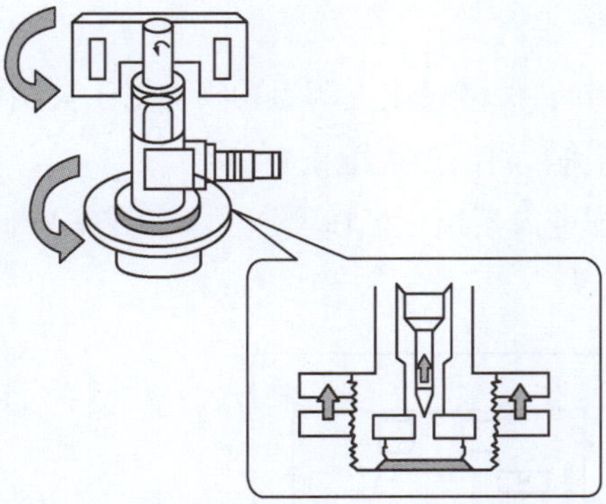

图6-72　制冷剂注入阀阀针退回

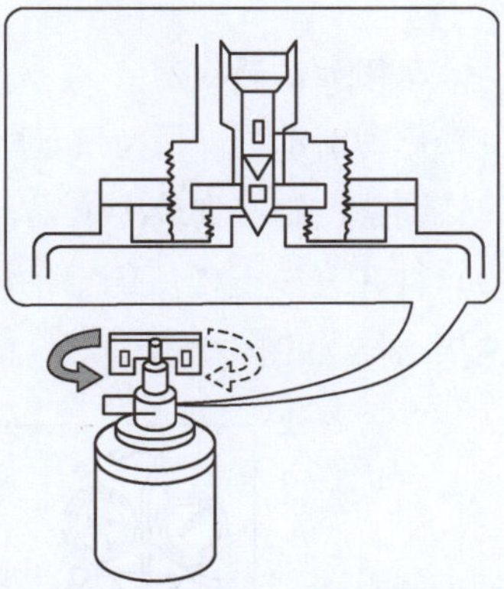

图6-73　制冷剂注入阀嵌入制冷剂密封塞

（3）将板状螺母按顺时针方向旋转到底，再将歧管压力表上的中间软管接到注入阀接头上，用手拧紧板状螺母。

2. 高压侧加注制冷剂

（1）按顺时针方向旋转手柄，使阀针刺穿密封塞，再按逆时针方向旋转手柄，使阀针抬起。

（2）松开表座上中间软管接头，放气几秒，再拧紧接头。

（3）打开表座上高压侧手动阀，观察低压表，看指针是否从真空范围转至压力范围。如果系统堵塞应予以排除后抽真空，再进行下一步操作。

（4）倒置制冷剂罐，使液态制冷剂进入系统，要想终止制冷剂的加注，顺时针将手柄转到底。针阀会落下来，停止加注制冷剂，如图6-74所示。

（5）用手指敲击罐底，如果发出空筒声，说明罐已空。如制冷剂不足，第二罐应从低压侧进行加注。

（6）关闭表座上高压侧手动阀，从中间软管上拆除注入阀，从系统上拆除压力表组，重新盖上所有的盖和帽。

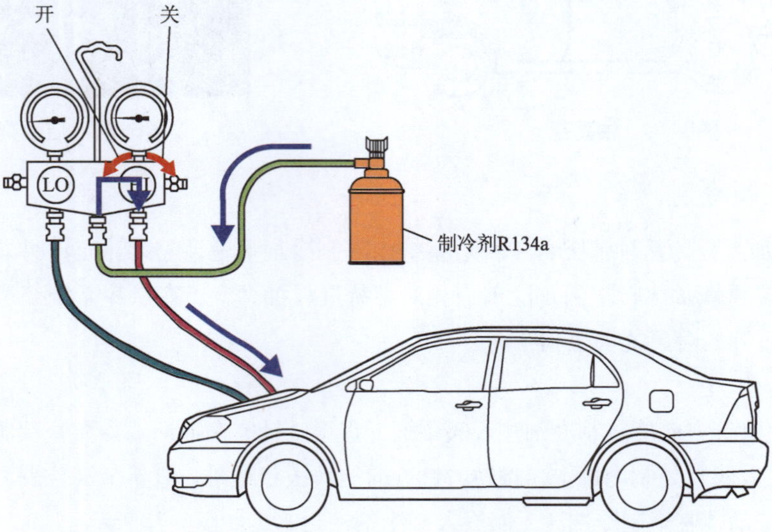

图6-74　高压侧加注制冷剂

3. 低压侧加注制冷剂

（1）启动发动机，保持发动机转速在1 250 r/min，保证表座上两手动阀均处于关闭状态。

（2）调整控制器到最冷位置，鼓风机要调至高速，将制冷剂罐正立。

（3）打开表座上低压侧手动阀，使气态制冷剂进入系统。低压侧压力降至377 kPa时，快速加注制冷剂，如图6-75所示。

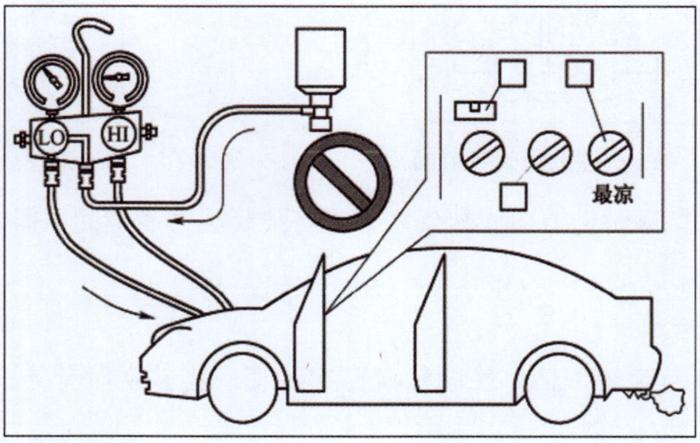

图6-75　低压侧加注制冷剂

（4）用手指敲击罐底，如果发出空筒声，说明罐已空。如制冷剂不足，可重复以上步骤，直到符合规定为止。低压侧加注制冷剂时制冷剂罐不可以倒置，不能使液态制冷剂进入压缩机，不要加注过量的制冷剂。更换制冷剂罐时，关闭所有阀门，更换后注意排除维修管内的空气。

（5）最后检测制冷剂的加注量是否合适，空调系统运转是否正常。通过观察孔观察加注量、检查漏气和空调的制冷状况。先关闭低压阀门，并关闭发动机。从中间软管上拆除注入阀，从系统拆除歧管压力表，重新盖上所有的盖和帽。

技能鉴定

实习记录表如表6-4所示。

表6-4 实习记录表

实习名称	空调系统的基本检测与维护	
需准备设备与工具材料等		
实习步骤	内 容	注 意 事 项
准备工作		
具体步骤		
反思		
教师评价	教师评分： 教师建议：	

课堂思考

（1）怎样检查空调制冷效果？

（2）怎样补充制冷剂134A？

随堂练习

填空题

（1）汽车空调是汽车________的简称，即采用专用设备调节车内的________、________、________和洁净度等参数指标。

（2）汽车空调系统主要由以下几部分组成：________、________、________、________和________。

（3）自动空调利用各种________随时检测车内外温度、阳光照射强度的变化，并把信号送到空调系统的________，电子控制单元照预先编制的程序对传感器信号________，并通过不断地对工作状况进行调节，从而使空调系统始终保持在驾驶人设定的水平上。

（4）空调制冷系统就是利用了________由液体蒸发变为气体的过程可以________周围环境的热量的原理来工作的。

（5）蒸发器安装于汽车________部，________则安装在有强大气流的汽车外部。________用固定托架安装在发动机气缸体上，一般由发动机驱动。

判断题

(1) 空调制冷系统中的冷凝器一般安装在车头或汽车的侧面，是因为散热好。（　）

(2) 汽车空调采暖系统的热源来自发动机冷却水和废气。（　）

(3) 汽车空调制冷系统中膨胀阀的作用是节流减压、控制负荷。（　）

(4) 空调系统所用的制冷剂有R12和R134a两种，其中R134a对环境的危害要小一些。（　）

(5) 冷冻油随制冷剂循环，系统中的冷冻油不能多也不能少。（　）

选择题

(1) 在（　）中制冷剂处于低压之中，其由液态变为气态而（　）热量，通过空气压缩机将这些蒸气加压并送入（　）。

A. 蒸发器　B. 吸收　C. 冷凝器　D. 释放

(2) 冷冻油又称冷冻机油，是空调的（　）专用机油，它必须能在高温和低温条件下都能正常工作，（　）使用其他油来代替。

A. 蒸发器　B. 压缩机　C. 可以　D. 不能

(3) （　）是制冷循环系统的动力源，其功用是驱动制冷剂循环流动。

A. 压缩机　B. 电磁离合器　C. 膨胀阀　D. 蒸发器

(4) 制冷剂在空调系统的（　）处于低压状态。

A. 冷凝器出口处　B. 蒸发器出口处

C. 蒸发器入口处　D. 冷凝器入口处

(5) 所有类型的R134a制冷剂都使用（　）规格的冷冻油。冷冻油要存储在（　）容器内。

A. 同种　B. 未必是同种　C. 密闭　D. 未必密闭

(6) 空调内吸收水分子的物质是（　）.

A. 干燥器　B. 干燥剂　C. R12　D. R134a